TURKISH
VOCABULARY

FOR ENGLISH SPEAKERS

ENGLISH-
TURKISH

The most useful words
To expand your lexicon and sharpen
your language skills

9000 words

Turkish vocabulary for English speakers - 9000 words

By Andrey Taranov

T&P Books vocabularies are intended for helping you learn, memorize and review foreign words. The dictionary is divided into themes, covering all major spheres of everyday activities, business, science, culture, etc.

The process of learning words using T&P Books' theme-based dictionaries gives you the following advantages:

- Correctly grouped source information predetermines success at subsequent stages of word memorization
- Availability of words derived from the same root allowing memorization of word units (rather than separate words)
- Small units of words facilitate the process of establishing associative links needed for consolidation of vocabulary
- Level of language knowledge can be estimated by the number of learned words

T&P Books Publishing
www.tpbooks.com

ISBN: 978-1-78071-292-5

This book is also available in E-book formats.
Please visit www.tpbooks.com or the major online bookstores.

TURKISH VOCABULARY
for English speakers

T&P Books vocabularies are intended to help you learn, memorize, and review foreign words. The vocabulary contains over 9000 commonly used words arranged thematically.

- Vocabulary contains the most commonly used words
- Recommended as an addition to any language course
- Meets the needs of beginners and advanced learners of foreign languages
- Convenient for daily use, revision sessions, and self-testing activities
- Allows you to assess your vocabulary

Special features of the vocabulary

- Words are organized according to their meaning, not alphabetically
- Words are presented in three columns to facilitate the reviewing and self-testing processes
- Words in groups are divided into small blocks to facilitate the learning process
- The vocabulary offers a convenient and simple transcription of each foreign word

The vocabulary has 256 topics including:

Basic Concepts, Numbers, Colors, Months, Seasons, Units of Measurement, Clothing & Accessories, Food & Nutrition, Restaurant, Family Members, Relatives, Character, Feelings, Emotions, Diseases, City, Town, Sightseeing, Shopping, Money, House, Home, Office, Working in the Office, Import & Export, Marketing, Job Search, Sports, Education, Computer, Internet, Tools, Nature, Countries, Nationalities and more ...

T&P BOOKS' THEME-BASED DICTIONARIES

The Correct System for Memorizing Foreign Words

Acquiring vocabulary is one of the most important elements of learning a foreign language, because words allow us to express our thoughts, ask questions, and provide answers. An inadequate vocabulary can impede communication with a foreigner and make it difficult to understand a book or movie well.

The pace of activity in all spheres of modern life, including the learning of modern languages, has increased. Today, we need to memorize large amounts of information (grammar rules, foreign words, etc.) within a short period. However, this does not need to be difficult. All you need to do is to choose the right training materials, learn a few special techniques, and develop your individual training system.

Having a system is critical to the process of language learning. Many people fail to succeed in this regard; they cannot master a foreign language because they fail to follow a system comprised of selecting materials, organizing lessons, arranging new words to be learned, and so on. The lack of a system causes confusion and eventually, lowers self-confidence.

T&P Books' theme-based dictionaries can be included in the list of elements needed for creating an effective system for learning foreign words. These dictionaries were specially developed for learning purposes and are meant to help students effectively memorize words and expand their vocabulary.

Generally speaking, the process of learning words consists of three main elements:

- Reception (creation or acquisition) of a training material, such as a word list
- Work aimed at memorizing new words
- Work aimed at reviewing the learned words, such as self-testing

All three elements are equally important since they determine the quality of work and the final result. All three processes require certain skills and a well-thought-out approach.

New words are often encountered quite randomly when learning a foreign language and it may be difficult to include them all in a unified list. As a result, these words remain written on scraps of paper, in book margins, textbooks, and so on. In order to systematize such words, we have to create and continually update a "book of new words." A paper notebook, a netbook, or a tablet PC can be used for these purposes.

This "book of new words" will be your personal, unique list of words. However, it will only contain the words that you came across during the learning process. For example, you might have written down the words "Sunday," "Tuesday," and "Friday." However, there are additional words for days of the week, for example, "Saturday," that are missing, and your list of words would be incomplete. Using a theme dictionary, in addition to the "book of new words," is a reasonable solution to this problem.

The theme-based dictionary may serve as the basis for expanding your vocabulary.

It will be your big "book of new words" containing the most frequently used words of a foreign language already included. There are quite a few theme-based dictionaries available, and you should ensure that you make the right choice in order to get the maximum benefit from your purchase.

Therefore, we suggest using theme-based dictionaries from T&P Books Publishing as an aid to learning foreign words. Our books are specially developed for effective use in the sphere of vocabulary systematization, expansion and review.

Theme-based dictionaries are not a magical solution to learning new words. However, they can serve as your main database to aid foreign-language acquisition. Apart from theme dictionaries, you can have copybooks for writing down new words, flash cards, glossaries for various texts, as well as other resources; however, a good theme dictionary will always remain your primary collection of words.

T&P Books' theme-based dictionaries are specialty books that contain the most frequently used words in a language.

The main characteristic of such dictionaries is the division of words into themes. For example, the *City* theme contains the words "street," "crossroads," "square," "fountain," and so on. The *Talking* theme might contain words like "to talk," "to ask," "question," and "answer".

All the words in a theme are divided into smaller units, each comprising 3–5 words. Such an arrangement improves the perception of words and makes the learning process less tiresome. Each unit contains a selection of words with similar meanings or identical roots. This allows you to learn words in small groups and establish other associative links that have a positive effect on memorization.

The words on each page are placed in three columns: a word in your native language, its translation, and its transcription. Such positioning allows for the use of techniques for effective memorization. After closing the translation column, you can flip through and review foreign words, and vice versa. "This is an easy and convenient method of review – one that we recommend you do often."

Our theme-based dictionaries contain transcriptions for all the foreign words. Unfortunately, none of the existing transcriptions are able to convey the exact nuances of foreign pronunciation. That is why we recommend using the transcriptions only as a supplementary learning aid. Correct pronunciation can only be acquired with the help of sound. Therefore our collection includes audio theme-based dictionaries.

The process of learning words using T&P Books' theme-based dictionaries gives you the following advantages:

- You have correctly grouped source information, which predetermines your success at subsequent stages of word memorization
- Availability of words derived from the same root (lazy, lazily, lazybones), allowing you to memorize word units instead of separate words
- Small units of words facilitate the process of establishing associative links needed for consolidation of vocabulary
- You can estimate the number of learned words and hence your level of language knowledge
- The dictionary allows for the creation of an effective and high-quality revision process
- You can revise certain themes several times, modifying the revision methods and techniques
- Audio versions of the dictionaries help you to work out the pronunciation of words and develop your skills of auditory word perception

The T&P Books' theme-based dictionaries are offered in several variants differing in the number of words: 1.500, 3.000, 5.000, 7.000, and 9.000 words. There are also dictionaries containing 15,000 words for some language combinations. Your choice of dictionary will depend on your knowledge level and goals.

We sincerely believe that our dictionaries will become your trusty assistant in learning foreign languages and will allow you to easily acquire the necessary vocabulary.

TABLE OF CONTENTS

PRONUNCIATION GUIDE

Letter	Turkish example	T&P phonetic alphabet	English example

Vowels

Letter	Turkish example	T&P phonetic	English example
A a	ada	[a]	shorter than in ask
E e	eş	[e]	elm, medal
I ı	tıp	[ı]	big, America
İ i	isim	[i]	shorter than in feet
O o	top	[ɔ]	bottle, doctor
Ö ö	ödül	[ø]	eternal, church
U u	mum	[u]	book
Ü ü	süt	[y]	fuel, tuna

Consonants

Letter	Turkish example	T&P phonetic	English example
B b	baba	[b]	baby, book
C c	cam	[ʤ]	joke, general
Ç ç	çay	[ʧ]	church, French
D d	diş	[d]	day, doctor
F f	fikir	[f]	face, food
G g	güzel	[g]	game, gold
Ğ ğ [1]	oğul		no sound
Ğ ğ [2]	öğle vakti	[j]	yes, New York
H h	hata	[h]	home, have
J j	jest	[ʒ]	forge, pleasure
K k	komşu	[k]	clock, kiss
L l	lise	[l]	lace, people
M m	meydan	[m]	magic, milk
N n	neşe	[n]	name, normal
P p	posta	[p]	pencil, private
R r	rakam	[r]	rice, radio
S s	sabah	[s]	city, boss
Ş ş	şarkı	[ʃ]	machine, shark
T t	tren	[t]	tourist, trip

Letter	Turkish example	T&P phonetic alphabet	English example
V v	vazo	[v]	very, river
Y y	yaş	[j]	yes, New York
Z z	zil	[z]	zebra, please

Comments

* Letters Ww, Xx used in foreign words only
[1] silent after hard vowels (a, ı, o, u) and lengthens this vowel
[2] after soft vowels (e, i, ö, ü)

ABBREVIATIONS
used in the vocabulary

ab.	-	about
adj	-	adjective
adv	-	adverb
anim.	-	animate
as adj	-	attributive noun used as adjective
e.g.	-	for example
etc.	-	et cetera
fam.	-	familiar
fem.	-	feminine
form.	-	formal
inanim.	-	inanimate
masc.	-	masculine
math	-	mathematics
mil.	-	military
n	-	noun
pl	-	plural
pron.	-	pronoun
sb	-	somebody
sing.	-	singular
sth	-	something
v aux	-	auxiliary verb
vi	-	intransitive verb
vi, vt	-	intransitive, transitive verb
vt	-	transitive verb

BASIC CONCEPTS

Basic concepts. Part 1

1. Pronouns

I, me	ben	[bæn]
you	sen	[sæn]

he, she, it	o	[o]
we	biz	[biz]
you (to a group)	siz	[siz]
they	onlar	[onlar]

2. Greetings. Salutations. Farewells

Hello! (fam.)	Selam!	[sæʎam]
Hello! (form.)	Merhaba!	[mærhaba]
Good morning!	Günaydın!	[gynajdın]
Good afternoon!	İyi günler!	[ijı gynlær]
Good evening!	İyi akşamlar!	[ijı akʃamlar]

to say hello	selam vermek	[sæʎam værmæk]
Hi! (hello)	Selam!, Merhaba!	[sæʎam mærhaba]
greeting (n)	selam	[sæʎam]
to greet (vt)	selamlamak	[sæʎamlamak]
How are you?	Nasılsın?	[nasılsın]
What's new?	Ne var ne yok?	[næ var næ jok]

Bye-Bye! Goodbye!	Hoşça kalın!	[hoʃʤa kalın]
See you soon!	Görüşürüz!	[gøryʃyryz]
Farewell! (to a friend)	Güle güle!	[gylæ gylæ]
Farewell (form.)	Elveda!	[æʎvæda]
to say goodbye	vedalaşmak	[vædalaʃmak]
So long!	Hoşça kal!	[hoʃʧa kal]

Thank you!	Teşekkür ederim!	[tæʃækkyr ædærim]
Thank you very much!	Çok teşekkür ederim!	[ʧok tæʃækkyr ædærim]
You're welcome	Rica ederim	[riʤa ædærim]
Don't mention it!	Bir şey değil	[bir ʃæj di:ʎ]
It was nothing	Estağfurullah	[æsta:furulla]
Excuse me! (fam.)	Affedersin!	[afædærsin]
Excuse me! (form.)	Affedersiniz!	[afædærsiniz]

to excuse (forgive)	affetmek	[afætmæk]
to apologize (vi)	özür dilemek	[øzyr dilæmæk]
My apologies	Özür dilerim	[øzyr dilærim]
I'm sorry!	Affedersiniz!	[afædærsiniz]
to forgive (vt)	affetmek	[afætmæk]
please (adv)	lütfen	[lytfæn]

Don't forget!	Unutmayın!	[unutmajın]
Certainly!	Kesinlikle!	[kæsinliktæ]
Of course not!	Tabi ki hayır!	[tabi ki hajır]
Okay! (I agree)	Tamam!	[tamam]
That's enough!	Yeter artık!	[jætær artık]

3. How to address

mister, sir	Beyefendi	[bæjæfændi]
ma'am	Hanımefendi	[hanımæfændi]
miss	Hanımefendi	[hanımæfændi]
young man	Genç, delikanlı	[gæntʃ], [dælikanlı]
young man (little boy)	Oğlum	[o:lum]
miss (little girl)	Kızım	[kızım]

4. Cardinal numbers. Part 1

0 zero	sıfır	[sıfır]
1 one	bir	[bir]
2 two	iki	[iki]
3 three	üç	[jutʃ]
4 four	dört	[dørt]

5 five	beş	[bæʃ]
6 six	altı	[altı]
7 seven	yedi	[jædi]
8 eight	sekiz	[sækiz]
9 nine	dokuz	[dokuz]

10 ten	on	[on]
11 eleven	on bir	[on bir]
12 twelve	on iki	[on iki]
13 thirteen	on üç	[on jutʃ]
14 fourteen	on dört	[on dørt]

15 fifteen	on beş	[on bæʃ]
16 sixteen	on altı	[on altı]
17 seventeen	on yedi	[on jædi]
18 eighteen	on sekiz	[on sækiz]
19 nineteen	on dokuz	[on dokuz]
20 twenty	yirmi	[jırmi]

21 twenty-one	yirmi bir	[jɪrmi bir]
22 twenty-two	yirmi iki	[jɪrmi iki]
23 twenty-three	yirmi üç	[jɪrmi juʧ]

30 thirty	otuz	[otuz]
31 thirty-one	otuz bir	[otuz bir]
32 thirty-two	otuz iki	[otuz iki]
33 thirty-three	otuz üç	[otuz juʧ]

40 forty	kırk	[kɪrk]
41 forty-one	kırk bir	[kɪrk bir]
42 forty-two	kırk iki	[kɪrk iki]
43 forty-three	kırk üç	[kɪrk juʧ]

50 fifty	elli	[ælli]
51 fifty-one	elli bir	[ælli bir]
52 fifty-two	elli iki	[ælli iki]
53 fifty-three	elli üç	[ælli juʧ]

60 sixty	altmış	[altmɪʃ]
61 sixty-one	altmış bir	[altmɪʃ bir]
62 sixty-two	altmış iki	[altmɪʃ iki]
63 sixty-three	altmış üç	[altmɪʃ juʧ]

70 seventy	yetmiş	[jætmiʃ]
71 seventy-one	yetmiş bir	[jætmiʃ bir]
72 seventy-two	yetmiş iki	[jætmiʃ iki]
73 seventy-three	yetmiş üç	[jætmiʃ juʧ]

80 eighty	seksen	[sæksæn]
81 eighty-one	seksen bir	[sæksæn bir]
82 eighty-two	seksen iki	[sæksæn iki]
83 eighty-three	seksen üç	[sæksæn juʧ]

90 ninety	doksan	[doksan]
91 ninety-one	doksan bir	[doksan bir]
92 ninety-two	doksan iki	[doksan iki]
93 ninety-three	doksan üç	[doksan juʧ]

5. Cardinal numbers. Part 2

100 one hundred	yüz	[juz]
200 two hundred	iki yüz	[iki juz]
300 three hundred	üç yüz	[uʧ juz]
400 four hundred	dört yüz	[dørt juz]
500 five hundred	beş yüz	[bæʃ juz]

600 six hundred	altı yüz	[altɪ juz]
700 seven hundred	yedi yüz	[jædi juz]
800 eight hundred	sekiz yüz	[sækiz juz]

900 nine hundred	dokuz yüz	[dokuz juz]
1000 one thousand	bin	[bin]
2000 two thousand	iki bin	[iki bin]
3000 three thousand	üç bin	[jutʃ bin]
10000 ten thousand	on bin	[on bin]
one hundred thousand	yüz bin	[juz bin]
million	milyon	[bir miʎion]
billion	milyar	[bir miʎjar]

6. Ordinal numbers

first (adj)	birinci	[birindʒi]
second (adj)	ikinci	[ikindʒi]
third (adj)	üçüncü	[utʃundʒy]
fourth (adj)	dördüncü	[dørdyndʒy]
fifth (adj)	beşinci	[bæʃindʒi]
sixth (adj)	altıncı	[altındʒı]
seventh (adj)	yedinci	[jædindʒi]
eighth (adj)	sekizinci	[sækizindʒi]
ninth (adj)	dokuzuncu	[dokuzundʒu]
tenth (adj)	onuncu	[onundʒu]

7. Numbers. Fractions

fraction	kesir	[kæsir]
one half	yarım	[jarım]
one third	üçte bir	[jutʃtæ bir]
one quarter	dörtte bir	[dørttæ bir]
one eighth	sekizde bir	[sækizdæ bir]
one tenth	onda bir	[onda bir]
two thirds	üçte iki	[jutʃtæ iki]
three quarters	dörtte üç	[dørttæ jutʃ]

8. Numbers. Basic operations

subtraction	çıkarma	[tʃıkarma]
to subtract (vi, vt)	çıkarmak	[tʃıkarmak]
division	bölme	[bøʎmæ]
to divide (vt)	bölmek	[bøʎmæk]
addition	toplama	[toplama]
to add up (vt)	toplamak	[toplamak]
to add (vi, vt)	katmak	[katmak]
multiplication	çarpma	[tʃarpma]
to multiply (vt)	çarpmak	[tʃarpmak]

9. Numbers. Miscellaneous

digit, figure	rakam	[rakam]
number	sayı	[sajı]
numeral	sayı, rakam	[sajı], [rakam]
minus sign	eksi	[æksi]
plus sign	artı	[artı]
formula	formül	[formyl]

calculation	hesaplama	[hisaplama]
to count (vt)	saymak	[sajmak]
to count up	hesaplamak	[hisaplamak]
to compare (vt)	karşılaştırmak	[karʃılaʃtırmak]

How much?	Kaç?	[katʃ]
How many?	Ne kadar?	[næ kadar]
sum, total	toplam	[toplam]
result	sonuç	[sonutʃ]
remainder	kalan	[kalan]

a few ...	birkaç	[birkatʃ]
few, little (adv)	biraz	[biraz]
the rest	geri kalan	[gæri kalan]
one and a half	bir buçuk	[bir butʃuk]
dozen	düzine	[dyzinæ]

in half (adv)	yarı yarıya	[jarı jarıja]
equally (evenly)	eşit olarak	[æʃit olarak]
half	yarım	[jarım]
time (three ~s)	kere	[kæræ]

10. The most important verbs. Part 1

to advise (vt)	tavsiye etmek	[tavsijæ ætmæk]
to agree (say yes)	razı olmak	[razı olmak]
to answer (vi, vt)	cevap vermek	[dʒævap værmæk]
to apologize (vi)	özür dilemek	[øzyr dilæmæk]
to arrive (vi)	gelmek	[gæʌmæk]
to ask (~ oneself)	sormak	[sormak]
to ask (~ sb to do sth)	rica etmek	[ridʒa ætmæk]

to be (vi)	olmak	[olmak]
to be afraid	korkmak	[korkmak]
to be hungry	yemek istemek	[jæmæk istæmæk]
to be interested in ...	ilgilenmek	[iʌgilænmæk]
to be needed	gerekmek	[gærækmæk]
to be surprised	şaşırmak	[ʃaʃırmak]
to be thirsty	içmek istemek	[itʃmæk istæmæk]
to begin (vt)	başlamak	[baʃlamak]

to belong to ...	... ait olmak	[ait olmak]
to boast (vi)	övünmek	[øvynmæk]
to break (split into pieces)	kırmak	[kırmak]
to call (for help)	çağırmak	[ʧaırmak]
can (v aux)	yapabilmek	[japabiʎmæk]
to catch (vt)	tutmak	[tutmak]
to change (vt)	değiştirmek	[dæiʃtirmæk]
to choose (select)	seçmek	[sæʧmæk]
to come down	aşağı inmek	[aʃaı inmæk]
to come in (enter)	girmek	[girmæk]
to compare (vt)	karşılaştırmak	[karʃılaʃtırmak]
to complain (vi, vt)	şikayet etmek	[ʃikajæt ætmæk]
to confuse (mix up)	ayırt edememek	[ajırt ædæmæmæk]
to continue (vt)	devam etmek	[dævam ætmæk]
to control (vt)	kontrol etmek	[kontroʎ ætmæk]
to cook (dinner)	pişirmek	[piʃirmæk]
to cost (vt)	değerinde olmak	[dæ:rindæ olmak]
to count (add up)	saymak	[sajmak]
to count on ...	... güvenmek	[gyvænmæk]
to create (vt)	oluşturmak	[oluʃturmak]
to cry (weep)	ağlamak	[a:lamak]

11. The most important verbs. Part 2

to deceive (vi, vt)	aldatmak	[aldatmak]
to decorate (tree, street)	süslemek	[syslæmæk]
to defend (a country, etc.)	savunmak	[savunmak]
to demand (request firmly)	talep etmek	[talæp ætmæk]
to dig (vt)	kazmak	[kazmak]
to discuss (vt)	görüşmek	[gøryʃmæk]
to do (vt)	yapmak, etmek	[japmak], [ætmæk]
to doubt (have doubts)	tereddüt etmek	[tæræddyt ætmæk]
to drop (let fall)	düşürmek	[dyʃyrmæk]
to excuse (forgive)	affetmek	[afætmæk]
to exist (vi)	var olmak	[var olmak]
to expect (foresee)	önceden görmek	[ønʤædæn gørmæk]
to explain (vt)	izah etmek	[izah ætmæk]
to fall (vi)	düşmek	[dyʃmæk]
to find (vt)	bulmak	[bulmak]
to finish (vt)	bitirmek	[bitirmæk]
to fly (vi)	uçmak	[utʃmak]
to follow ... (come after)	... takip etmek	[takip ætmæk]
to forget (vi, vt)	unutmak	[unutmak]

23

to forgive (vt)	affetmek	[afaetmæk]
to give (vt)	vermek	[værmæk]
to give a hint	ipucu vermek	[ipudʒu værmæk]

to go (on foot)	yürümek, gitmek	[jurymæk], [gitmæk]
to go for a swim	suya girmek	[suja girmæk]
to go out (from …)	çıkmak	[tʃıkmak]
to guess right	doğru tahmin etmek	[do:ru tahmin ætmæk]

to have (vt)	sahip olmak	[sahip olmak]
to have breakfast	kahvaltı yapmak	[kahvaltı japmak]
to have dinner	akşam yemeği yemek	[akʃam jæmæi jæmæk]
to have lunch	öğle yemeği yemek	[øjlæ jæmæi jæmæk]

to hear (vt)	duymak	[dujmak]
to help (vt)	yardım etmek	[jardım ætmæk]
to hide (vt)	saklamak	[saklamak]
to hope (vi, vt)	ummak	[ummak]
to hunt (vi, vt)	avlamak	[avlamak]
to hurry (vi)	acele etmek	[adʒælæ ætmæk]

12. The most important verbs. Part 3

to inform (vt)	bilgi vermek	[biʎgi værmæk]
to insist (vi, vt)	ısrar etmek	[ısrar ætmæk]
to insult (vt)	hakaret etmek	[hakaræt ætmæk]
to invite (vt)	davet etmek	[davæt ætmæk]
to joke (vi)	şaka yapmak	[ʃaka japmak]

to keep (vt)	saklamak	[saklamak]
to keep silent	susmak	[susmak]
to kill (vt)	öldürmek	[øldyrmæk]
to know (sb)	tanımak	[tanımak]
to know (sth)	bilmek	[biʎmæk]

to laugh (vi)	gülmek	[gyʎmæk]
to liberate (city, etc.)	özgür bırakmak	[øzgyr bırakmak]
to like (I like …)	hoşlanmak	[hoʃlanmak]
to look for … (search)	aramak	[aramak]
to love (sb)	sevmek	[sævmæk]

to make a mistake	hata yapmak	[hata japmak]
to manage, to run	yönetmek	[jonætmæk]
to mean (signify)	anlamına gelmek	[anlamina gæʎmæk]
to mention (talk about)	anmak	[anmak]
to miss (school, etc.)	gelmemek	[gæʎmæmæk]
to notice (see)	farketmek	[farkætmæk]

to object (vi, vt)	itiraz etmek	[itiraz ætmæk]
to observe (see)	gözlemlemek	[gøzlæmlæmæk]

to open (vt)	açmak	[atʃmak]
to order (meal, etc.)	sipariş etmek	[sipariʃ ætmæk]
to order (mil.)	emretmek	[æmrætmæk]
to own (possess)	sahip olmak	[sahip olmak]

to participate (vi)	katılmak	[katılmak]
to pay (vi, vt)	ödemek	[ødæmæk]
to permit (vt)	izin vermek	[izin værmæk]
to plan (vt)	planlamak	[pʎanlamak]
to play (children)	oynamak	[ojnamak]

to pray (vi, vt)	dua etmek	[dua ætmæk]
to prefer (vt)	tercih etmek	[tærdʒih ætmæk]
to promise (vt)	vaat etmek	[va:t ætmæk]
to pronounce (vt)	telâffuz etmek	[tæʎafuz ætmæk]
to propose (vt)	önermek	[ønærmæk]
to punish (vt)	cezalandırmak	[dʒæzalandırmak]

to read (vi, vt)	okumak	[okumak]
to recommend (vt)	tavsiye etmek	[tavsijæ ætmæk]
to refuse (vi, vt)	reddetmek	[ræddætmæk]
to regret (be sorry)	üzülmek	[juzylmæk]

to rent (sth from sb)	kiralamak	[kiralamak]
to repeat (say again)	tekrar etmek	[tækrar ætmæk]
to reserve, to book	rezerve etmek	[ræzærvæ ætmæk]
to run (vi)	koşmak	[koʃmak]

13. The most important verbs. Part 4

to save (rescue)	kurtarmak	[kurtarmak]
to say (~ thank you)	söylemek	[søjlæmæk]
to scold (vt)	sövmek	[søvmæk]
to see (vt)	görmek	[gørmæk]
to sell (vt)	satmak	[satmak]
to send (vt)	göndermek	[gøndærmæk]

to shoot (vi)	ateş etmek	[atæʃ ætmæk]
to shout (vi)	bağırmak	[baırmak]
to show (vt)	göstermek	[gøstærmæk]
to sign (document)	imzalamak	[imzalamak]
to sit down (vi)	oturmak	[oturmak]
to smile (vi)	gülümsemek	[gylymsæmæk]

to speak (vi, vt)	konuşmak	[konuʃmak]
to steal (money, etc.)	çalmak	[tʃalmak]
to stop (please ~ calling me)	durdurmak	[durdurmak]
to stop (for pause, etc.)	durmak	[durmak]
to study (vt)	öğrenmek	[øjrænmæk]

to swim (vi)	yüzmek	[juzmæk]
to take (vt)	almak	[almak]
to think (vi, vt)	düşünmek	[dyʃynmæk]
to threaten (vt)	tehdit etmek	[tæhdit ætmæk]
to touch (with hands)	ellemek	[ællæmæk]
to translate (vt)	çevirmek	[ʧævirmæk]
to trust (vt)	güvenmek	[gyvænmæk]
to try (attempt)	denemek	[dænæmæk]
to turn (~ to the left)	dönmek	[dønmæk]

to underestimate (vt)	değerini bilmemek	[dæ:rini bilmæmæk]
to understand (vt)	anlamak	[anlamak]
to unite (vt)	birleştirmek	[birlæʃtirmæk]

to wait (vt)	beklemek	[bæklæmæk]
to want (wish, desire)	istemek	[istæmæk]
to warn (vt)	uyarmak	[ujarmak]
to work (vi)	çalışmak	[ʧalıʃmak]
to write (vt)	yazmak	[jazmak]
to write down	not almak	[not almak]

14. Colors

color	renk	[ræŋk]
shade (tint)	renk tonu	[ræŋk tonu]
hue	renk tonu	[ræŋk tonu]
rainbow	gökkuşağı	[gøkkuʃaı]

white (adj)	beyaz	[bæjaz]
black (adj)	siyah	[sijah]
gray (adj)	gri	[gri]

green (adj)	yeşil	[jæʃiʎ]
yellow (adj)	sarı	[sarı]
red (adj)	kırmızı	[kırmızı]

blue (adj)	mavi	[mavi]
light blue (adj)	açık mavi	[atʃık mavi]
pink (adj)	pembe	[pæmbæ]
orange (adj)	turuncu	[turundʒu]
violet (adj)	mor	[mor]
brown (adj)	kahve rengi	[kahvæ ræŋi]

golden (adj)	altın	[altın]
silvery (adj)	gümüşü	[gymyʃy]

beige (adj)	bej rengi	[bæʒ ræŋi]
cream (adj)	krem rengi	[kræm ræŋi]
turquoise (adj)	turkuaz	[turkuaz]
cherry red (adj)	vişne rengi	[viʃnæ ræŋi]

| lilac (adj) | leylak rengi | [læjlak ræŋi] |
| crimson (adj) | koyu kırmızı | [koju kırmızı] |

light (adj)	açık	[atʃık]
dark (adj)	koyu	[koju]
bright, vivid (adj)	parlak	[parlak]

colored (pencils)	renkli	[ræŋkli]
color (e.g., ~ film)	renkli	[ræŋkli]
black-and-white (adj)	siyah-beyaz	[sijahbæjaz]
plain (one-colored)	tek renkli	[tæk ræŋkli]
multicolored (adj)	rengârenk	[ræŋjaræŋk]

15. Questions

Who?	Kim?	[kim]
What?	Ne?	[næ]
Where? (at, in)	Nerede?	[nærædæ]
Where (to)?	Nereye?	[næræjæ]
From where?	Nereden?	[nærædæn]
When?	Ne zaman?	[næ zaman]
Why? (What for?)	Neden?	[nædæn]
Why? (reason)	Neden?	[nædæn]

What for?	Ne için?	[næ itʃin]
How? (in what way)	Nasıl?	[nasıl]
What? (What kind of ...?)	Hangi?	[haŋi]
Which?	Kaçıncı?	[katʃındʒı]

To whom?	Kime?	[kimæ]
About whom?	Kim hakkında?	[kim hakında]
About what?	Ne hakkında?	[næ hakında]
With whom?	Kimle?	[kimlæ]

How many?	Ne kadar?	[næ kadar]
How much?	Kaç?	[katʃ]
Whose?	Kimin?	[kimin]

16. Prepositions

with (accompanied by)	... -ile, ... -le, ... -la	[ilæ], [læ], [la]
without	... -sız, ... -suz	[sız], [suz]
to (indicating direction)	... -e, ... -a	[æ], [a]
about (talking ~ ...)	hakkında	[hakkında]
before (in time)	önce	[øndʒæ]
in front of ...	önünde	[ønyndæ]
under (beneath, below)	altında	[altında]
above (over)	üstünde	[justyndæ]

on (atop)	üstüne	[justynæ]
from (off, out of)	... -den, ... -dan	[dæn], [dan]
of (made from)	... -den, ... -dan	[dæn], [dan]

| in (e.g., ~ ten minutes) | sonra | [sonra] |
| over (across the top of) | üstünden | [justyndæn] |

17. Function words. Adverbs. Part 1

Where? (at, in)	Nerede?	[næræædæ]
here (adv)	burada	[burada]
there (adv)	orada	[orada]

| somewhere (to be) | bir yerde | [birʲ jærdæ] |
| nowhere (not anywhere) | hiç bir yerde | [hitʃ birʲ jærdæ] |

| by (near, beside) | ... yanında | [janında] |
| by the window | pencerenin yanında | [pændʒærænin janında] |

Where (to)?	Nereye?	[næræjæ]
here (e.g., come ~!)	buraya	[buraja]
there (e.g., to go ~)	oraya	[oraja]
from here (adv)	buradan	[buradan]
from there (adv)	oradan	[oradan]

| close (adv) | yakında | [jakında] |
| far (adv) | uzağa | [uza:] |

near (e.g., ~ Paris)	yakında	[jakında]
nearby (adv)	yakınında	[jakınında]
not far (adv)	civarında	[dʒivarında]

left (adj)	sol	[sol]
on the left	solda	[solda]
to the left	sola	[sola]

right (adj)	sağ	[sa:]
on the right	sağda	[sa:da]
to the right	sağa	[sa:]

in front (adv)	önde	[øndæ]
front (as adj)	ön	[øn]
ahead (look ~)	ileri	[ilæri]

behind (adv)	arkada	[arkada]
from behind	arkadan	[arkadan]
back (towards the rear)	geriye	[gærijæ]

| middle | orta | [orta] |
| in the middle | ortasında | [ortasında] |

at the side	kenarda	[kænarda]
everywhere (adv)	her yerde	[hær jærdæ]
around (in all directions)	çevrede	[ʧævrædæ]

from inside	içeriden	[iʧæridæn]
somewhere (to go)	bir yere	[bir jæræ]
straight (directly)	dosdoğru	[dosdo:ru]
back (e.g., come ~)	geri	[gæri]

| from anywhere | bir yerden | [bir jærdæn] |
| from somewhere | bir yerden | [bir jærdæn] |

firstly (adv)	ilk olarak	[iʌk olarak]
secondly (adv)	ikinci olarak	[ikinʤi olarak]
thirdly (adv)	üçüncü olarak	[juʧunʤy olarak]

suddenly (adv)	birdenbire	[birdænbiræ]
at first (adv)	başlangıçta	[baʃlaŋıʧta]
for the first time	ilk kez	[ilk kæz]
long before ...	çok daha önce ...	[ʧok da: ønʤæ]
anew (over again)	yeniden	[jænidæn]
for good (adv)	sonsuza kadar	[sonsuza kadar]

never (adv)	hiçbir zaman	[hiʧbir zaman]
again (adv)	tekrar	[tækrar]
now (adv)	şimdi	[ʃimdi]
often (adv)	sık	[sık]
then (adv)	o zaman	[o zaman]
urgently (quickly)	acele	[aʤælæ]
usually (adv)	genellikle	[gænælliklæ]

by the way, ...	aklıma gelmişken, ...	[aklıma gæʌmiʃkæn]
possible (that is ~)	mümkündür	[mymkyndyr]
probably (adv)	muhtemelen	[muhtæmælæn]
maybe (adv)	olabilir	[olabilir]
besides ...	ayrıca ...	[ajrıʤa]
that's why ...	onun için	[onun iʧin]
in spite of ...	rağmen ...	[ra:mæn]
thanks to ...	... sayesinde	[sajæsindæ]

what (pron.)	ne	[næ]
that (conj.)	... -ki, ... -dığı, ... -diği	[ki], [dı:], [di:]
something	bir şey	[bir ʃæj]
anything (something)	bir şey	[bir ʃæj]
nothing	hiçbir şey	[hiʧbir ʃæj]

who (pron.)	kim	[kim]
someone	birisi	[birisı]
somebody	birisi	[birisı]

| nobody | hiç kimse | [hiʧ kimsæ] |
| nowhere (a voyage to ~) | hiçbir yere | [hiʧbir jæræ] |

| nobody's | kimsesiz | [kimsæsiz] |
| somebody's | birinin | [birinin] |

so (I'm ~ glad)	öylesine	[øjlæsinæ]
also (as well)	dahi, ayrıca	[dahi], [ajrɪʤa]
too (as well)	da	[da]

18. Function words. Adverbs. Part 2

Why?	Neden?	[nædæn]
for some reason	nedense	[nædænsæ]
because ...	çünkü	[ʧuŋkju]
for some purpose	her nedense	[hær nædænsæ]

and	ve	[væ]
or	veya	[væja]
but	fakat	[fakat]
for (e.g., ~ me)	için	[iʧin]

too (~ many people)	fazla	[fazla]
only (exclusively)	ancak	[anʤak]
exactly (adv)	tam	[tam]
about (more or less)	yaklaşık	[jaklaʃɪk]

approximately (adv)	yaklaşık olarak	[jaklaʃɪk olarak]
approximate (adj)	yaklaşık	[jaklaʃɪk]
almost (adv)	hemen	[hæmæn]
the rest	geri kalan	[gæri kalan]

each (adj)	her biri	[hær biri]
any (no matter which)	herhangi biri	[hærhaŋi biri]
many, much (a lot of)	çok	[ʧok]
many people	birçokları	[birʧoklarɪ]
all (everyone)	hepsi, herkes	[hæpsi], [hærkæz]

in return for ...	... karşılık olarak	[karʃilik olarak]
in exchange (adv)	yerine	[jærinæ]
by hand (made)	elle, el ile	[æɭɭæ], [æʎ ilæ]
hardly (negative opinion)	şüpheli	[ʃyphæli]

probably (adv)	galiba	[galiba]
on purpose (adv)	mahsus	[mahsus]
by accident (adv)	tesadüfen	[tæsadyfæn]

very (adv)	pek	[pæk]
for example (adv)	mesela	[mæsæeʎa]
between	arasında	[arasɪnda]
among	ortasında	[ortasɪnda]
so much (such a lot)	kadar	[kadar]
especially (adv)	özellikle	[øzæʎiklæ]

Basic concepts. Part 2

19. Weekdays

Monday	**Pazartesi**	[pazartæsi]
Tuesday	**Salı**	[salı]
Wednesday	**Çarşamba**	[ʧarʃamba]
Thursday	**Perşembe**	[pærʃæmbæ]
Friday	**Cuma**	[ʤuma]
Saturday	**Cumartesi**	[ʤumartæsi]
Sunday	**Pazar**	[pazar]
today (adv)	**bugün**	[bugyn]
tomorrow (adv)	**yarın**	[jarın]
the day after tomorrow	**öbür gün**	[øbyr gyn]
yesterday (adv)	**dün**	[dyn]
the day before yesterday	**evvelki gün**	[ævvælki gyn]
day	**gün**	[gyn]
working day	**iş günü**	[iʃ gyny]
public holiday	**bayram günü**	[bajram gyny]
day off	**tatil günü**	[tatil gyny]
weekend	**hafta sonu**	[hafta sonu]
all day long	**bütün gün**	[bytyn gyn]
next day (adv)	**ertesi gün**	[ærtæsi gyn]
two days ago	**iki gün önce**	[iki gyn øndʒæ]
the day before	**bir gün önce**	[bir gyn øndʒæ]
daily (adj)	**günlük**	[gynlyk]
every day (adv)	**her gün**	[hær gyn]
week	**hafta**	[hafta]
last week (adv)	**geçen hafta**	[gæʧæn hafta]
next week (adv)	**gelecek hafta**	[gæʎʤæk hafta]
weekly (adj)	**haftalık**	[haftalık]
every week (adv)	**her hafta**	[hær hafta]
twice a week	**haftada iki kez**	[haftada iki kæz]
every Tuesday	**her Salı**	[hær salı]

20. Hours. Day and night

morning	**sabah**	[sabah]
in the morning	**sabahleyin**	[sabahlæjın]
noon, midday	**öğle, gün ortası**	[øjlæ], [gyn ortası]

in the afternoon	öğleden sonra	[øjlædæn sonra]
evening	akşam	[akʃam]
in the evening	akşamleyin	[akʃamlæjɪn]
night	gece	[gædʒæ]
at night	geceleyin	[gædʒælæjɪn]
midnight	gece yarısı	[gædʒæ jarısı]

second	saniye	[sanijæ]
minute	dakika	[dakika]
hour	saat	[sa:t]
half an hour	yarım saat	[jarım sa:t]
quarter of an hour	çeyrek saat	[tʃæjræk sa:t]
fifteen minutes	on beş dakika	[on bæʃ dakika]
24 hours	yirmi dört saat	[jɪrmi dørt sa:t]

sunrise	güneşin doğuşu	[gynæʃin douʃu]
dawn	şafak	[ʃafak]
early morning	sabah erken	[sabah ærkæn]
sunset	güneş batışı	[gynæʃ batıʃi]

early in the morning	sabahın köründe	[sabahın køryndæ]
this morning	bu sabah	[bu sabah]
tomorrow morning	yarın sabah	[jarın sabah]

this afternoon	bu ikindi	[bu ikindi]
in the afternoon	öğleden sonra	[øjlædæn sonra]
tomorrow afternoon	yarın öğleden sonra	[jarın øælædæn sonra]

tonight (this evening)	bu akşam	[bu akʃam]
tomorrow night	yarın akşam	[jarın akʃam]

at 3 o'clock sharp	tam saat üçte	[tam sa:t jutʃtæ]
about 4 o'clock	saat dört civarında	[sa:t dørt dʒivarında]
by 12 o'clock	saat on ikiye doğru	[sa:t on ikijæ do:ru]

in 20 minutes	yirmi dakika içinde	[jɪrmi dakika itʃindæ]
in an hour	bir saat sonra	[bir sa:t sonra]
on time (adv)	zamanında	[zamanında]

a quarter of …	çeyrek kala	[tʃæjræk kala]
within an hour	bir saat içinde	[bir sa:t itʃindæ]
every 15 minutes	her on beş dakika	[hær on bæʃ dakika]
round the clock	gece gündüz	[gædʒæ gyndyz]

21. Months. Seasons

January	ocak	[odʒak]
February	şubat	[ʃubat]
March	mart	[mart]
April	nisan	[nisan]

| May | mayıs | [majıs] |
| June | haziran | [haziran] |

July	temmuz	[tæmmuz]
August	ağustos	[a:ustos]
September	eylül	[æjlyʎ]
October	ekim	[ækim]
November	kasım	[kasım]
December	aralık	[aralık]

spring	ilkbahar	[iʎkbahar]
in spring	ilkbaharda	[iʎkbaharda]
spring (as adj)	ilkbahar	[iʎkbahar]

summer	yaz	[jaz]
in summer	yazın	[jazın]
summer (as adj)	yaz	[jaz]

fall	sonbahar	[sonbahar]
in fall	sonbaharda	[sonbaharda]
fall (as adj)	sonbahar	[sonbahar]

winter	kış	[kıʃ]
in winter	kışın	[kıʃın]
winter (as adj)	kış, kışlık	[kıʃ], [kıʃlık]

month	ay	[aj]
this month	bu ay	[bu aj]
next month	gelecek ay	[gælædʒæk aj]
last month	geçen ay	[gætʃæn aj]

a month ago	bir ay önce	[bir aj øndʒæ]
in a month	bir ay sonra	[bir aj sonra]
in two months	iki ay sonra	[iki aj sonra]
the whole month	tüm ay	[tym aj]
all month long	bütün ay	[bytyn aj]

monthly (~ magazine)	aylık	[ajlık]
monthly (adv)	her ay	[hær aj]
every month	her ay	[hær aj]
twice a month	ayda iki kez	[ajda iki kæz]

year	yıl, sene	[jıl], [sænæ]
this year	bu sene, bu yıl	[bu sænæ], [bu jıl]
next year	gelecek sene	[gælædʒæk sænæ]
last year	geçen sene	[gætʃæn sænæ]

a year ago	bir yıl önce	[bir jıl øndʒæ]
in a year	bir yıl sonra	[bir jıl sonra]
in two years	iki yıl sonra	[iki jıl sonra]
the whole year	tüm yıl	[tym jıl]
all year long	bütün yıl	[bytyn jıl]

every year	her sene	[hær sænæ]
annual (adj)	yıllık	[jıllık]
annually (adv)	her yıl	[hær jıl]
4 times a year	yılda dört kere	[jılda dørt kæræ]

date (e.g., today's ~)	tarih	[tarih]
date (e.g., ~ of birth)	tarih	[tarih]
calendar	takvim	[takvim]

half a year	yarım yıl	[jarım jıl]
six months	altı ay	[altı aj]
season (summer, etc.)	mevsim	[mævsim]
century	yüzyıl	[juz jıl]

22. Time. Miscellaneous

time	zaman, vakit	[zaman], [vakit]
instant (n)	an, ani	[an], [ani]
moment	an	[an]
instant (adj)	ani	[ani]
lapse (of time)	süre	[syræ]
life	hayat	[hajat]
eternity	ebedilik	[æbædilik]

epoch	devir, çağ	[dævir], [ʧa:]
era	çağ	[ʧa:]
cycle	devir	[dævir]
period	süre	[syræ]
term (short~)	süre	[syræ]

the future	gelecek	[gælædʒæk]
future (as adj)	gelecek	[gælædʒæk]
next time	gelecek sefer	[gælædʒæk sæfær]
the past	geçmiş	[gæʧmiʃ]
past (recent)	geçen	[gæʧæn]
last time	geçen sefer	[gæʧæn sæfær]

later (adv)	sonradan	[sonradan]
after (prep.)	sonra	[sonra]
nowadays (adv)	bu günlerde	[bu gynlærdæ]
now (adv)	şimdi	[ʃimdi]
immediately (adv)	hemen	[hæmæn]
soon (adv)	yakında	[jakında]
in advance (beforehand)	önceden	[øndʒædæn]

a long time ago	çoktan	[ʧoktan]
recently (adv)	geçenlerde	[gæʧænlærdæ]
destiny	kader	[kadær]
memories (childhood ~)	anılar	[anılar]
archives	arşiv	[arʃiv]

during ...	... esnasında	[æsnasında]
long, a long time (adv)	uzun zaman	[uzun zaman]
not long (adv)	kısa bir zaman	[kısa bir zaman]
early (in the morning)	erken	[ærkæn]
late (not early)	geç	[gætʃ]

forever (for good)	ebediyen	[æbædijæn]
to start (begin)	başlamak	[baʃlamak]
to postpone (vt)	ertelemek	[ærtælæmæk]

at the same time	aynı zamanda	[ajnı zamanda]
permanently (adv)	sürekli olarak	[syrækli olarak]
constant (noise, pain)	sürekli	[syrækli]
temporary (adj)	geçici	[gætʃidʒi]

sometimes (adv)	bazen	[bazæn]
rarely (adv)	nadiren	[nadiræn]
often (adv)	sık	[sık]

23. Opposites

| rich (adj) | zengin | [zæŋin] |
| poor (adj) | fakir | [fakir] |

| ill, sick (adj) | hasta | [hasta] |
| healthy (adj) | sağlıklı | [sa:lıklı] |

| big (adj) | büyük | [byjuk] |
| small (adj) | küçük | [kytʃuk] |

| quickly (adv) | çabuk | [tʃabuk] |
| slowly (adv) | yavaş | [javaʃ] |

| fast (adj) | hızlı | [hızlı] |
| slow (adj) | yavaş | [javaʃ] |

| cheerful (adj) | neşeli | [næʃæli] |
| sad (adj) | üzgün | [juzgyn] |

| together (adv) | beraber | [bærabær] |
| separately (adv) | ayrı | [ajrı] |

| aloud (to read) | sesli | [sæsli] |
| silently (to oneself) | içinden | [itʃindæn] |

| tall (adj) | yüksek | [juksæk] |
| low (adj) | alçak | [altʃak] |

| deep (adj) | derin | [dærin] |
| shallow (adj) | sığ | [sı:] |

yes	evet	[ævæt]
no	yok	[jok]

distant (in space)	uzak	[uzak]
nearby (adj)	yakın	[jakın]

far (adv)	uzağa	[uza:]
nearby (adv)	yakında	[jakında]

long (adj)	uzun	[uzun]
short (adj)	kısa	[kısa]

good (kindhearted)	iyi kalpli	[ijı kaʎpli]
evil (adj)	kötü kalpli	[køty kaʎpli]

married (adj)	evli	[ævli]
single (adj)	bekâr	[bækʲar]

to forbid (vt)	yasaklamak	[jasaklamak]
to permit (vt)	izin vermek	[izin værmæk]

end	son	[son]
beginning	başlangıç	[baʃlaŋıtʃ]

left (adj)	sol	[sol]
right (adj)	sağ	[sa:]

first (adj)	birinci	[birindʒi]
last (adj)	en son	[æn son]

crime	suç	[sutʃ]
punishment	ceza	[dʒæza]

to order (vt)	emretmek	[æmrætmæk]
to obey (vi, vt)	itaat etmek	[ita:t ætmæk]

straight (adj)	düz	[dyz]
curved (adj)	eğri	[æ:ri]

paradise	cennet	[dʒænŋæt]
hell	cehennem	[dʒæhænŋæm]

to be born	doğmak	[do:mak]
to die (vi)	ölmek	[øʎmæk]

strong (adj)	güçlü	[gytʃly]
weak (adj)	zayıf	[zajıf]

old (adj)	yaşlı	[jaʃlı]
young (adj)	genç	[gæntʃ]
old (adj)	eski	[æski]
new (adj)	yeni	[jæni]

| hard (adj) | sert | [sært] |
| soft (adj) | yumuşak | [jumuʃak] |

| warm (adj) | sıcak | [sɪdʒak] |
| cold (adj) | soğuk | [souk] |

| fat (adj) | kalın | [kalɪn] |
| thin (adj) | zayıf | [zajɪf] |

| narrow (adj) | dar | [dar] |
| wide (adj) | geniş | [gæniʃ] |

| good (adj) | iyi | [ijɪ] |
| bad (adj) | kötü | [køty] |

| brave (adj) | cesur | [dʒæsur] |
| cowardly (adj) | korkak | [korkak] |

24. Lines and shapes

square	kare	[karæ]
square (as adj)	kare	[karæ]
circle	daire	[dairæ]
round (adj)	yuvarlak	[juvarlak]
triangle	üçgen	[jutʃgæn]
triangular (adj)	üç köşeli	[jutʃ køʃæli]

oval	oval	[oval]
oval (as adj)	oval	[oval]
rectangle	dikdörtgen	[dikdørtgæn]
rectangular (adj)	dikdörtgen	[dikdørtgæn]

pyramid	piramit	[piramit]
rhombus	eşkenar dörtgen	[æʃkænar dørtgæn]
trapezoid	yamuk	[jamuk]
cube	küp	[kyp]
prism	prizma	[prizma]

circumference	çember	[tʃæmbær]
sphere	küre	[kyræ]
ball (solid sphere)	küre	[kyræ]
diameter	çap	[tʃap]
radius	yarıçap	[jarɪtʃap]
perimeter (circle's ~)	perimetre	[pærimætræ]
center	merkez	[mærkæz]

horizontal (adj)	yatay	[jataj]
vertical (adj)	dikey	[dikæj]
parallel (n)	paralel	[paralæʎ]
parallel (as adj)	paralel	[paralæʎ]

line	çizgi	[ʧizgi]
stroke	hat	[hat]
straight line	doğru	[do:ru]
curve (curved line)	eğri	[æ:ri]
thin (line, etc.)	ince	[inʤæ]
contour (outline)	çevre çizgisi	[ʧævræ ʧizgisi]

intersection	kesişme	[kæsiʃmæ]
right angle	dik açı	[dik atʃı]
segment	daire parçası	[dairæ partʃası]
sector	daire dilimi	[dairæ dilimi]
side (of triangle)	kenar	[kænar]
angle	açı	[atʃı]

25. Units of measurement

weight	ağırlık	[aırlık]
length	uzunluk	[uzunluk]
width	en, genişlik	[æn], [gæniʃlik]
height	yükseklik	[juksæklik]
depth	derinlik	[dærinlik]
volume	hacim	[haʤim]
area	alan	[alan]

gram	gram	[gram]
milligram	miligram	[miligram]
kilogram	kilogram	[kilogram]
ton	ton	[ton]
pound	libre	[libræ]
ounce	ons	[ons]

meter	metre	[mætræ]
millimeter	milimetre	[milimætræ]
centimeter	santimetre	[santimætræ]
kilometer	kilometre	[kilomætræ]
mile	mil	[miʎ]

inch	inç	[inʧ]
foot	kadem	[kadæm]
yard	yarda	[jarda]

square meter	metre kare	[mætræ karæ]
hectare	hektar	[hæktar]

liter	litre	[litræ]
degree	derece	[dærædʒæ]
volt	volt	[voʎt]
ampere	amper	[ampær]
horsepower	beygir gücü	[bæjgir gydʒy]
quantity	miktar	[miktar]

a little bit of …	biraz …	[biraz]
half	yarım	[jarım]
dozen	düzine	[dyzinæ]
piece (item)	adet, tane	[adæt], [tanæ]

size	boyut	[bojut]
scale (map ~)	ölçek	[øʌtʃæk]

minimal (adj)	minimum	[minimum]
the smallest (adj)	en küçük	[æn kytʃuk]
medium (adj)	orta	[orta]
maximal (adj)	maksimum	[maksimum]
the largest (adj)	en büyük	[æn byjuk]

26. Containers

jar (glass)	kavanoz	[kavanoz]
can	teneke	[tænækæ]
bucket	kova	[kova]
barrel	fıçı, varil	[fıtʃı], [varil]

basin (for washing)	leğen	[læ:n]
tank (for liquid, gas)	tank	[taŋk]
hip flask	matara	[matara]
jerrycan	benzin bidonu	[bænzin bidonu]
cistern (tank)	sarnıç	[sarnıtʃ]

mug	kupa	[kupa]
cup (of coffee, etc.)	fincan	[findʒan]
saucer	fincan tabağı	[findʒan tabaı]
glass (tumbler)	bardak	[bardak]
wineglass	kadeh	[kadæ]
saucepan	tencere	[tændʒæræ]

bottle (~ of wine)	şişe	[ʃiʃæ]
neck (of the bottle)	boğaz	[boaz]

carafe	sürahi	[syrahi]
pitcher (earthenware)	testi	[tæsti]
vessel (container)	kap	[kap]
pot (crock)	çömlek	[tʃomlæk]
vase	vazo	[vazo]

bottle (~ of perfume)	şişe	[ʃiʃæ]
vial, small bottle	küçük şişe	[kytʃuk ʃiʃæ]
tube (of toothpaste)	tüp	[typ]

sack (bag)	poşet, torba	[poʃæt], [torba]
bag (paper ~, plastic ~)	çuval	[tʃuval]
pack (of cigarettes, etc.)	paket	[pakæt]

box (e.g., shoebox)	kutu	[kutu]
crate	sandık	[sandık]
basket	sepet	[sæpæt]

27. Materials

material	malzeme	[malzæmæ]
wood	ağaç	[aːtʃ]
wooden (adj)	ahşap	[ahʃap]

| glass (n) | cam | [dʒam] |
| glass (as adj) | cam | [dʒam] |

| stone (n) | taş | [taʃ] |
| stone (as adj) | taş | [taʃ] |

| plastic (n) | plastik | [plastik] |
| plastic (as adj) | plastik | [plastik] |

| rubber (n) | lastik | [lastik] |
| rubber (as adj) | lastik | [lastik] |

| cloth, fabric (n) | kumaş | [kumaʃ] |
| fabric (as adj) | kumaştan | [kumaʃtan] |

| paper (n) | kâğıt | [kʲaıt] |
| paper (as adj) | kâğıt | [kʲaıt] |

| cardboard (n) | karton | [karton] |
| cardboard (as adj) | karton | [karton] |

polyethylene	polietilen	[poliætilæn]
cellophane	selofan	[sælofan]
plywood	kontrplak	[kontrapʎak]

porcelain (n)	porselen	[porsælæn]
porcelain (as adj)	porselen	[porsælæn]
clay (n)	kil	[kiʎ]
clay (as adj)	balçık, kil	[baltʃık], [kiʎ]
ceramics (n)	seramik	[særamik]
ceramic (as adj)	seramik	[særamik]

28. Metals

metal (n)	maden	[madæn]
metal (as adj)	madeni, metal	[madæni], [mætal]
alloy (n)	alaşım	[aʎaʃım]
gold (n)	altın	[altın]

gold, golden (adj)	**altın**	[altın]
silver (n)	**gümüş**	[gymyʃ]
silver (as adj)	**gümüş**	[gymyʃ]
iron (n)	**demir**	[dæmir]
iron (adj), made of iron	**demir**	[dæmir]
steel (n)	**çelik**	[ʧælik]
steel (as adj)	**çelik**	[ʧælik]
copper (n)	**bakır**	[bakır]
copper (as adj)	**bakır**	[bakır]
aluminum (n)	**alüminyum**	[alyminjym]
aluminum (as adj)	**alüminyum**	[alyminjym]
bronze (n)	**bronz**	[bronz]
bronze (as adj)	**bronz**	[bronz]
brass	**pirinç**	[pirinʧ]
nickel	**nikel**	[nikæʎ]
platinum	**platin**	[platin]
mercury	**cıva**	[dʒıva]
tin	**kalay**	[kalaj]
lead	**kurşun**	[kurʃun]
zinc	**çinko**	[ʧiŋko]

HUMAN BEING

Human being. The body

29. Humans. Basic concepts

human being	insan	[insan]
man (adult male)	erkek	[ærkæk]
woman	kadın	[kadın]
child	çocuk	[ʧodʒuk]

girl	kız	[kız]
boy	erkek çocuk	[ærkæk ʧodʒuk]
teenager	ergen	[ærgæn]
old man	ihtiyar	[ihtijar]
old woman	yaşlı kadın	[jaʃlı kadın]

30. Human anatomy

organism	organizma	[organizma]
heart	kalp	[kaʎp]
blood	kan	[kan]
artery	atardamar	[atardamar]
vein	toplardamar	[toplardamar]

brain	beyin	[bæejın]
nerve	sinir	[sinir]
nerves	sinirler	[sinirlær]
vertebra	omur	[omur]
spine	omurga	[omurga]

stomach (organ)	mide	[midæ]
intestines, bowel	bağırsaklar	[baırsaklar]
intestine (e.g., large ~)	bağırsak	[baırsak]
liver	karaciğer	[karadʒiær]
kidney	böbrek	[bøbræk]

bone	kemik	[kæmik]
skeleton	iskelet	[iskælæt]
rib	kaburga	[kaburga]
skull	kafatası	[kafatası]
muscle	kas	[kas]
biceps	pazı	[pazı]

triceps	kol kası	[kol kası]
tendon	kiriş	[kiriʃ]
joint	eklem	[æklæm]
lungs	akciğer	[akdʒijær]
genitals	cinsel organlar	[dʒinsæʎ organlar]
skin	cilt	[dʒiʎt]

31. Head

head	baş	[baʃ]
face	yüz	[juz]
nose	burun	[burun]
mouth	ağız	[aız]

eye	göz	[gøz]
eyes	gözler	[gøzlær]
pupil	gözbebeği	[gøz bæbæı]
eyebrow	kaş	[kaʃ]
eyelash	kirpik	[kirpik]
eyelid	göz kapağı	[gøz kapaı]

tongue	dil	[diʎ]
tooth	diş	[diʃ]
lips	dudaklar	[dudaklar]
cheekbones	elmacık kemiği	[ælmadʒik kæmiı]
gum	dişeti	[diʃæti]
palate	damak	[damak]

nostrils	burun deliği	[burun dæliı]
chin	çene	[ʧænæ]
jaw	çene	[ʧænæ]
cheek	yanak	[janak]

forehead	alın	[alın]
temple	şakak	[ʃakak]
ear	kulak	[kulak]
back of the head	ense	[ænsæ]
neck	boyun	[bojun]
throat	boğaz	[boaz]

hair	saçlar	[saʧlar]
hairstyle	saç	[saʧ]
haircut	saç biçimi	[saʧ biʧimi]
wig	peruk	[pæryk]

mustache	bıyık	[bıjık]
beard	sakal	[sakal]
to have (a beard, etc.)	uzatmak, bırakmak	[uzatmak], [bırakmak]
braid	saç örgüsü	[saʧ ørgysy]
sideburns	favori	[favori]

red-haired (adj)	kızıl saçlı	[kızıl satʃlı]
gray (hair)	kır	[kır]
bald (adj)	kel	[kæʎ]
bald patch	dazlak yer	[dazlak jær]

| ponytail | kuyruk | [kujruk] |
| bangs | kakül | [kakyʎ] |

32. Human body

| hand | el | [æʎ] |
| arm | kol | [kol] |

finger	parmak	[parmak]
thumb	başparmak	[baʃ parmak]
little finger	küçük parmak	[kytʃuk parmak]
nail	tırnak	[tırnak]

fist	yumruk	[jumruk]
palm	avuç	[avutʃ]
wrist	bilek	[bilæk]
forearm	önkol	[øŋkol]
elbow	dirsek	[dirsæk]
shoulder	omuz	[omuz]

leg	bacak	[badʒak]
foot	ayak	[ajak]
knee	diz	[diz]
calf (part of leg)	baldır	[baldır]
hip	kalça	[kaltʃa]
heel	topuk	[topuk]

body	vücut	[vydʒut]
stomach	karın	[karın]
chest	göğüs	[gøjus]
breast	göğüs	[gøjus]
flank	yan	[jan]
back	sırt	[sırt]
lower back	alt bel	[alt bæʎ]
waist	bel	[bæʎ]

navel	göbek	[gøbæk]
buttocks	kaba et	[kaba æt]
bottom	kıç	[kıtʃ]

beauty mark	ben	[bæn]
tattoo	dövme	[døvmæ]
scar	yara izi	[jara izi]

Clothing & Accessories

33. Outerwear. Coats

clothes	elbise, kıyafet	[æʌbisæ], [kıjafæt]
outer clothes	üst kıyafet	[just kıjafæt]
winter clothes	kışlık kıyafet	[kıʃlık kıjafæt]
overcoat	palto	[paʌto]
fur coat	kürk manto	[kyrk manto]
fur jacket	kürk ceket	[kyrk ʤækæt]
down coat	ceket aşağı	[ʤækæt aʃaı]
jacket (e.g., leather ~)	ceket	[ʤækæt]
raincoat	trençkot	[træntʃkot]
waterproof (adj)	su geçirmez	[su gætʃirmæz]

34. Men's & women's clothing

shirt	gömlek	[gømlæk]
pants	pantolon	[pantolon]
jeans	kot pantolon	[kot pantolon]
jacket (of man's suit)	ceket	[ʤækæt]
suit	takım elbise	[takım æʌbisæ]
dress (frock)	elbise, kıyafet	[æʌbisæ], [kıjafæt]
skirt	etek	[ætæk]
blouse	gömlek, bluz	[gømlæk], [bluz]
knitted jacket	hırka	[hırka]
jacket (of woman's suit)	ceket	[ʤækæt]
T-shirt	tişört	[tiʃort]
shorts (short trousers)	şort	[ʃort]
tracksuit	eşofman	[æʃofman]
bathrobe	bornoz	[bornoz]
pajamas	pijama	[piʒama]
sweater	süveter	[syvætær]
pullover	pulover	[pulovær]
vest	yelek	[jælæk]
tailcoat	frak	[frak]
tuxedo	smokin	[smokin]
uniform	üniforma	[juniforma]

workwear	iş elbisesi	[iʃ æʌbisæsi]
overalls	tulum	[tulum]
coat (e.g., doctor's smock)	önlük	[ønlyk]

35. Clothing. Underwear

underwear	iç çamaşırı	[itʃ tʃamaʃırı]
undershirt (A-shirt)	atlet	[atlæt]
socks	kısa çorap	[kısa tʃorap]

nightgown	gecelik	[gædʒælik]
bra	sutyen	[sutʲæn]
knee highs	diz hizası çorap	[diz hizası tʃorap]
tights	külotlu çorap	[kyløtly tʃorap]
stockings (thigh highs)	çorap	[tʃorap]
bathing suit	mayo	[majo]

36. Headwear

hat	şapka	[ʃapka]
fedora	fötr şapka	[føtr ʃapka]
baseball cap	beyzbol şapkası	[bæjzbol ʃapkası]
flatcap	kasket	[kaskæt]

beret	bere	[bæræ]
hood	kapüşon	[kapyʃon]
panama hat	panama	[panama]
knitted hat	örgü şapka	[ørgy ʃapka]

| headscarf | başörtüsü | [baʃ ørtysy] |
| women's hat | kadın şapkası | [kadın ʃapkası] |

hard hat	baret, kask	[baræt], [kask]
garrison cap	kayık kep	[kajık kæp]
helmet	kask	[kask]

| derby | melon şapka | [mælon ʃapka] |
| top hat | silindir şapka | [silindir ʃapka] |

37. Footwear

footwear	ayakkabı	[ajakkabı]
ankle boots	potinler	[potinlær]
shoes (low-heeled ~)	ayakkabılar	[ajakkabılar]
boots (cowboy ~)	çizmeler	[tʃizmælær]
slippers	terlik	[tærlik]

tennis shoes	tenis ayakkabısı	[tænis ajakkabısı]
sneakers	spor ayakkabısı	[spor ajakkabısı]
sandals	sandalet	[sandalæt]

cobbler	ayakkabıcı	[ajakkabıdʒı]
heel	topuk	[topuk]
pair (of shoes)	bir çift ayakkabı	[birʲ tʃift ajakkabı]

shoestring	bağ	[ba:]
to lace (vt)	bağlamak	[ba:lamak]
shoehorn	kaşık	[kaʃık]
shoe polish	ayakkabı boyası	[ajakkabı bojası]

38. Textile. Fabrics

cotton (n)	pamuk	[pamuk]
cotton (as adj)	pamuklu	[pamuklu]
flax (n)	keten	[kætæn]
flax (as adj)	ketenden	[kætændæn]

silk (n)	ipek	[ipæk]
silk (as adj)	ipekli	[ipækli]
wool (n)	yün	[jun]
woolen (adj)	yünlü	[junly]

velvet	kadife	[kadifæ]
suede	süet	[syæt]
corduroy	fitilli kadife kumaş	[fitilli kadifæ kumaʃ]

nylon (n)	naylon	[najlon]
nylon (as adj)	naylondan	[najlondan]
polyester (n)	polyester	[poʎæstær]
polyester (as adj)	polyester	[poʎæstær]

leather (n)	deri	[dæri]
leather (as adj)	deri, deriden yapılmış	[dæri], [dæridæn japılmıʃ]
fur (n)	kürk	[kyrk]
fur (e.g., ~ coat)	kürk	[kyrk]

39. Personal accessories

gloves	eldiven	[æʎdivæn]
mittens	tek parmaklı eldiven	[tæk parmaklı æʎdivæn]
scarf (muffler)	atkı	[atkı]

glasses	gözlük	[gøzlyk]
frame (eyeglass ~)	çerçeve	[tʃærtʃævæ]
umbrella	şemsiye	[ʃæmsijæ]

walking stick	**baston**	[baston]
hairbrush	**saç fırçası**	[satʃ fırtʃası]
fan	**yelpaze**	[jælpazæ]
necktie	**kravat**	[kravat]
bow tie	**papyon**	[papʲon]
suspenders	**pantolon askısı**	[pantolon askısı]
handkerchief	**mendil**	[mændiʎ]
comb	**tarak**	[tarak]
barrette	**toka**	[toka]
hairpin	**firkete**	[firkætæ]
buckle	**kemer tokası**	[kæmær tokası]
belt	**kemer**	[kæmær]
shoulder strap	**kayış**	[kajıʃ]
bag (handbag)	**çanta**	[tʃanta]
purse	**bayan çantası**	[bajan tʃantası]
backpack	**arka çantası**	[arka tʃantası]

40. Clothing. Miscellaneous

fashion	**moda**	[moda]
in vogue (adj)	**modaya uygun**	[modaja ujgun]
fashion designer	**modelci**	[modæʎdʒi]
collar	**yaka**	[jaka]
pocket	**cep**	[dʒæp]
pocket (as adj)	**cep**	[dʒæp]
sleeve	**kol**	[kol]
hanging loop	**askı**	[askı]
fly (on trousers)	**pantolon fermuarı**	[pantolon færmuarı]
zipper (fastener)	**fermuar**	[færmuar]
fastener	**kopça**	[koptʃa]
button	**düğme**	[dyjmæ]
buttonhole	**düğme iliği**	[dyjmæ ili:]
to come off (ab. button)	**kopmak**	[kopmak]
to sew (vi, vt)	**dikmek**	[dikmæk]
to embroider (vi, vt)	**nakış işlemek**	[nakıʃ iʃlæmæk]
embroidery	**nakış**	[nakıʃ]
sewing needle	**iğne**	[i:næ]
thread	**iplik**	[iplik]
seam	**dikiş**	[dikiʃ]
to get dirty (vi)	**kirlenmek**	[kirlænmæk]
stain (mark, spot)	**leke**	[lækæ]
to crease, crumple (vi)	**buruşmak**	[buruʃmak]

| to tear (vt) | yırtmak | [jɪrtmak] |
| clothes moth | güve | [gyvæ] |

41. Personal care. Cosmetics

toothpaste	diş macunu	[diʃ madʒunu]
toothbrush	diş fırçası	[diʃ fɪrtʃasɪ]
to brush one's teeth	dişlerini fırçalamak	[diʃlærini fɪrtʃalamak]

razor	jilet	[ʒilæt]
shaving cream	tıraş kremi	[tɪraʃ kræmi]
to shave (vi)	tıraş olmak	[tɪraʃ olmak]

| soap | sabun | [sabun] |
| shampoo | şampuan | [ʃampuan] |

scissors	makas	[makas]
nail file	tırnak törpüsü	[tɪrnak tørpysy]
nail clippers	tırnak makası	[tɪrnak makasɪ]
tweezers	cımbız	[dʒɪmbɪz]

cosmetics	kozmetik	[kozmætik]
face mask	yüz maskesi	[juz maskæsi]
manicure	manikür	[manikyr]
to have a manicure	manikür yapmak	[manikyr japmak]
pedicure	pedikür	[pædikyr]

make-up bag	makyaj çantası	[makjaʒ tʃantasɪ]
face powder	pudra	[pudra]
powder compact	pudralık	[pudralɪk]
blusher	allık	[allɪk]

perfume (bottled)	parfüm	[parfym]
toilet water (perfume)	parfüm suyu	[parfym suju]
lotion	losyon	[losʲon]
cologne	kolonya	[kolonja]

eyeshadow	far	[far]
eyeliner	göz kalemi	[gøz kalæmi]
mascara	rimel	[rimæʎ]

lipstick	ruj	[ruʒ]
nail polish, enamel	oje	[oʒæ]
hair spray	saç spreyi	[satʃ spræjɪ]
deodorant	deodorant	[dæodorant]

cream	krem	[kræm]
face cream	yüz kremi	[juz kræmi]
hand cream	el kremi	[æʎ kræmi]
anti-wrinkle cream	kırışıklık giderici krem	[kɪrɪʃɪklɪk gidæridʒi kræm]

day (as adj)	günlük	[gynlyk]
night (as adj)	gece	[gædʒæ]

tampon	tampon	[tampon]
toilet paper	tuvalet kağıdı	[tuvalæt kaɪdɪ]
hair dryer	saç kurutma makinesi	[satʃ kurutma makinæsi]

42. Jewelry

jewelry	mücevher	[mydʒævhær]
precious (e.g., ~ stone)	değerli	[dæ:rli]
hallmark	ayar damgası	[ajar damgasɪ]
ring	yüzük	[juzyk]
wedding ring	nişan yüzüğü	[niʃan juzyju]
bracelet	bilezik	[bilæzik]

earrings	küpeler	[kypælær]
necklace (~ of pearls)	gerdanlık	[gærdanlɪk]
crown	taç	[tatʃ]
bead necklace	boncuk kolye	[bondʒuk koʎæ]

diamond	pırlanta	[pɪrlanta]
emerald	zümrüt	[zymryt]
ruby	yakut	[jakut]
sapphire	safir	[safir]
pearl	inci	[indʒi]
amber	kehribar	[kæhribar]

43. Watches. Clocks

watch (wristwatch)	el saati	[æʎ sa:ti]
dial	kadran	[kadran]
hand (of clock, watch)	akrep, yelkovan	[akræp], [jælkovan]
metal watch band	metal kordon	[metaʎ kordon]
watch strap	kayış	[kajɪʃ]

battery	pil	[piʎ]
to be dead (battery)	bitmek	[bitmæk]
to change a battery	pil değiştirmek	[piʎ dæiʃtirmæk]
to run fast	ileri gitmek	[ilæri gitmæk]
to run slow	geride kalmak	[gæridæ kalmak]

wall clock	duvar saati	[duvar sa:ti]
hourglass	kum saati	[kum sa:ti]
sundial	güneş saati	[gynæʃ sa:ti]
alarm clock	çalar saat	[tʃalar sa:t]
watchmaker	saatçi	[sa:tʃi]
to repair (vt)	tamir etmek	[tamir ætmæk]

Food. Nutricion

44. Food

meat	et	[æt]
chicken	tavuk eti	[tavuk æti]
young chicken	civciv	[dʒiv dʒiv]
duck	ördek	[ørdæk]
goose	kaz	[kaz]
game	av hayvanları	[av hajvanları]
turkey	hindi	[hindi]

pork	domuz eti	[domuz æti]
veal	dana eti	[dana æti]
lamb	koyun eti	[kojun æti]
beef	sığır eti	[sıːr æti]
rabbit	tavşan eti	[tavʃan æti]

sausage (salami, etc.)	sucuk, sosis	[sudʒuk], [sosis]
vienna sausage	sosis	[sosis]
bacon	domuz pastırması	[domuz pastırması]
ham	jambon	[ʒambon]
gammon (ham)	tütsülenmiş jambon	[tytsylænmiʃ ʒambon]

pâté	ezme	[æzmæ]
liver	karaciğer	[karadʒiær]
lard	yağ	[jaː]
ground beef	kıyma	[kıjma]
tongue	dil	[diʎ]

egg	yumurta	[jumurta]
eggs	yumurtalar	[jumurtalar]
egg white	yumurta akı	[jumurta akı]
egg yolk	yumurta sarısı	[jumurta sarısı]

fish	balık	[balık]
seafood	deniz ürünleri	[dæniz jurynlæri]
caviar	havyar	[havjar]

crab	yengeç	[jæŋætʃ]
shrimp	karides	[karidæs]
oyster	istiridye	[istiridʲæ]
spiny lobster	langust	[laŋust]
octopus	ahtapot	[ahtapot]
squid	kalamar	[kalamar]
sturgeon	mersin balığı	[mærsin balıː]

salmon	som balığı	[som balı:]
halibut	pisi balığı	[pisi balı:]
cod	morina balığı	[morina balı:]
mackerel	uskumru	[uskumru]
tuna	ton balığı	[ton balı:]
eel	yılan balığı	[jılan balı:]

trout	alabalık	[alabalık]
sardine	sardalye	[sardaʎæ]
pike	turna balığı	[turna balı:]
herring	ringa	[riŋa]

bread	ekmek	[ækmæk]
cheese	peynir	[pæjnir]
sugar	şeker	[ʃækær]
salt	tuz	[tuz]

rice	pirinç	[pirintʃ]
pasta	makarna	[makarna]
noodles	erişte	[æriʃtæ]

butter	tereyağı	[tæræjaı]
vegetable oil	bitkisel yağ	[bitkisæʎ ja:]
sunflower oil	ayçiçeği yağı	[ajtʃitʃæı jaı]
margarine	margarin	[margarin]
olives	zeytin	[zæjtin]
olive oil	zeytin yağı	[zæjtin jaı]

milk	süt	[syt]
condensed milk	yoğunlaştırılmış süt	[jounlaʃtırılmıʃ syt]
yogurt	yoğurt	[jourt]
sour cream	ekşi krema	[ækʃi kræma]
cream (of milk)	süt kaymağı	[syt kajmaı]

| mayonnaise | mayonez | [majonæz] |
| buttercream | krema | [kræma] |

cereal grain (wheat, etc.)	tane	[tanæ]
flour	un	[un]
canned food	konserve	[konsærvæ]
cornflakes	mısır gevreği	[mısır gævræi]
honey	bal	[bal]
jam	reçel, marmelat	[rætʃæʎ], [marmælat]
chewing gum	sakız, çiklet	[sakız], [tʃiklæt]

45. Drinks

water	su	[su]
drinking water	içme suyu	[itʃmæ suju]
mineral water	maden suyu	[madæn suju]

still (adj)	gazsız	[gazsız]
carbonated (adj)	gazlı	[gazlı]
sparkling (adj)	maden	[madæn]
ice	buz	[buz]
with ice	buzlu	[buzlu]
non-alcoholic (adj)	alkolsüz	[alkoʎsyz]
soft drink	alkolsüz içki	[alkoʎsyz itʃki]
cool soft drink	soğuk meşrubat	[sojuk mæʃrubat]
lemonade	limonata	[limonata]
liquor	alkollü içkiler	[alkolly itʃkilær]
wine	şarap	[ʃarap]
white wine	beyaz şarap	[bæjaz ʃarap]
red wine	kırmızı şarap	[kırmızı ʃarap]
liqueur	likör	[likør]
champagne	şampanya	[ʃampaɲja]
vermouth	vermut	[værmut]
whisky	viski	[viski]
vodka	votka	[votka]
gin	cin	[dʒin]
cognac	konyak	[koɲjak]
rum	rom	[rom]
coffee	kahve	[kahvæ]
black coffee	siyah kahve	[sijah kahvæ]
coffee with milk	sütlü kahve	[sytly kahvæ]
cappuccino	kaymaklı kahve	[kajmaklı kahvæ]
instant coffee	hazır kahve	[hazır kahvæ]
milk	süt	[syt]
cocktail	kokteyl	[koktæjʎ]
milk shake	sütlü kokteyl	[sytly koktæjʎ]
juice	meyve suyu	[mæjvæ suju]
tomato juice	domates suyu	[domatæs suju]
orange juice	portakal suyu	[portakal suju]
freshly squeezed juice	taze meyve suyu	[tazæ mæjvæ suju]
beer	bira	[bira]
light beer	hafif bira	[hafif bira]
dark beer	siyah bira	[sijah bira]
tea	çay	[tʃaj]
black tea	siyah çay	[sijah tʃaj]
green tea	yeşil çay	[jæʃiʎ tʃaj]

46. Vegetables

| vegetables | sebze | [sæbzæ] |
| greens | yeşillik | [jæʃiʎik] |

tomato	domates	[domatæs]
cucumber	salatalık	[salatalık]
carrot	havuç	[havutʃ]
potato	patates	[patatæs]
onion	soğan	[soan]
garlic	sarımsak	[sarımsak]

cabbage	lahana	[ʎahana]
cauliflower	karnabahar	[karnabahar]
Brussels sprouts	Brüksel lâhanası	[bryksæʎ ʎahanası]
broccoli	brokoli	[brokoli]

beetroot	pancar	[pandʒar]
eggplant	patlıcan	[patlıdʒan]
zucchini	sakız kabağı	[sakız kabaı]
pumpkin	kabak	[kabak]
turnip	şalgam	[ʃalgam]

parsley	maydanoz	[majdanoz]
dill	dereotu	[dæræotu]
lettuce	yeşil salata	[jæʃiʎ salata]
celery	kereviz	[kæræviz]
asparagus	kuşkonmaz	[kuʃkonmaz]
spinach	ıspanak	[ıspanak]

pea	bezelye	[bæzæʎæ]
beans	bakla	[bakla]
corn (maize)	mısır	[mısır]
kidney bean	fasulye	[fasuʎæ]

pepper	dolma biber	[dolma bibær]
radish	turp	[turp]
artichoke	enginar	[æŋinar]

47. Fruits. Nuts

fruit	meyve	[mæjvæ]
apple	elma	[æʎma]
pear	armut	[armut]
lemon	limon	[limon]
orange	portakal	[portakal]
strawberry	çilek	[tʃilæk]
mandarin	mandalina	[mandalina]
plum	erik	[ærik]

peach	şeftali	[ʃæftali]
apricot	kayısı	[kajısı]
raspberry	ahududu	[ahududu]
pineapple	ananas	[ananas]

banana	muz	[muz]
watermelon	karpuz	[karpuz]
grape	üzüm	[juzym]
sour cherry	vişne	[viʃnæ]
sweet cherry	kiraz	[kiraz]
melon	kavun	[kavun]

grapefruit	greypfrut	[græjpfrut]
avocado	avokado	[avokado]
papaya	papaya	[papaja]
mango	mango	[maŋo]
pomegranate	nar	[nar]

redcurrant	kırmızı frenk üzümü	[kırmızı fræŋk juzymy]
blackcurrant	siyah frenk üzümü	[sijah fræŋk juzymy]
gooseberry	bektaşı üzümü	[bæktaʃı juzymy]
bilberry	yaban mersini	[jaban mærsini]
blackberry	böğürtlen	[bøjurtlæn]

raisin	kuru üzüm	[kuru juzym]
fig	incir	[indʒir]
date	hurma	[hurma]

peanut	yerfıstığı	[jærfıstı:]
almond	badem	[badæm]
walnut	ceviz	[dʒæviz]
hazelnut	fındık	[fındık]
coconut	Hindistan cevizi	[hindistan dʒævizi]
pistachios	çam fıstığı	[tʃam fıstı:]

48. Bread. Candy

confectionery (pastry)	şekerleme	[ʃækærlæmæ]
bread	ekmek	[ækmæk]
cookies	bisküvi	[biskyvi]

chocolate (n)	çikolata	[tʃikolata]
chocolate (as adj)	çikolatalı	[tʃikolatalı]
candy	şeker	[ʃækær]
cake (e.g., cupcake)	ufak kek	[ufak kæk]
cake (e.g., birthday ~)	kek, pasta	[kæk], [pasta]

pie (e.g., apple ~)	börek	[børæk]
filling (for cake, pie)	iç	[itʃ]
whole fruit jam	reçel	[rætʃæʎ]

marmalade	marmelat	[marmælat]
waffle	gofret	[gofræt]
ice-cream	dondurma	[dondurma]

49. Cooked dishes

course, dish	yemek	[jæmæk]
cuisine	mutfak	[mutfak]
recipe	yemek tarifi	[jæmæk tarifı]
portion	porsiyon	[porsijon]

salad	salata	[salata]
soup	çorba	[tʃorba]

clear soup (broth)	et suyu	[æt suju]
sandwich (bread)	sandviç	[sandvitʃ]
fried eggs	sahanda yumurta	[sahanda jumurta]

cutlet (croquette)	köfte	[køftæ]
hamburger (beefburger)	hamburger	[hamburgær]
beefsteak	biftek	[biftæk]
stew	et kızartması, rosto	[æt kızartması], [rosto]

side dish	garnitür	[garnityr]
spaghetti	spagetti	[spagætti]
mashed potatoes	patates püresi	[patatæs pyræsi]
pizza	pizza	[pizza]
porridge (oatmeal, etc.)	lâpa	[ʎapa]
omelet	omlet	[omlæt]

boiled (e.g., ~ beef)	pişmiş	[piʃmiʃ]
smoked (adj)	tütsülenmiş, füme	[tytsylænmiʃ], [fymæ]
fried (adj)	kızartılmış	[kızartılmıʃ]
dried (adj)	kuru	[kuru]
frozen (adj)	dondurulmuş	[dondurulmuʃ]
pickled (adj)	turşu	[turʃu]

sweet (sugary)	tatlı	[tatlı]
salty (adj)	tuzlu	[tuzlu]
cold (adj)	soğuk	[souk]
hot (adj)	sıcak	[sıdʒak]
bitter (adj)	acı	[adʒı]
tasty (adj)	tatlı, lezzetli	[tatlı], [læzzætlı]

to cook in boiling water	kaynatmak	[kajnatmak]
to cook (dinner)	pişirmek	[piʃirmæk]
to fry (vt)	kızartmak	[kızartmak]
to heat up (food)	ısıtmak	[ısıtmak]
to salt (vt)	tuzlamak	[tuzlamak]
to pepper (vt)	biberlemek	[bibærlæmæk]

to grate (vt)	rendelemek	[rændælæmæk]
peel (n)	kabuk	[kabuk]
to peel (vt)	soymak	[sojmak]

50. Spices

salt	tuz	[tuz]
salty (adj)	tuzlu	[tuzlu]
to salt (vt)	tuzlamak	[tuzlamak]

black pepper	siyah biber	[sijah bibær]
red pepper	kırmızı biber	[kırmızı bibær]
mustard	hardal	[hardal]
horseradish	bayırturpu	[bajırturpu]

condiment	çeşni	[tʃæʃni]
spice	baharat	[baharat]
sauce	salça, sos	[saltʃa], [sos]
vinegar	sirke	[sirkæ]

anise	anason	[anason]
basil	fesleğen	[fæslæːn]
cloves	karanfil	[karanfiʎ]
ginger	zencefil	[zændʒæfiʎ]
coriander	kişniş	[kiʃniʃ]
cinnamon	tarçın	[tartʃın]

sesame	susam	[susam]
bay leaf	defne yaprağı	[dæfnæ japraı]
paprika	kırmızıbiber	[kırmızı bibær]
caraway	çörek otu	[tʃoræk otu]
saffron	safran	[safran]

51. Meals

| food | yemek | [jæmæk] |
| to eat (vi, vt) | yemek | [jæmæk] |

breakfast	kahvaltı	[kahvaltı]
to have breakfast	kahvaltı yapmak	[kahvaltı japmak]
lunch	öğle yemeği	[øjlæ jæmæi]
to have lunch	öğle yemeği yemek	[øjlæ jæmæi jæmæk]
dinner	akşam yemeği	[akʃam jæmæi]
to have dinner	akşam yemeği yemek	[akʃam jæmæi jæmæk]

appetite	iştah	[iʃtah]
Enjoy your meal!	Afiyet olsun!	[afijæt olsun]
to open (~ a bottle)	açmak	[atʃmak]

to spill (liquid)	dökmek	[døkmæk]
to spill out (vi)	dökülmek	[døkyʎmæk]

to boil (vi)	kaynamak	[kajnamak]
to boil (vt)	kaynatmak	[kajnatmak]
boiled (~ water)	kaynamış	[kajnamıʃ]
to chill, cool down (vt)	serinletmek	[særinlætmæk]
to chill (vi)	serinleşmek	[særinlæʃmæk]

taste, flavor	tat	[tat]
aftertaste	ağızda kalan tat	[aızda kalan tat]

to be on a diet	zayıflamak	[zajıflamak]
diet	rejim, diyet	[ræʒim], [dijæt]
vitamin	vitamin	[vitamin]
calorie	kalori	[kalori]
vegetarian (n)	vejetaryen kimse	[vædʒætariæn kimsæ]
vegetarian (adj)	vejetaryen	[vædʒætariæn]

fats (nutrient)	yağlar	[ja:lar]
proteins	proteinler	[protæinlær]
carbohydrates	karbonhidratlar	[karbonhidratlar]
slice (of lemon, ham)	dilim	[dilim]
piece (of cake, pie)	parça	[partʃa]
crumb (of bread)	kırıntı	[kırıntı]

52. Table setting

spoon	kaşık	[kaʃik]
knife	bıçak	[bıtʃak]
fork	çatal	[tʃatal]

cup (of coffee)	fincan	[findʒan]
plate (dinner ~)	tabak	[tabak]
saucer	fincan tabağı	[findʒan tabaı]
napkin (on table)	peçete	[pætʃætæ]
toothpick	kürdan	[kyrdan]

53. Restaurant

restaurant	restoran	[ræstoran]
coffee house	kahvehane	[kahvæhanæ]
pub, bar	bar	[bar]
tearoom	çay salonu	[tʃaj salonu]

waiter	garson	[garson]
waitress	kadın garson	[kadın garson]
bartender	barmen	[barmæn]

menu	menü	[mæny]
wine list	şarap listesi	[ʃarap listæsi]
to book a table	masa ayırtmak	[masa ajırtmak]
course, dish	yemek	[jæmæk]
to order (meal)	sipariş etmek	[sipariʃ ætmæk]
to make an order	sipariş vermek	[sipariʃ værmæk]
aperitif	aperatif	[apæratif]
appetizer	çerez	[ʧæræz]
dessert	tatlı	[tatlı]
check	hesap	[hæsap]
to pay the check	hesabı ödemek	[hæsabı ødæmæk]
to give change	para üstü vermek	[para justy værmæk]
tip	bahşiş	[bahʃiʃ]

Family, relatives and friends

54. Personal information. Forms

name, first name	ad, isim	[ad], [isim]
family name	soyadı	[sojadı]
date of birth	doğum tarihi	[doum tarihi]
place of birth	doğum yeri	[doum jæri]
nationality	milliyet	[millijæt]
place of residence	ikamet yeri	[ikamæt jæri]
country	ülke	[juʎkæ]
profession (occupation)	meslek	[mæslæk]
gender, sex	cinsiyet	[dʒinsijæt]
height	boy	[boj]
weight	ağırlık	[aırlık]

55. Family members. Relatives

mother	anne	[aŋæ]
father	baba	[baba]
son	oğul	[øul]
daughter	kız	[kız]
younger daughter	küçük kız	[kytʃuk kız]
younger son	küçük oğul	[kytʃuk oul]
eldest daughter	büyük kız	[byjuk kız]
eldest son	büyük oğul	[byjuk oul]
brother	kardeş	[kardæʃ]
sister	abla	[abla]
cousin (masc.)	erkek kuzen	[ærkæk kuzæn]
cousin (fem.)	kız kuzen	[kız kuzæn]
mom	anne	[aŋæ]
dad, daddy	baba	[baba]
parents	ana baba	[ana baba]
child	çocuk	[tʃodʒuk]
children	çocuklar	[tʃodʒuklar]
grandmother	büyük anne	[byjuk aŋæ]
grandfather	büyük baba	[byjuk baba]
grandson	erkek torun	[ærkæk torun]

| granddaughter | kız torun | [kız torun] |
| grandchildren | torunlar | [torunlar] |

uncle	amca, dayı	[amdʒa], [dai:]
aunt	teyze, hala	[tæjzæ], [hala]
nephew	erkek yeğen	[ærkæk jæ:n]
niece	kız yeğen	[kız jæ:n]

mother-in-law (wife's mother)	kaynana	[kajnana]
father-in-law (husband's father)	kaynata	[kajnata]
son-in-law (daughter's husband)	güvey	[gyvæj]
stepmother	üvey anne	[juvæj aŋæ]
stepfather	üvey baba	[juvæj baba]

infant	süt çocuğu	[syt tʃodʒu:]
baby (infant)	bebek	[bæbæk]
little boy, kid	erkek çocuk	[ærkæk tʃodʒuk]

wife	hanım, eş	[hanım], [æʃ]
husband	eş, koca	[æʃ], [kodʒa]
spouse (husband)	koca	[kodʒa]
spouse (wife)	karı	[karı]

married (masc.)	evli	[ævli]
married (fem.)	evli	[ævli]
single (unmarried)	bekâr	[bækʲar]
bachelor	bekâr	[bækʲar]
divorced (masc.)	boşanmış	[boʃanmıʃ]
widow	dul kadın	[dul kadın]
widower	dul erkek	[dul ærkæk]

relative	akraba	[akraba]
close relative	yakın akraba	[jakın akraba]
distant relative	uzak akraba	[uzak akraba]
relatives	akrabalar	[akrabalar]

orphan (boy or girl)	yetim	[jætim]
guardian (of minor)	vasi	[vasi]
to adopt (a boy)	evlatlık almak	[ævlatlık almak]
to adopt (a girl)	evlatlık almak	[ævlatlık almak]

56. Friends. Coworkers

friend (masc.)	dost, arkadaş	[dost], [arkadaʃ]
friend (fem.)	kız arkadaş	[kız arkadaʃ]
friendship	dostluk	[dostluk]
to be friends	arkadaş olmak	[arkadaʃ olmak]

buddy (masc.)	arkadaş	[arkadaʃ]
buddy (fem.)	kız arkadaş	[kız arkadaʃ]
partner	ortak	[ortak]

chief (boss)	şef	[ʃæf]
superior	amir	[amir]
subordinate	ast	[ast]
colleague	meslektaş	[mæslæktaʃ]

acquaintance (person)	tanıdık	[tanıdık]
fellow traveler	yol arkadaşı	[jol arkadaʃı]
classmate	sınıf arkadaşı	[sınıf arkadaʃı]

neighbor (masc.)	komşu	[komʃu]
neighbor (fem.)	komşu	[komʃu]
neighbors	komşular	[komʃular]

57. Man. Woman

woman	kadın, bayan	[kadın], [bajan]
girl (young woman)	kız	[kız]
bride	gelin	[gælin]

beautiful (adj)	güzel	[gyzæʎ]
tall (adj)	uzun	[uzun]
slender (adj)	ince	[indʒæ]
short (adj)	kısa boylu	[kısa bojlu]

blonde (n)	sarışın	[sarıʃin]
brunette (n)	esmer	[æsmær]
ladies' (adj)	bayan	[bajan]
virgin (girl)	bakire	[bakiræ]
pregnant (adj)	hamile	[hamilæ]

man (adult male)	erkek	[ærkæk]
blond (n)	sarışın	[sarıʃin]
brunet (n)	esmer	[æsmær]
tall (adj)	uzun boylu	[uzun bojlu]
short (adj)	kısa boylu	[kısa bojlu]

rude (rough)	kaba	[kaba]
stocky (adj)	kalın yapılı	[kalın japılı]
robust (adj)	kuvvetli	[kuvvætli]
strong (adj)	güçlü	[gytʃly]
strength	güç	[gytʃ]

stout, fat (adj)	iri	[iri]
swarthy (adj)	esmer	[æsmær]
well-built (adj)	kaslı, yapılı	[kaslı], [japılı]
elegant (adj)	zarif	[zarif]

58. Age

age	yaş	[jaʃ]
youth (young age)	gençlik	[gæntʃlik]
young (adj)	genç	[gæntʃ]

younger (adj)	yaşı daha küçük	[jaʃi daha kytʃuk]
older (adj)	yaşı daha büyük	[jaʃi daha byjuk]

young man	delikanlı	[dælikanlı]
teenager	ergen	[ærgæn]
guy, fellow	bir kimse	[bir kimsæ]

old man	ihtiyar	[ihtijar]
old woman	yaşlı kadın	[jaʃlı kadın]

adult	yetişkin	[jætiʃkin]
middle-aged (adj)	orta yaşlı	[orta jaʃlı]
elderly (adj)	yaşlı	[jaʃlı]
old (adj)	ihtiyar, yaşlı	[ihtijar], [jaʃlı]

retirement	emekli maaşı	[æmækli ma:ʃı]
to retire (from job)	emekli olmak	[æmækli olmak]
retiree	emekli	[æmækli]

59. Children

child	çocuk	[tʃodʒuk]
children	çocuklar	[tʃodʒuklar]
twins	ikizler	[ikizlær]

cradle	beşik	[bæʃik]
rattle	bebek çıngırağı	[bæbæk tʃıŋıraı]
diaper	çocuk bezi	[tʃodʒuk bæzi]

pacifier	emzik	[æmzik]
baby carriage	çocuk arabası	[tʃodʒuk arabası]
kindergarten	anaokulu	[anaokulu]
babysitter	çocuk bakıcısı	[tʃodʒuk bakıdʒısı]

childhood	çocukluk	[tʃodʒukluk]
doll	kukla	[kukla]
toy	oyuncak	[ojundʒak]
construction set	meccano	[mækano]

well-bred (adj)	terbiyeli	[tærbijæli]
ill-bred (adj)	terbiyesiz	[tærbijæsiz]
spoiled (adj)	şımarık	[ʃımarık]
to be naughty	yaramazlık etmek	[jaramazlık ætmæk]

mischievous (adj)	yaramaz	[jaramaz]
mischievousness	yaramazlık	[jaramazlık]
mischievous child	yaramaz çocuk	[jaramaz tʃodʒuk]

obedient (adj)	itaatli	[ita:tli]
disobedient (adj)	itaatsiz	[ita:tsiz]

docile (adj)	uslu	[uslu]
clever (smart)	zeki	[zæki]
child prodigy	harika çocuk	[harika tʃodʒuk]

60. Married couples. Family life

to kiss (vt)	öpmek	[øpmæk]
to kiss (vi)	öpüşmek	[øpyʃmæk]
family (n)	aile	[ailæ]
family (as adj)	aile, ailevi	[ailæ], [ailævi]
couple	çift	[tʃift]
marriage (state)	evlilik	[ævlilik]
hearth (home)	aile ocağı	[ailæ odʒaı]
dynasty	sülale	[sylalæ]

date	randevu	[randævu]
kiss	öpücük	[øpydʒyk]

love (for sb)	sevgi	[sævgi]
to love (sb)	sevmek	[sævmæk]
beloved	sevgili	[sævgili]

tenderness	şefkat	[ʃæfkat]
tender (affectionate)	şefkatli	[ʃæfkatlı]
faithfulness	sadakat	[sadakat]
faithful (adj)	sadık	[sadık]
care (attention)	ihtimam	[ihtimam]
caring (~ father)	dikkatli	[dikkatli]

newlyweds	yeni evliler	[jæni ævlilær]
honeymoon	balayı	[balajı]
to get married (ab. woman)	evlenmek	[ævlænmæk]
to get married (ab. man)	evlenmek	[ævlænmæk]

wedding	düğün	[dyjun]
golden wedding	ellinci evlilik yıldönümü	[ællindʒi ævlilik jıldønymy]
anniversary	yıldönümü	[jıldønymy]

lover (masc.)	aşık	[aʃık]
mistress	metres	[mætræs]
adultery	sadakatsizlik	[sadakatsızlık]

to cheat on ... (commit adultery)	sadakatsiz olmak	[sadakatsız olmak]
jealous (adj)	kıskanç	[kıskantʃ]
to be jealous	kıskanmak	[kıskanmak]
divorce	boşanma	[boʃanma]
to divorce (vi)	boşanmak	[boʃanmak]
to quarrel (vi)	kavga etmek	[kavga ætmæk]
to be reconciled	barışmak	[barıʃmak]
together (adv)	beraber	[bærabær]
sex	seks	[sæks]
happiness	mutluluk	[mutluluk]
happy (adj)	mutlu	[mutlu]
misfortune (accident)	belâ	[bæʎa]
unhappy (adj)	zavallı	[zavallı]

Character. Feelings. Emotions

61. Feelings. Emotions

feeling (emotion)	**duygu**	[dujgu]
feelings	**duygular**	[dujgular]
to feel (vt)	**hissetmek**	[hissætmæk]
hunger	**açlık**	[atʃlık]
to be hungry	**yemek istemek**	[jæmæk istæmæk]
thirst	**susuzluk**	[susuzluk]
to be thirsty	**içmek istemek**	[itʃmæk istæmæk]
sleepiness	**uykulu olma**	[ujkulu olma]
to feel sleepy	**uyumak istemek**	[ujumak istæmæk]
tiredness	**yorgunluk**	[jorgunluk]
tired (adj)	**yorgun**	[jorgun]
to get tired	**yorulmak**	[jorulmak]
mood (humor)	**keyif**	[kæjıf]
boredom	**can sıkıntısı**	[dʒan sıkıntısı]
to be bored	**sıkılmak**	[sıkılmak]
seclusion	**yalnızlık**	[jalnızlık]
to seclude oneself	**inzivaya çekilmek**	[inzivaja tʃækiʎmæk]
to worry (make anxious)	**üzmek**	[juzmæk]
to be worried	**endişelenmek**	[ændiʃælænmæk]
worrying (n)	**endişe**	[ændiʃæ]
anxiety	**rahatsızlık**	[rahatsızlık]
preoccupied (adj)	**kaygılı**	[kajgılı]
to be nervous	**sinirlenmek**	[sinirlænmæk]
to panic (vi)	**panik yapmak**	[panik japmak]
hope	**ümit**	[jumit]
to hope (vi, vt)	**ummak**	[ummak]
certainty	**kesinlik**	[kæsinlik]
certain, sure (adj)	**kararlı**	[kararlı]
uncertainty	**belirsizlik**	[bælirsizlik]
uncertain (adj)	**belirsiz**	[bælirsiz]
drunk (adj)	**sarhoş**	[sarhoʃ]
sober (adj)	**ayık**	[ajık]
weak (adj)	**zayıf**	[zajıf]
happy (adj)	**mutlu**	[mutlu]
to scare (vt)	**korkutmak**	[korkutmak]

| fury (madness) | kızgınlık | [kızgınlık] |
| rage (fury) | öfke | [øfkæ] |

depression	depresyon	[dæpræsʲon]
discomfort	rahatsızlık	[rahatsızlık]
comfort	konfor	[konfor]
to regret (be sorry)	üzülmek	[juzylmæk]
regret	pişmanlık	[piʃmanlık]
bad luck	talihsizlik	[talihsizlik]
sadness	üzüntü	[juzynty]

shame (remorse)	utanma	[utanma]
gladness	neşe	[næʃæ]
enthusiasm, zeal	coşku	[dʒoʃku]
enthusiast	coşkun kimse	[dʒoʃkun kimsæ]
to show enthusiasm	coşkulu davranmak	[dʒoʃkulu davranmak]

62. Character. Personality

character	karakter	[karaktær]
character flaw	karakter kusur	[karaktær kusur]
mind	zekâ	[zækʲa]
reason	akıl	[akıl]

conscience	vicdan	[vidʒdan]
habit (custom)	alışkanlık	[alıʃkanlık]
ability	kabiliyet	[kabilijæt]
can (e.g., ~ swim)	... -abilir, ... -ebilir	[abilir], [æbilir]

patient (adj)	sabırlı	[sabırlı]
impatient (adj)	sabırsız	[sabırsız]
curious (inquisitive)	meraklı	[mæraklı]
curiosity	merak	[mærak]

modesty	mütevazilik	[mytævazilik]
modest (adj)	mütevazi	[mytævazi]
immodest (adj)	küstah	[kystah]

laziness	tembellik	[tæmbælik]
lazy (adj)	tembel	[tæmbæʎ]
lazy person (masc.)	tembel kimse	[tæmbæʎ kimsæ]

cunning (n)	kurnazlık	[kurnazlık]
cunning (as adj)	kurnaz	[kurnaz]
distrust	güvensizlik	[gyvænsizlik]
distrustful (adj)	güvensiz	[gyvænsiz]

generosity	cömertlik	[dʒømærtlik]
generous (adj)	cömert	[dʒømært]
talented (adj)	yetenekli	[jætænækli]

talent	yetenek	[jætænæk]
courageous (adj)	cesur	[dʒæsur]
courage	cesaret	[dʒæsaræt]
honest (adj)	dürüst	[dyryst]
honesty	dürüstlük	[dyrystlyk]

careful (cautious)	ihtiyatlı	[ihtijatlı]
brave (courageous)	cesaretli	[dʒæsarætli]
serious (adj)	ciddi	[dʒiddi]
strict (severe, stern)	sert	[sært]

decisive (adj)	kararlı	[kararlı]
indecisive (adj)	kararsız	[kararsız]
shy, timid (adj)	çekingen	[tʃækiŋæn]
shyness, timidity	çekingenlik	[tʃækiŋænlik]

confidence (trust)	güven	[gyvæn]
to believe (trust)	güvenmek	[gyvænmæk]
trusting (naïve)	güvenen	[gyvænæn]

sincerely (adv)	samimi olarak	[samimi olarak]
sincere (adj)	samimi	[samimi]
sincerity	samimiyet	[samimijæt]
open (person)	açık	[atʃık]

calm (adj)	sakin	[sakin]
frank (sincere)	içten	[itʃtæn]
naïve (adj)	saf	[saf]
absent-minded (adj)	dalgın	[dalgın]
funny (odd)	komik	[komik]

greed	cimrilik	[dʒimrilik]
greedy (adj)	cimri	[dʒimri]
stingy (adj)	pinti	[pinti]
evil (adj)	kötü kalpli	[køty kaʎpli]
stubborn (adj)	inatçı	[inatʃı]
unpleasant (adj)	sevimsiz	[sævimsiz]

selfish person (masc.)	bencil	[bændʒiʎ]
selfish (adj)	bencil	[bændʒiʎ]
coward	korkak kimse	[korkak kimsæ]
cowardly (adj)	korkak	[korkak]

63. Sleep. Dreams

to sleep (vi)	uyumak	[ujumak]
sleep, sleeping	uyku	[ujku]
dream	düş, rüya	[dyʃ], [ruja]
to dream (in sleep)	rüya görmek	[ruja gørmæk]
sleepy (adj)	uykulu	[ujkulu]

bed	yatak	[jatak]
mattress	şilte	[ʃiʌtæ]
blanket (comforter)	battaniye	[battanijæ]
pillow	yastık	[jastık]
sheet	çarşaf	[ʧarʃaf]

insomnia	uykusuzluk	[ujkusuzluk]
sleepless (adj)	uykusuz	[ujkusuz]
sleeping pill	uyku hapı	[ujku hapı]
to take a sleeping pill	uyku hapı almak	[ujku hapı almak]

to feel sleepy	uyumak istemek	[ujumak istæmæk]
to yawn (vi)	esnemek	[æsnæmæk]
to go to bed	uyumaya gitmek	[ujumaja gitmæk]
to make up the bed	yatağı hazırlamak	[jataı hazırlamak]
to fall asleep	uykuya dalmak	[ujkuja dalmak]

nightmare	kabus	[kabus]
snoring	horultu	[horultu]
to snore (vi)	horlamak	[horlamak]

alarm clock	çalar saat	[ʧalar sa:t]
to wake (vt)	uyandırmak	[ujandırmak]
to wake up	uyanmak	[ujanmak]
to get up (vi)	kalkmak	[kalkmak]
to wash up (vi)	yıkanmak	[jıkanmak]

64. Humour. Laughter. Gladness

humor (wit, fun)	mizah	[mizah]
sense of humor	mizah anlayışı	[mizah anlajıʃı]
to have fun	eğlenmek	[æ:lænmæk]
cheerful (adj)	neşeli	[næʃæli]
merriment, fun	neşe	[næʃæ]

smile	gülümseme	[gylymsæmæ]
to smile (vi)	gülümsemek	[gylymsæmæk]
to start laughing	gülmeye başlamak	[gyʌmæjæ baʃlamak]
to laugh (vi)	gülmek	[gyʌmæk]
laugh, laughter	gülme	[gyʌmæ]

anecdote	fıkra	[fıkra]
funny (anecdote, etc.)	gülünçlü	[gylynʧly]
funny (odd)	komik	[komik]

to joke (vi)	şaka yapmak	[ʃaka japmak]
joke (verbal)	şaka	[ʃaka]
joy (emotion)	neşe, sevinç	[næʃæ], [sævinʧ]
to rejoice (vi)	sevinmek	[sævinmæk]
glad, cheerful (adj)	sevinçli	[sævinʧli]

65. Discussion, conversation. Part 1

| communication | iletişim | [ilætiʃim] |
| to communicate | iletişim kurmak | [ilætiʃim kurmak] |

conversation	konuşma	[konuʃma]
dialog	diyalog	[dialog]
discussion (discourse)	müzakere	[myzakæræ]
debate	tartışma	[tartıʃma]
to debate (vi)	tartışmak	[tartıʃmak]

interlocutor	muhatap	[muhatap]
topic (theme)	konu	[konu]
point of view	bakış açısı	[bakıʃ atʃisı]
opinion (viewpoint)	fikir, görüş	[fikir], [gøryʃ]
speech (talk)	demeç	[dæmætʃ]

discussion (of report, etc.)	görüşme	[gøryʃmæ]
to discuss (vt)	görüşmek	[gøryʃmæk]
talk (conversation)	sohbet	[sohbæt]
to talk (vi)	sohbet etmek	[sohbæt ætmæk]
meeting	karşılaşma	[karʃılaʃma]
to meet (vi, vt)	karşılaşmak	[karʃılaʃmak]

proverb	atasözü	[atasøzy]
saying	deyim	[dæjım]
riddle (poser)	bilmece	[biʌmædʒæ]
to ask a riddle	bilmece sormak	[biʌmædʒæ sormak]
password	parola	[parola]
secret	sır	[sır]

oath (vow)	yemin	[jæmin]
to swear (an oath)	yemin etmek	[jæmin ætmæk]
promise	vaat	[va:t]
to promise (vt)	vaat etmek	[va:t ætmæk]

advice (counsel)	tavsiye	[tavsijæ]
to advise (vt)	tavsiye etmek	[tavsijæ ætmæk]
to listen to ... (obey)	söz dinlemek	[søz dinlæmæk]

news	haber	[habær]
sensation (news)	sansasyon	[sansasⁱon]
information (data)	bilgi	[biʌgi]
conclusion (decision)	sonuç	[sonutʃ]
voice	ses	[sæs]
compliment	kompliman	[kompliman]
kind (nice)	nazik	[nazik]

word	söz	[søz]
phrase	cümle	[dʒymlæ]
answer	cevap	[dʒævap]

| truth | doğru, gerçek | [do:ru], [gærtʃæk] |
| lie | yalan | [jalan] |

thought	düşünce	[dyʃyndʒæ]
idea (inspiration)	fikir	[fikir]
fantasy	uydurma	[ujdurma]

66. Discussion, conversation. Part 2

respected (adj)	sayın	[sajın]
to respect (vt)	saygı göstermek	[sajgı gøstærmæk]
respect	saygı	[sajgı]
Dear ... (letter)	Sevgili ... , Sayın ...	[sævgili], [sajın]

to introduce (present)	tanıştırmak	[tanıʃtırmak]
intention	niyet	[nijæt]
to intend (have in mind)	niyetlenmek	[nijætlænmæk]
wish	dilek	[dilæk]
to wish (~ good luck)	dilemek	[dilæmæk]

surprise (astonishment)	hayret	[hajræt]
to surprise (amaze)	şaşırtmak	[ʃaʃırtmak]
to be surprised	şaşırmak	[ʃaʃırmak]

to give (vt)	vermek	[værmæk]
to take (get hold of)	almak	[almak]
to give back	iade etmek	[iadæ ætmæk]
to return (give back)	geri vermek	[gæri værmæk]

to apologize (vi)	özür dilemek	[øzyr dilæmæk]
apology	özür	[øzyr]
to forgive (vt)	affetmek	[afætmæk]

to talk (speak)	konuşmak	[konuʃmak]
to listen (vi)	dinlemek	[dinle'mek]
to hear out	sonuna kadar dinlemek	[sonuna kadar dinlæmæk]
to understand (vt)	anlamak	[anlamak]

to show (display)	göstermek	[gøstærmæk]
to look at ...	... bakmak	[bakmak]
to call (with one's voice)	çağırmak	[tʃaırmak]
to disturb (vt)	rahatsız etmek	[rahatsız ætmæk]
to pass (to hand sth)	iletmek	[ilætmæk]

demand (request)	rica, istek	[ridʒa], [istæk]
to request (ask)	rica etmek, istemek	[ridʒa ætmæk], [istæmæk]
demand (firm request)	talep	[talæp]
to demand (request firmly)	talep etmek	[talæp ætmæk]
to tease (nickname)	takılmak	[takılmak]
to mock (make fun of)	alay etmek	[alaj ætmæk]

| mockery, derision | alay | [alaj] |
| nickname | lakap, takma ad | [ʎakap], [takma ad] |

allusion	ima	[ima]
to allude (vi)	ima etmek	[ima ætmæk]
to imply (vt)	kastetmek	[kastætmæk]

description	tanım	[tanım]
to describe (vt)	betimlemek	[bætimlæmæk]
praise (compliments)	övgü	[øvgy]
to praise (vt)	övmek	[øvmæk]

disappointment	hayal kırıklığı	[hajaʎ kırıklı:]
to disappoint (vt)	hayal kırıklığına uğratmak	[hajaʎ kırıklı:na uratmak]
to be disappointed	hayal kırıklığına uğramak	[hajaʎ kırıklı:na uramak]

supposition	tahmin	[tahmin]
to suppose (assume)	tahmin etmek	[tahmin ætmæk]
warning (caution)	uyarı	[ujarı]
to warn (vt)	uyarmak	[ujarmak]

67. Discussion, conversation. Part 3

| to talk into (convince) | ikna etmek | [ikna ætmæk] |
| to calm down (vt) | yatıştırmak | [jatıʃtırmak] |

silence (~ is golden)	susma	[susma]
to keep silent	susmak	[susmak]
to whisper (vi, vt)	fısıldamak	[fısıldamak]
whisper	fısıltı	[fısıltı]

| frankly, sincerely (adv) | açıkça | [atʃıktʃa] |
| in my opinion ... | bence ... | [bændʒæ] |

detail (of the story)	ayrıntı	[ajrıntı]
detailed (adj)	ayrıntılı, detaylı	[ajrıntlı], [dætajlı]
in detail (adv)	ayrıntılı olarak	[ajrıntlı olarak]

| hint, clue | ipucu | [ipudʒu] |
| to give a hint | ipucu vermek | [ipudʒu værmæk] |

look (glance)	bakış	[bakıʃ]
to have a look	bakmak	[bakmak]
fixed (look)	sabit	[sabit]
to blink (vi)	kırpıştırmak	[kırpıʃtırmak]
to wink (vi)	göz kırpmak	[gøz kırpmak]
to nod (in assent)	başını sallamak	[baʃını sallamak]
sigh	nefes	[næfæs]

to sigh (vi)	nefes almak	[næfæs almak]
to shudder (vi)	irkilmek	[irkiʎmæk]
gesture	jest	[ʒæst]
to touch (one's arm, etc.)	dokunmak	[dokunmak]
to seize (by the arm)	yapışmak	[japɪʃmak]
to tap (on the shoulder)	hafifçe vurmak	[hafiftʃæ vurmak]

Look out!	Dikkat et!	[dikkat æt]
Really?	Acaba?	[adʒaba]
Good luck!	İyi şanslar!	[ijɪ ʃanslar]
I see!	Anlaşıldı!	[anlaʃɪldɪ]
It's a pity!	Maalesef!	[ma:læsæf]

68. Agreement. Refusal

consent (agreement)	rıza	[rɪza]
to agree (say yes)	razı olmak	[razɪ olmak]
approval	onay	[onaj]
to approve (vt)	onaylamak	[onajlamak]

| refusal | ret | [ræt] |
| to refuse (vi, vt) | reddetmek | [ræddætmæk] |

Great!	Pek iyi!	[pæk ijɪ]
All right!	İyi!	[ijɪ]
Okay! (I agree)	Tamam!	[tamam]

| forbidden (adj) | yasaklanmış | [jasaklanmɪʃ] |
| it's forbidden | yasaktır | [jasaktɪr] |

| it's impossible | imkânsız | [imkansɪs] |
| incorrect (adj) | yanlış | [janlɪʃ] |

to reject (~ a demand)	geri çevirmek	[gæri tʃævirmæk]
to support (cause, idea)	desteklemek	[dæstæklæmæk]
to accept (~ an apology)	kabul etmek	[kabul ætmæk]

to confirm (vt)	tasdik etmek	[tasdik ætmæk]
confirmation	tasdik	[tasdik]
permission	izin	[izin]
to permit (vt)	izin vermek	[izin værmæk]

| decision | karar | [karar] |
| to say nothing | susmak | [susmak] |

| condition (term) | şart | [ʃart] |
| excuse (pretext) | bahane | [bahanæ] |

| praise (compliments) | övgü | [øvgy] |
| to praise (vt) | övmek | [øvmæk] |

69. Success. Good luck. Failure

success	başarı	[baʃarı]
successfully (adv)	başarıyla	[baʃarıjla]
successful (adj)	başarılı	[baʃarılı]

good luck	şans	[ʃans]
Good luck!	İyi şanslar!	[iji ʃanslar]
lucky (e.g., ~ day)	başarılı	[baʃarılı]
lucky (fortunate)	şanslı	[ʃanslı]

failure	başarısızlık	[baʃarısızlık]
misfortune	şanssızlık	[ʃansızlık]
bad luck	talihsizlik	[talihsizlik]
unsuccessful (adj)	başarısız	[baʃarısız]
catastrophe	felâket	[fæʎakæt]

pride	gurur	[gurur]
proud (adj)	gururlu	[gururlu]
to be proud	gurur duymak	[gurur dujmak]

winner	galip, kazanan	[galip], [kazanan]
to win (vi)	yenmek	[jænmæk]
to lose (not win)	kaybetmek	[kajbætmæk]
try	deneme	[dænæmæ]
to try (vi)	denemek	[dænæmæk]
chance (opportunity)	şans	[ʃans]

70. Quarrels. Negative emotions

shout (scream)	bağırtı	[baɪrtı]
to shout (vi)	bağırmak	[baɪrmak]
to start to cry out	bağırmaya başlamak	[baɪrmaja baʃlamak]

quarrel	kavga	[kavga]
to quarrel (vi)	kavga etmek	[kavga ætmæk]
fight (scandal)	rezalet	[ræzalæt]
to have a fight	rezalet çıkarmak	[ræzalæt tʃikartmak]
conflict	anlaşmazlık	[anlaʃmazlık]
misunderstanding	yanlış anlama	[janlıʃ anlama]

insult	hakaret	[hakaræt]
to insult (vt)	hakaret etmek	[hakaræt ætmæk]
insulted (adj)	aşağılanan	[aʃaɪlanan]
resentment	gücenme	[gydʒænmæ]
to offend (vt)	gücendirmek	[gydʒændirmæk]
to take offense	gücenmek	[gydʒænmæk]
indignation	dargınlık	[dargınlık]
to be indignant	öfkelenmek	[øfkælænmæk]

complaint	şikayet	[ʃikajæt]
to complain (vi, vt)	şikayet etmek	[ʃikajæt ætmæk]

apology	özür	[øzyr]
to apologize (vi)	özür dilemek	[øzyr dilæmæk]
to beg pardon	af dilemek	[af dilæmæk]

criticism	eleştiri	[ælæʃtiri]
to criticize (vt)	eleştirmek	[ælæʃtirmæk]
accusation	suçlama	[sutʃlama]
to accuse (vt)	suçlamak	[sutʃlamak]

revenge	intikam	[intikam]
to revenge (vt)	intikam almak	[intikam almak]
to pay back	geri ödemek	[gæri ødæmæk]

disdain	kibir	[kibir]
to despise (vt)	hor görmek	[hor gørmæk]
hatred, hate	nefret	[næfræt]
to hate (vt)	nefret etmek	[næfræt ætmæk]

nervous (adj)	sinirli	[sinirli]
to be nervous	sinirlenmek	[sinirlænmæk]
angry (mad)	kızgın	[kızgın]
to make angry	kızdırmak	[kızdırmak]

humiliation	aşağılama	[aʃaılama]
to humiliate (vt)	aşağılamak	[aʃaılamak]
to humiliate oneself	küçük düşürmek	[kytʃuk dyʃyrmæk]

shock	şok	[ʃok]
to shock (vt)	şoke etmek	[ʃokæ ætmæk]

trouble (annoyance)	bela	[bæla]
unpleasant (adj)	tatsız	[tatsız]

fear (dread)	korku	[korku]
terrible (storm, heat)	müthiş	[mythiʃ]
scary (e.g., ~ story)	korkunç	[korkuntʃ]
horror	dehşet	[dæhʃæt]
awful (crime, news)	dehşetli	[dæhʃætli]

to cry (weep)	ağlamak	[a:lamak]
to start crying	ağlamaya başlamak	[alamaja baʃlamak]
tear	yaş	[jaʃ]

fault	kabahat	[kabahat]
guilt (feeling)	suç	[sutʃ]
dishonor (disgrace)	rezalet	[ræzalæt]
protest	protesto	[protæsto]
stress	stres	[stræs]
to disturb (vt)	rahatsız etmek	[rahatsız ætmæk]

to be furious	**kızmak**	[kızmak]
mad, angry (adj)	**dargın**	[dargın]
to end (~ a relationship)	**kesmek**	[kæsmæk]
to swear (at sb)	**sövmek**	[søvmæk]

to be scared	**korkmak**	[korkmak]
to hit (strike with hand)	**vurmak**	[vurmak]
to fight (vi)	**dövüşmek**	[døvyʃmæk]

to settle (a conflict)	**çözmek**	[tʃozmæk]
discontented (adj)	**memnun olmayan**	[mæmnun olmajan]
furious (adj)	**öfkeli**	[øfkæli]

It's not good!	**O iyi değil!**	[o ijı dæiʎ]
It's bad!	**Bu kötü!**	[bu køty]

Medicine

71. Diseases

sickness	hastalık	[hastalık]
to be sick	hasta olmak	[hasta olmak]
health	sağlık	[sa:lık]

runny nose (coryza)	nezle	[næzlæ]
angina	anjin	[anʒin]
cold (illness)	soğuk algınlığı	[souk algınlı:]
to catch a cold	soğuk almak	[souk almak]

bronchitis	bronşit	[bronʃit]
pneumonia	zatürree	[zatyræ]
flu, influenza	grip	[grip]

near-sighted (adj)	miyop	[mijop]
far-sighted (adj)	hipermetrop	[hipærmætrop]
strabismus (crossed eyes)	şaşılık	[ʃaʃılık]
cross-eyed (adj)	şaşı	[ʃaʃı]
cataract	katarakt	[katarakt]
glaucoma	glokoma	[glokoma]

stroke	felç	[fæʌtʃ]
heart attack	enfarktüs	[ænfarktys]
myocardial infarction	kalp krizi	[kaʌp krizi]
paralysis	felç	[fæʌtʃ]
to paralyze (vt)	felç olmak	[fæʌtʃ olmak]

allergy	alerji	[alærʒi]
asthma	astım	[astım]
diabetes	diyabet	[diabæt]

toothache	diş ağrısı	[diʃ a:rısı]
caries	diş çürümesi	[diʃ tʃurymæsi]

diarrhea	ishal	[ishaʌ]
constipation	kabız	[kabız]
stomach upset	mide bozukluğu	[midæ bozuklu:]
food poisoning	zehirlenme	[zæhirlænmæ]
to have a food poisoning	zehirlenmek	[zæhirlænmæk]

arthritis	artrit, arterit	[artrit]
rickets	raşitizm	[raʃitizm]
rheumatism	romatizma	[romatizma]

atherosclerosis	damar sertliği	[damar særtli:]
gastritis	gastrit	[gastrit]
appendicitis	apandisit	[apandisit]
ulcer	ülser	[juʌsær]

measles	kızamık	[kızamık]
German measles	kızamıkçık	[kızamıktʃik]
jaundice	sarılık	[sarılık]
hepatitis	hepatit	[hæpatit]

schizophrenia	şizofreni	[ʃizofræni]
rabies (hydrophobia)	kuduz hastalığı	[kuduz hastalı:]
neurosis	nevroz	[nævroz]
concussion	beyin kanaması	[bæjın kanaması]

cancer	kanser	[kansær]
sclerosis	skleroz	[sklæroz]
multiple sclerosis	multipl skleroz	[muʌtipl sklæroz]

alcoholism	alkoliklik	[alkoliklik]
alcoholic (n)	alkolik	[alkolik]
syphilis	frengi	[fræŋi]
AIDS	AİDS	[æids]

tumor	tümör, ur	[tymør], [jur]
malignant (adj)	kötü huylu	[køty hujlu]
benign (adj)	iyi huylu	[ijı hujlu]

fever	sıtma	[sıtma]
malaria	malarya	[malarja]
gangrene	kangren	[kaŋræn]
seasickness	deniz tutması	[dæniz tutması]
epilepsy	epilepsi	[æpilæpsi]

epidemic	salgın	[salgın]
typhus	tifüs	[tifys]
tuberculosis	verem	[væræm]
cholera	kolera	[kolæra]
plague (bubonic ~)	veba	[væba]

72. Symptoms. Treatments. Part 1

symptom	belirti	[bælirti]
temperature	ateş	[atæʃ]
high temperature	yüksek ateş	[juksæk atæʃ]
pulse	nabız	[nabız]

giddiness	baş dönmesi	[baʃ dønmæsi]
hot (adj)	ateşli	[atæʃli]
shivering	üşüme	[juʃymæ]

pale (e.g., ~ face)	solgun	[solgun]
cough	öksürük	[øksyryk]
to cough (vi)	öksürmek	[øksyrmæk]
to sneeze (vi)	hapşırmak	[hapʃɪrmak]
faint	baygınlık	[bajgɪnlɪk]
to faint (vi)	bayılmak	[bajɪlmak]

bruise (hématome)	çürük	[tʃuryk]
bump (lump)	şişlik	[ʃiʃlik]
to bruise oneself	çarpmak	[tʃarpmak]
bruise (contusion)	yara	[jara]
to get bruised	yaralamak	[jaralamak]

to limp (vi)	topallamak	[topallamak]
dislocation	çıkık	[tʃɪkɪk]
to dislocate (vt)	çıkmak	[tʃɪkmak]
fracture	kırık, fraktür	[kirik], [fraktyr]
to have a fracture	kırılmak	[kɪrɪlmak]

cut (e.g., paper ~)	kesik	[kæsik]
to cut oneself	bir yerini kesmek	[bir jærini kæsmæk]
bleeding	kanama	[kanama]

| burn (injury) | yanık | [janɪk] |
| to scald oneself | yanmak | [janmak] |

to prick (vt)	batırmak	[batɪrmak]
to prick oneself	batırmak	[batɪrmak]
to injure (vt)	yaralamak	[jaralamak]
injury	yara, zarar	[jara], [zarar]
wound	yara	[jara]
trauma	sarsıntı	[sarsɪntɪ]

to be delirious	sayıklamak	[sajɪklamak]
to stutter (vi)	kekelemek	[kækælæmæk]
sunstroke	güneş çarpması	[gynæʃ tʃarpmasɪ]

73. Symptoms. Treatments. Part 2

| pain | acı | [adʒɪ] |
| splinter (in foot, etc.) | kıymık | [kɪjmɪk] |

sweat (perspiration)	ter	[tær]
to sweat (perspire)	terlemek	[tærlæmæk]
vomiting	kusma	[kusma]
convulsions	kramp	[kramp]

pregnant (adj)	hamile	[hamilæ]
to be born	doğmak	[do:mak]
delivery, labor	doğum	[doum]

| to deliver (~ a baby) | doğurmak | [dourmak] |
| abortion | çocuk düşürme | [tʃodʒuk dyʃyrmæ] |

breathing, respiration	respirasyon	[ræspirasion]
inhalation	soluk alma	[soluk alma]
exhalation	soluk verme	[soluk vermæ]
to exhale (vi)	soluk vermek	[soluk værmæk]
to inhale (vi)	bir soluk almak	[bir soluk almak]

disabled person	malul	[malyl]
cripple	sakat	[sakat]
drug addict	uyuşturucu bağımlısı	[ujuʃturudʒu baımlısı]

deaf (adj)	sağır	[saır]
dumb, mute	dilsiz	[diʎsiz]
deaf-and-dumb (adj)	sağır ve dilsiz	[saır væ diʎsiz]

mad, insane (adj)	deli	[dæli]
madman	deli adam	[dæli adam]
madwoman	deli kadın	[dæli kadın]
to go insane	çıldırmak	[tʃıldırmak]

gene	gen	[gæn]
immunity	bağışıklık	[baıʃıklık]
hereditary (adj)	irsi, kalıtsal	[irsi], [kalıtsal]
congenital (adj)	doğuştan	[douʃtan]

virus	virüs	[virys]
microbe	mikrop	[mikrop]
bacterium	bakteri	[baktæri]
infection	enfeksiyon	[ænfæksijon]

74. Symptoms. Treatments. Part 3

| hospital | hastane | [hastanæ] |
| patient | hasta | [hasta] |

diagnosis	teşhis	[tæʃhis]
cure	çare	[tʃaræ]
medical treatment	tedavi	[tædavi]
to get treatment	tedavi görmek	[tædavi gørmæk]
to treat (vt)	tedavi etmek	[tædavi ætmæk]
to nurse (look after)	hastaya bakmak	[hastaja bakmak]
care (nursing ~)	hasta bakımı	[hasta bakımı]

operation, surgery	ameliyat	[amælijat]
to bandage (head, limb)	pansuman yapmak	[pansuman japmak]
bandaging	pansuman	[pansuman]
vaccination	aşılama	[aʃılama]
to vaccinate (vt)	aşı yapmak	[aʃı japmak]

| injection, shot | iğne | [i:næ] |
| to give an injection | iğne yapmak | [i:næ japmak] |

amputation	ampütasyon	[ampytasʲon]
to amputate (vt)	ameliyatla almak	[amæelijatla almak]
coma	koma	[koma]
to be in a coma	komada olmak	[komada olmak]
intensive care	yoğun bakım	[joun bakım]

to recover (~ from flu)	iyileşmek	[ijılæʃmæk]
state (patient's ~)	durum	[durum]
consciousness	bilinç	[bilintʃ]
memory (faculty)	hafıza	[hafıza]

to extract (tooth)	çekmek	[tʃækmæk]
filling	dolgu	[dolgu]
to fill (a tooth)	dolgu yapmak	[dolgu japmak]

| hypnosis | hipnoz | [hipnoz] |
| to hypnotize (vt) | hipnotize etmek | [hipnotizæ ætmæk] |

75. Doctors

doctor	doktor	[doktor]
nurse	hemşire	[hæmʃiræ]
private physician	özel doktor	[øzæʎ doktor]

dentist	dişçi	[diʃtʃi]
ophthalmologist	göz doktoru	[gøz doktoru]
internist	pratisyen doktor	[pratisʲæn doktor]
surgeon	cerrah	[dʒærrah]

psychiatrist	psikiyatr	[psikijatr]
pediatrician	çocuk doktoru	[tʃodʒuk doktoru]
psychologist	psikolog	[psikolog]
gynecologist	kadın doktoru	[kadın doktoru]
cardiologist	kardiyoloji uzmanı	[kardioloʒi uzmanı]

76. Medicine. Drugs. Accessories

medicine, drug	ilaç	[ilatʃ]
remedy	deva	[dæva]
to prescribe (vt)	yazmak	[jazmak]
prescription	reçete	[rætʃætæ]

tablet, pill	hap	[hap]
ointment	merhem	[mærhæm]
ampule	ampul	[ampuʎ]

mixture	solüsyon	[solysʲon]
syrup	şurup	[ʃurup]
pill	kapsül	[kapsyl]
powder	toz	[toz]

bandage	bandaj	[bandaʒ]
cotton wool	pamuk	[pamuk]
iodine	iyot	[ijot]

Band-Aid	yara bandı	[jara bandı]
eyedropper	damlalık	[damlalık]
thermometer	derece	[dærædʒæ]
syringe	şırınga	[ʃiriŋa]

| wheelchair | tekerlekli sandalye | [tækærlækli sandaʎʲæ] |
| crutches | koltuk değneği | [koltuk dæjnæi] |

painkiller	anestetik	[anæstætik]
laxative	müshil	[myshiʎ]
spirit (ethanol)	ispirto	[ispirto]
medicinal herbs	şifalı bitkiler	[ʃifalı bitkilær]
herbal (~ tea)	bitkisel	[bitkisæʎ]

77. Smoking. Tobacco products

tobacco	tütün	[tytyn]
cigarette	sigara	[sigara]
cigar	puro	[puro]
pipe	pipo	[pipo]
pack (of cigarettes)	paket sigara	[pakæt sigara]

matches	kibrit	[kibrit]
matchbox	kibrit kutusu	[kibrit kutusu]
lighter	çakmak	[tʃakmak]
ashtray	küllük	[kyllyk]
cigarette case	sigara tabakası	[sigara tabakası]

| cigarette holder | ağızlık | [aızlık] |
| filter (cigarette tip) | filtre | [fiʎtræ] |

to smoke (vi, vt)	içmek	[itʃmæk]
to light a cigarette	sigara yakmak	[sigara jakmak]
smoking	sigara içme	[sigara itʃmæ]
smoker	sigara tiryakisi	[sigara tirijakisı]

stub, butt (of cigarette)	izmarit	[izmarit]
smoke, fumes	duman	[duman]
ash	kül	[kyʎ]

HUMAN HABITAT

City

78. City. Life in the city

city, town	kent, şehir	[kænt], [ʃæhir]
capital city	başkent	[baʃkænt]
village	köy	[køj]

city map	şehir planı	[ʃæhir planı]
downtown	şehir merkezi	[ʃæhir mærkæzi]
suburb	varoş	[varoʃ]
suburban (adj)	banliyö	[banʎjo]

outskirts	şehir kenarı	[ʃæhir kænarı]
environs (suburbs)	çevre	[tʃævræ]
city block	mahalle	[mahalæ]
residential block	yerleşim bölgesi	[jærlæʃim bøʎgæsi]

traffic	trafik	[trafik]
traffic lights	trafik ışıkları	[trafik iʃıkları]
public transportation	toplu taşıma	[toplu taʃima]
intersection	kavşak	[kavʃak]

crosswalk	yaya geçidi	[jaja gætʃidi]
pedestrian underpass	yeraltı geçidi	[jæraltı gætʃidi]
to cross (vt)	geçmek	[gætʃmæk]
pedestrian	yaya	[jaja]
sidewalk	yaya kaldırımı	[jaja kaldırımı]

| bridge | köprü | [køpry] |
| bank (riverbank) | rıhtım | [rıhtım] |

allée	park yolu	[park jolu]
park	park	[park]
boulevard	bulvar	[buʎvar]
square	meydan	[mæjdan]
avenue (wide street)	geniş cadde	[gæniʃ dʒaddæ]
street	sokak, cadde	[sokak], [dʒaddæ]
side street	ara sokak	[ara sokak]
dead end	çıkmaz sokak	[tʃıkmaz sokak]

| house | ev | [æv] |
| building | bina | [bina] |

skyscraper	**gökdelen**	[gøkdælæn]
facade	**cephe**	[dʒæphæ]
roof	**çatı**	[tʃatı]
window	**pencere**	[pændʒæræ]
arch	**kemer**	[kæmær]
column	**sütün**	[sytyn]
corner	**köşe**	[køʃæ]

store window	**vitrin**	[vitrin]
store sign	**levha**	[lævha]
poster	**afiş**	[afiʃ]
advertising poster	**reklam panosu**	[ræklam panosu]
billboard	**reklam panosu**	[ræklam panosu]

garbage, trash	**çöp**	[tʃop]
garbage can	**çöp tenekesi**	[tʃop tænækæsi]
to litter (vi)	**çöp atmak**	[tʃop atmak]
garbage dump	**çöplük**	[tʃoplyk]

phone booth	**telefon kulübesi**	[tælæfon kylybæsi]
lamppost	**fener direği**	[fænær diræi]
bench (park ~)	**bank**	[baŋk]

police officer	**erkek polis**	[ærkæk polis]
police	**polis**	[polis]
beggar	**dilenci**	[dilændʒi]
homeless, bum	**evsiz**	[ævsiz]

79. Urban institutions

store	**mağaza**	[maːza]
drugstore, pharmacy	**eczane**	[ædʒzanæ]
optical store	**optik**	[optik]
shopping mall	**alışveriş merkezi**	[alıʃværiʃ mærkæzi]
supermarket	**süpermarket**	[sypærmarkæt]

bakery	**ekmekçi dükkânı**	[ækmæktʃi dykkanı]
baker	**fırıncı**	[fırındʒı]
candy store	**pastane**	[pastanæ]
grocery store	**bakkaliye**	[bakkalijæ]
butcher shop	**kasap dükkanı**	[kasap dykkanı]

produce store	**manav**	[manav]
market	**çarşı**	[tʃarʃı]

coffee house	**kahvehane**	[kahvæhanæ]
restaurant	**restoran**	[ræstoran]
pub	**birahane**	[birahanæ]
pizzeria	**pizzacı**	[pizadʒı]
hair salon	**kuaför salonu**	[kuafør salonu]

post office	**postane**	[postanæ]
dry cleaners	**kuru temizleme**	[kuru tæmizlæmæ]
photo studio	**fotoğraf stüdyosu**	[fotoraf stydʲosu]
shoe store	**ayakkabı mağazası**	[ajakkabı ma:zası]
bookstore	**kitabevi**	[kitabævi]
sporting goods store	**spor mağazası**	[spor ma:zası]
clothes repair	**elbise tamiri**	[æʎbisæ tamiri]
formal wear rental	**giysi kiralama**	[gijsı kiralama]
movie rental store	**film kiralama**	[film kiralama]
circus	**sirk**	[sirk]
zoo	**hayvanat bahçesi**	[hajvanat bahtʃæsi]
movie theater	**sinema**	[sinæma]
museum	**müze**	[myzæ]
library	**kütüphane**	[kytyphanæ]
theater	**tiyatro**	[tijatro]
opera	**opera**	[opæra]
nightclub	**gece kulübü**	[gæʤæ kulyby]
casino	**kazino**	[kazino]
mosque	**cami**	[ʤami]
synagogue	**sinagog**	[sinagog]
cathedral	**katedral**	[katædral]
temple	**ibadethane**	[ibadæthanæ]
church	**kilise**	[kilisæ]
college	**enstitü**	[ænstity]
university	**üniversite**	[juniværsitæ]
school	**okul**	[okul]
prefecture	**belediye**	[bælædijæ]
city hall	**belediye**	[bælædijæ]
hotel	**otel**	[otæʎ]
bank	**banka**	[baŋka]
embassy	**elçilik**	[æʎtʃilik]
travel agency	**seyahat acentesi**	[sæjahat aʤæntæsi]
information office	**danışma bürosu**	[danıʃma byrosu]
money exchange	**döviz bürosu**	[døviz byrosu]
subway	**metro**	[mætro]
hospital	**hastane**	[hastanæ]
gas station	**benzin istasyonu**	[bænzin istasʲonu]
parking lot	**park yeri**	[park jæri]

80. Signs

store sign	levha	[lævha]
notice (written text)	yazı	[jazı]
poster	poster, afiş	[postær], [afiʃ]
direction sign	işaret	[iʃaræt]
arrow (sign)	ok	[ok]
caution	ikaz, uyarı	[ikaz], [ujarı]
warning sign	uyarı	[ujarı]
to warn (vt)	uyarmak	[ujarmak]
day off	tatil günü	[tatil gyny]
timetable (schedule)	tarife	[tarifæ]
opening hours	çalışma saatleri	[tʃalıʃma sa:tlæri]
WELCOME!	HOŞ GELDİNİZ	[hoʃ gældiniz]
ENTRANCE	GİRİŞ	[giriʃ]
EXIT	ÇIKIŞ	[tʃıkıʃ]
PUSH	İTİNİZ	[itiniz]
PULL	ÇEKİNİZ	[tʃækiniz]
OPEN	AÇIK	[atʃık]
CLOSED	KAPALI	[kapalı]
WOMEN	BAYAN	[bajan]
MEN	BAY	[baj]
DISCOUNTS	İNDİRİM	[indirim]
SALE	UCUZLUK	[udʒuzluk]
NEW!	YENİ	[jæni]
FREE	BEDAVA	[bædava]
ATTENTION!	DİKKAT!	[dikkat]
NO VACANCIES	BOS YER YOK	[bos jær jok]
RESERVED	REZERVE	[ræzærvæ]
ADMINISTRATION	MÜDÜR	[mydyr]
STAFF ONLY	PERSONEL HARİCİ GİREMEZ	[pærsonæl haridʒi giræmæz]
BEWARE OF THE DOG!	DİKKAT KÖPEK VAR	[dikkat køpæk var]
NO SMOKING	SİGARA İÇİLMEZ	[sigara itʃiʌmæz]
DO NOT TOUCH!	DOKUNMAK YASAKTIR	[dokunmak jasaktır]
DANGEROUS	TEHLİKELİ	[tæhlikæli]
DANGER	TEHLİKE	[tæhlikæ]
HIGH TENSION	YÜKSEK GERİLİM	[juksæk gærilim]
NO SWIMMING!	SUYA GİRMEK YASAKTIR	[suja girmæk jasaktır]
OUT OF ORDER	HİZMET DIŞI	[hizmæt diʃı]

FLAMMABLE	YANICI MADDE	[janidʒi maddæ]
FORBIDDEN	YASAKTIR	[jasaktır]
NO TRESPASSING!	GİRMEK YASAKTIR	[girmæk jasaktır]
WET PAINT	DİKKAT ISLAK BOYA	[dikkat ıslak boja]

81. Urban transportation

bus	otobüs	[otobys]
streetcar	tramvay	[tramvaj]
trolley	troleybüs	[trolæjbys]
route (of bus)	rota	[rota]
number (e.g., bus ~)	numara	[numara]

to go by ...	... gitmek	[gitmæk]
to get on (~ the bus)	... binmek	[binmæk]
to get off ...	... inmek	[inmæk]

stop (e.g., bus ~)	durak	[durak]
next stop	sonraki durak	[sonraki durak]
terminus	son durak	[son durak]
schedule	tarife	[tarifæ]
to wait (vi)	beklemek	[bæklæmæk]

ticket	bilet	[bilæt]
fare	bilet fiyatı	[bilæt fijatı]

cashier (ticket seller)	kasiyer	[kasijær]
ticket inspection	bilet kontrolü	[bilæt kontroly]
conductor	kondüktör	[kondyktør]

to be late (for ...)	gecikmek	[gædʒikmæk]
to miss (~ the train, etc.)	... kaçırmak	[katʃırmak]
to be in a hurry	acele etmek	[adʒælæ ætmæk]

taxi, cab	taksi	[taksi]
taxi driver	taksici	[taksidʒi]
by taxi	taksiyle	[taksi:læ]
taxi stand	taksi durağı	[taksi duraı]
to call a taxi	taksi çağırmak	[taksi tʃaırmak]
to take a taxi	taksi tutmak	[taksi tutmak]

traffic	trafik	[trafik]
traffic jam	trafik sıkışıklığı	[trafik sıkıʃıklı:]
rush hour	bitirim ikili	[bitirim ikili]
to park (vi)	park etmek	[park ætmæk]
to park (vt)	park etmek	[park ætmæk]
parking lot	park yeri	[park jæri]

subway	metro	[mætro]
station	istasyon	[istasion]

to take the subway	metroya binmek	[mætroja binmæk]
train	tren	[træn]
train station	istasyon	[istasʲon]

82. Sightseeing

monument	anıt	[anıt]
fortress	kale	[kalæ]
palace	saray	[saraj]
castle	şato	[ʃato]
tower	kule	[kulæ]
mausoleum	anıtkabir	[anıtkabir]

architecture	mimarlık	[mimarlik]
medieval (adj)	ortaçağ	[ortatʃa:]
ancient (adj)	antik, eski	[antik], [æski]
national (adj)	milli	[milli]
well-known (adj)	meşhur	[mæʃhur]

tourist	turist	[turist]
guide (person)	rehber	[ræhbær]
excursion, guided tour	gezi	[gæzi]
to show (vt)	göstermek	[gøstærmæk]
to tell (vt)	anlatmak	[anlatmak]

to find (vt)	bulmak	[bulmak]
to get lost (lose one's way)	kaybolmak	[kajbolmak]
map (e.g., subway ~)	şema	[ʃæma]
map (e.g., city ~)	plan	[pʎan]

souvenir, gift	hediye	[hædijæ]
gift shop	hediyelik eşya mağazası	[hædijælik æʃja ma:zası]
to take pictures	fotoğraf çekmek	[fotoraf tʃækmæk]
to be photographed	fotoğraf çektirmek	[fotoraf tʃæktirmæk]

83. Shopping

to buy (purchase)	satın almak	[satın almak]
purchase	satın alınan şey	[satın alınan ʃæj]
to go shopping	alışverişe gitmek	[alıʃværiʃæ gitmæk]
shopping	alışveriş	[alıʃværiʃ]

| to be open (ab. store) | çalışmak | [tʃalıʃmak] |
| to be closed | kapanmak | [kapanmak] |

footwear	ayakkabı	[ajakkabı]
clothes, clothing	elbise	[æʎbisæ]
cosmetics	kozmetik	[kozmætik]

| food products | gıda ürünleri | [gıda jurynlæri] |
| gift, present | hediye | [hædijæ] |

| salesman | satıcı | [satıdʒı] |
| saleswoman | satıcı kadın | [satıdʒı kadın] |

check out, cash desk	kasa	[kasa]
mirror	ayna	[ajna]
counter (in shop)	tezgâh	[tæzgʲah]
fitting room	deneme kabini	[dænæmæ kabini]

to try on	prova yapmak	[prova japmak]
to fit (ab. dress, etc.)	uymak	[ujmak]
to like (I like ...)	hoşlanmak	[hoʃlanmak]

price	fiyat	[fijat]
price tag	fiyat etiketi	[fijat ætikætlæri]
to cost (vt)	değerinde olmak	[dæ:rindæ olmak]
How much?	Kaç?	[katʃ]
discount	indirim	[indirim]

inexpensive (adj)	masrafsız	[masrafsıs]
cheap (adj)	ucuz	[udʒuz]
expensive (adj)	pahalı	[pahalı]
It's expensive	bu pahalıdır	[bu pahalıdır]

rental (n)	kira	[kira]
to rent (~ a tuxedo)	kiralamak	[kiralamak]
credit	kredi	[krædi]
on credit (adv)	krediyle	[krædijlæ]

84. Money

money	para	[para]
currency exchange	kambiyo	[kambijo]
exchange rate	kur	[kur]
ATM	bankamatik	[baŋkamatik]
coin	para	[para]

| dollar | dolar | [dolar] |
| euro | Euro | [juro] |

lira	liret	[liræt]
Deutschmark	Alman markı	[alman markı]
franc	frank	[fraŋk]
pound sterling	İngiliz sterlini	[iŋiliz stærlini]
yen	yen	[jæn]

| debt | borç | [bortʃ] |
| debtor | borçlu | [bortʃlu] |

to lend (money)	borç vermek	[bortʃ væɾmæk]
to borrow (vi, vt)	borç almak	[bortʃ almak]
bank	banka	[baŋka]
account	hesap	[hæsap]
to deposit into the account	para yatırmak	[para jatɪrmak]
to withdraw (vt)	hesaptan çekmek	[hæsaptan tʃækmæk]
credit card	kredi kartı	[krædi kartɪ]
cash	nakit para	[nakit para]
check	çek	[tʃæk]
to write a check	çek yazmak	[tʃæk jazmak]
checkbook	çek defteri	[tʃæk dæftæri]
wallet	cüzdan	[dʒyzdan]
change purse	para cüzdanı	[para dʒyzdanɪ]
billfold	cüzdan	[dʒyzdan]
safe	para kasası	[para kasasɪ]
heir	mirasçı	[mirastʃɪ]
inheritance	miras	[miras]
fortune (wealth)	varlık	[varlɪk]
lease, rent	kira	[kira]
rent money	ev kirası	[æv kirasɪ]
to rent (sth from sb)	kiralamak	[kiralamak]
price	fiyat	[fijat]
cost	maliyet	[malijæt]
sum	toplam	[toplam]
to spend (vt)	harcamak	[hardʒamak]
expenses	masraflar	[masraflar]
to economize (vi, vt)	idareli kullanmak	[idaræli kullanmak]
economical	tutumlu	[tutumlu]
to pay (vi, vt)	ödemek	[ødæmæk]
payment	ödeme	[ødæmæ]
change (give the ~)	para üstü	[para justy]
tax	vergi	[værgi]
fine	ceza	[dʒæza]
to fine (vt)	ceza kesmek	[dʒæza kæsmæk]

85. Post. Postal service

post office	postane	[postanæ]
mail (letters, etc.)	posta	[posta]
mailman	postacı	[postadʒɪ]
opening hours	çalışma saatleri	[tʃalɪʃma sa:tlæri]

letter	mektup	[mæktup]
registered letter	taahhütlü mektup	[ta:hytly mæktup]
postcard	kart	[kart]
telegram	telgraf	[tælgraf]
parcel	koli	[koli]
money transfer	para havalesi	[para havalæsi]

to receive (vt)	almak	[almak]
to send (vt)	göndermek	[gøndærmæk]
sending	gönderme	[gøndærmæ]

address	adres	[adræs]
ZIP code	endeks, indeks	[ændæks], [indæks]
sender	gönderen	[gøndæræn]
receiver, addressee	alıcı	[alıʤı]

name	ad, isim	[ad], [isim]
family name	soyadı	[sojadı]

rate (of postage)	tarife	[tarifæ]
standard (adj)	normal	[normaʎ]
economical (adj)	ekonomik	[ækonomik]

weight	ağırlık	[aırlık]
to weigh up (vt)	tartmak	[tartmak]
envelope	zarf	[zarf]
postage stamp	pul	[pul]

Dwelling. House. Home

86. House. Dwelling

house	ev	[æv]
at home (adv)	evde	[ævdæ]
courtyard	avlu	[avlu]
fence	parmaklık	[parmaklık]
brick (n)	tuğla	[tu:la]
brick (as adj)	tuğla	[tu:la]
stone (n)	taş	[taʃ]
stone (as adj)	taş, taştan	[taʃ], [taʃtan]
concrete (n)	beton	[bæton]
concrete (as adj)	beton	[bæton]
new (new-built)	yeni	[jæni]
old (adj)	eski	[æski]
decrepit (house)	bakımsız, harap	[bakımsız], [harap]
modern (adj)	modern	[modærn]
multistory (adj)	çok katlı	[tʃok katlı]
high (adj)	yüksek	[juksæk]
floor, story	kat	[kat]
single-story (adj)	tek katlı	[tæk katlı]
ground floor	alt kat	[alt kat]
top floor	üst kat	[just kat]
roof	çatı	[tʃatı]
chimney (stack)	baca	[badʒa]
roof tiles	kiremit	[kiræmit]
tiled (adj)	kiremitli	[kiræmitli]
loft (attic)	çatı arası	[tʃatı arası]
window	pencere	[pændʒæræ]
glass	cam	[dʒam]
window ledge	pencere kenarı	[pændʒæræ kænarı]
shutters	kepenk	[kæpæŋk]
wall	duvar	[duvar]
balcony	balkon	[balkon]
downspout	yağmur borusu	[ja:mur borusu]
upstairs (to be ~)	yukarıda	[jukarıda]
to go upstairs	üst kata çıkmak	[just kata tʃikmak]
to come down	aşağı inmek	[aʃaı inmæk]
to move (to new premises)	taşınmak	[taʃınmak]

87. House. Entrance. Lift

entrance	giriş	[giriʃ]
stairs (stairway)	merdiven	[mærdivæn]
steps	basamaklar	[basamaklar]
banisters	korkuluk	[korkuluk]
lobby (hotel ~)	hol	[hol]

mailbox	posta kutusu	[posta kutusu]
trash container	çöp tenekesi	[ʧop tænækæsi]
trash chute	çöp bacası	[ʧop badʒası]

elevator	asansör	[asansør]
freight elevator	yük asansörü	[juk asansøry]
elevator cage	asansör kabini	[asansør kabini]
to take the elevator	asansöre binmek	[asansørlæ binmæk]

apartment	daire	[dairæ]
residents, inhabitants	oturanlar	[oturanlar]
neighbor (masc.)	komşu	[komʃu]
neighbor (fem.)	komşu	[komʃu]
neighbors	komşular	[komʃular]

88. House. Electricity

electricity	elektrik	[ælæktrik]
light bulb	ampul	[ampuʎ]
switch	elektrik düğmesi	[ælæktrik dyjmæsi]
fuse	sigorta	[sigorta]

cable, wire (electric ~)	tel	[tæʎ]
wiring	elektrik hatları	[ælæktrik hatları]
electricity meter	elektrik sayacı	[ælæktrik sajadʒı]
readings	gösterge değeri	[gøstærgæ dæːri]

89. House. Doors. Locks

door	kapı	[kapı]
vehicle gate	bahçe kapısı	[bahʧæ kapısı]
handle, doorknob	kol	[kol]
to unlock (unbolt)	sürgüyü açmak	[syrgyju aʧmak]
to open (vt)	açmak	[aʧmak]
to close (vt)	kapamak	[kapamak]

key	anahtar	[anahtar]
bunch (of keys)	anahtarlık	[anahtarlık]
to creak (door hinge)	gıcırdamak	[gıdʒırdamak]

creak	gıcırtı	[gıʤırtı]
hinge (of door)	menteşe	[mæntæʃæ]
doormat	paspas	[paspas]

door lock	kilit	[kilit]
keyhole	anahtar deliği	[anahtar dæli:]
bolt (sliding bar)	kapı sürgüsü	[kapı syrgysy]
door latch	sürme	[syrmæ]
padlock	asma kilit	[asma kilit]

to ring (~ the door bell)	zil çalmak	[ziʎ ʧalmak]
ringing (sound)	zil sesi	[ziʎ sæsi]
doorbell	zil	[ziʎ]
doorbell button	düğme	[dyjmæ]
knock (at the door)	kapıyı çalma	[kapıjı ʧalma]
to knock (vi)	kapıyı çalmak	[kapıjı ʧalmak]

code	kod	[kod]
code lock	şifreli kilit	[ʃifræli kilit]
door phone	kapı telefonu	[kapı tælæfonu]
number (on the door)	numara	[numara]
doorplate	levha	[lævha]
peephole	kapı gözü	[kapı gøzy]

90. Country house

village	köy	[køj]
vegetable garden	sebze bahçesi	[sæbzæ bahtʃæsi]
fence	duvar	[duvar]

| picket fence | çit | [ʧit] |
| wicket gate | çit, bahçe kapısı | [ʧit], [bahtʃæ kapısı] |

| granary | tahıl ambarı | [tahıl ambarı] |
| cellar | mahzen | [mahzæn] |

| shed (in garden) | kulübe | [kulybæ] |
| well (water) | kuyu | [kuju] |

| stove (wood-fired ~) | soba | [soba] |
| to stoke the stove | yakmak | [jakmak] |

| firewood | yakacak odun | [jakaʤak odun] |
| log (firewood) | odun | [odun] |

| veranda, stoop | veranda | [væranda] |
| terrace (patio) | teras | [tæras] |

| front steps | eşik | [æʃik] |
| swing (hanging seat) | salıncak | [salınʤak] |

91. Villa. Mansion

country house	kır evi	[kır ævi]
villa (by sea)	villâ	[villa]
wing (of building)	kanat	[kanat]

garden	bahçe	[bahtʃæ]
park	park	[park]
tropical greenhouse	limonluk	[limonlyk]
to look after (garden, etc.)	bakmak	[bakmak]

swimming pool	havuz	[havuz]
gym	spor salonu	[spor salonu]
tennis court	tenis kortu	[tænis kortu]
home theater room	ev sinema salonu	[æv sinæma salonu]
garage	garaj	[garaʒ]

| private property | özel mülkiyet | [øzæʎ myʎkijæt] |
| private land | özel arsa | [øzæl arsa] |

| warning (caution) | ikaz | [ikaz] |
| warning sign | ikaz yazısı | [ikaz jazısı] |

security	güvenlik	[gyvænlik]
security guard	güvenlik görevlisi	[gyvænlik gørævlisi]
burglar alarm	hırsız alarmı	[hırsız alarmı]

92. Castle. Palace

castle	şato	[ʃato]
palace	saray	[saraj]
fortress	kale	[kalæ]

wall (round castle)	kale duvarı	[kalæ duvarı]
tower	kule	[kulæ]
keep, donjon	ana kule	[ana kulæ]

portcullis	kale kapısı	[kalæ kapısı]
underground passage	yeraltı yolu	[jæraltı jolu]
moat	hendek	[hændæk]

| chain | zincir | [zinʤir] |
| arrow loop | mazgal | [mazgal] |

| magnificent (adj) | muhteşem | [muhtæʃæm] |
| majestic (adj) | azametli | [azamætli] |

| impregnable (adj) | fethedilmez | [fæthædiʎmæz] |
| medieval (adj) | ortaçağ | [ortatʃa:] |

93. Apartment

apartment	daire	[dairæ]
room	oda	[oda]
bedroom	yatak odası	[jatak odası]
dining room	yemek odası	[jæmæk odası]
living room	misafir odası	[misafir odası]
study (home office)	çalışma odası	[tʃalıʃma odası]
entry room	antre	[antræ]
bathroom	banyo odası	[baɲʲo odası]
half bath	tuvalet	[tuvalæt]
ceiling	tavan	[tavan]
floor	taban, yer	[taban], [jær]
corner	köşesi	[køʃæsi]

94. Apartment. Cleaning

to clean (vi, vt)	toplamak	[toplamak]
to put away (to stow)	istiflemek	[istiflæmæk]
dust	toz	[toz]
dusty (adj)	tozlu	[tozlu]
to dust (vt)	toz almak	[toz almak]
vacuum cleaner	elektrik süpürgesi	[ælæktrik sypyrgæsi]
to vacuum (vt)	elektrik süpürgesi ile süpürmek	[ælæktrik sypyrgæsi ilæ sypyrmæk]
to sweep (vi, vt)	süpürmek	[sypyrmæk]
sweepings	süprüntü	[syprynty]
order	düzen	[dyzæn]
disorder, mess	karışıklık	[karıʃıklık]
mop	paspas	[paspas]
dust cloth	bez	[bæz]
broom	süpürge	[sypyrgæ]
dustpan	faraş	[faraʃ]

95. Furniture. Interior

furniture	mobilya	[mobiʎja]
table	masa	[masa]
chair	sandalye	[sandaʎʲæ]
bed	yatak	[jatak]
couch, sofa	kanape	[kanapæ]
armchair	koltuk	[koltuk]
bookcase	kitaplık	[kitaplık]

| shelf | kitap rafı | [kitap rafı] |
| set of shelves | etajer | [ætaʒær] |

wardrobe	elbise dolabı	[æʎbisæ dolabı]
coat rack	duvar askısı	[duvar askısı]
coat stand	portmanto	[portmanto]

| dresser | komot | [komot] |
| coffee table | sehpa | [sæhpa] |

mirror	ayna	[ajna]
carpet	halı	[halı]
rug, small carpet	kilim	[kilim]

fireplace	şömine	[ʃominæ]
candle	mum	[mum]
candlestick	mumluk	[mumluk]

drapes	perdeler	[pærdlær]
wallpaper	duvar kağıdı	[duvar kʲaıdı]
blinds (jalousie)	jaluzi	[ʒalyzi]

table lamp	masa lambası	[masa lambası]
wall lamp (sconce)	lamba	[lamba]
floor lamp	ayaklı lamba	[ajaklı lamba]
chandelier	avize	[avizæ]

leg (of chair, table)	ayak	[ajak]
armrest	kol	[kol]
back (backrest)	arkalık	[arkalık]
drawer	çekmece	[tʃækmædʒæ]

96. Bedding

bedclothes	çamaşır	[tʃamaʃır]
pillow	yastık	[jastık]
pillowcase	yastık kılıfı	[jastık kılıfı]
blanket (comforter)	battaniye	[battanijæ]
sheet	çarşaf	[tʃarʃaf]
bedspread	örtü	[ørty]

97. Kitchen

kitchen	mutfak	[mutfak]
gas	gaz	[gaz]
gas cooker	gaz sobası	[gaz sobası]
electric cooker	elektrik ocağı	[ælæktrik odʒaı]
oven	fırın	[fırın]

microwave oven	**mikrodalga fırın**	[mikrodalga fırın]
refrigerator	**buzdolabı**	[buzdolabı]
freezer	**derin dondurucu**	[dærin dondurud͡ʒu]
dishwasher	**bulaşık makinesi**	[bulaʃık makinæsi]

meat grinder	**kıyma makinesi**	[kıjma makinæsi]
juicer	**meyve sıkacağı**	[mæjvæ sıkad͡ʒaı]
toaster	**tost makinesi**	[tost makinæsi]
mixer	**mikser**	[miksær]

coffee maker	**kahve makinesi**	[kahvæ makinæsi]
coffee pot	**cezve**	[d͡ʒæzvæ]
coffee grinder	**kahve değirmeni**	[kahvæ dæirmæni]

kettle	**çaydanlık**	[t͡ʃajdanlık]
teapot	**demlik**	[dæmlik]
lid	**kapak**	[kapak]
tea strainer	**süzgeci**	[syzgæd͡ʒi]

spoon	**kaşık**	[kaʃık]
teaspoon	**çay kaşığı**	[t͡ʃaj kaʃı:]
tablespoon	**yemek kaşığı**	[jæmæk kaʃı:]
fork	**çatal**	[t͡ʃatal]
knife	**bıçak**	[bıt͡ʃak]

tableware (dishes)	**mutfak gereçleri**	[mutfak gærætʃlæri]
plate (dinner ~)	**tabak**	[tabak]
saucer	**fincan tabağı**	[find͡ʒan tabaı]

shot glass	**kadeh**	[kadæ]
glass (~ of water)	**bardak**	[bardak]
cup	**fincan**	[find͡ʒan]

sugar bowl	**şekerlik**	[ʃækærlik]
salt shaker	**tuzluk**	[tuzluk]
pepper shaker	**biberlik**	[bibærlik]
butter dish	**tereyağı tabağı**	[tæræjaı tabaı]

saucepan	**tencere**	[tænd͡ʒæræ]
frying pan	**tava**	[tava]
ladle	**kepçe**	[kæpt͡ʃæ]
colander	**süzgeç**	[syzgætʃ]
tray	**tepsi**	[tæpsi]

bottle	**şişe**	[ʃiʃæ]
jar (glass)	**kavanoz**	[kavanoz]
can	**teneke**	[tænækæ]

bottle opener	**şişe açacağı**	[ʃiʃæ at͡ʃad͡ʒaı]
can opener	**konserve açacağı**	[konsærvæ at͡ʃad͡ʒaı]
corkscrew	**tirbuşon**	[tirbyʃon]
filter	**filtre**	[fiʌtræ]

to filter (vt)	filtre etmek	[fiʌtræ ætmæk]
trash	çöp	[tʃop]
trash can	çöp kovası	[tʃop kovası]

98. Bathroom

bathroom	banyo odası	[baɲ'o odası]
water	su	[su]
tap, faucet	musluk	[musluk]
hot water	sıcak su	[sıdʒak su]
cold water	soğuk su	[souk su]

| toothpaste | diş macunu | [diʃ madʒunu] |
| to brush one's teeth | dişlerini fırçalamak | [diʃlærini fırtʃalamak] |

to shave (vi)	tıraş olmak	[tıraʃ olmak]
shaving foam	tıraş köpüğü	[tıraʃ køpyju]
razor	jilet	[ʒilæt]

to wash (one's hands, etc.)	yıkamak	[jıkamak]
to take a bath	yıkanmak	[jıkanmak]
shower	duş	[duʃ]
to take a shower	duş almak	[duʃ almak]

bathtub	banyo	[baɲ'o]
toilet (toilet bowl)	klozet	[klozæt]
sink (washbasin)	küvet	[kyvæt]

| soap | sabun | [sabun] |
| soap dish | sabunluk | [sabunluk] |

sponge	sünger	[syŋær]
shampoo	şampuan	[ʃampuan]
towel	havlu	[havlu]
bathrobe	bornoz	[bornoz]

laundry (process)	çamaşır yıkama	[tʃamaʃır jıkama]
washing machine	çamaşır makinesi	[tʃamaʃır makinæsi]
to do the laundry	çamaşırları yıkamak	[tʃamaʃırları jıkamak]
laundry detergent	çamaşır deterjanı	[tʃamaʃir dætærʒanı]

99. Household appliances

TV set	televizyon	[tælæviz'on]
tape recorder	teyp	[tæjp]
video, VCR	video	[vidæo]
radio	radyo	[rad'o]
player (CD, MP3, etc.)	çalar	[tʃalar]

video projector	projeksiyon makinesi	[proʒæksion makinæsi]
home movie theater	ev sinema	[ævi sinæma]
DVD player	DVD oynatıcı	[dividi ojnatıdʒı]
amplifier	amplifikatör	[amplifikator]
video game console	oyun konsolu	[ojun konsolu]

video camera	video kamera	[vidæokamæra]
camera (photo)	fotoğraf makinesi	[fotoraf makinæsi]
digital camera	dijital fotoğraf makinesi	[diʒital fotoraf makinæsi]

vacuum cleaner	elektrik süpürgesi	[ælæktrik sypyrgæsi]
iron (e.g., steam ~)	ütü	[juty]
ironing board	ütü masası	[juty masası]

telephone	telefon	[tælæfon]
mobile phone	cep telefonu	[dʒæp tælæfonu]
typewriter	daktilo	[daktilo]
sewing machine	dikiş makinesi	[dikiʃ makinæsi]

microphone	mikrofon	[mikrofon]
headphones	kulaklık	[kulaklık]
remote control (TV)	uzaktan kumanda	[uzaktan kumanda]

CD, compact disc	CD	[sidi]
cassette	teyp kaseti	[tæjp kasæti]
vinyl record	vinil plak	[vinil plak]

100. Repairs. Renovation

renovations	tamirat	[tamirat]
to renovate (vt)	tamir etmek	[tamir ætmæk]
to repair (vt)	onarmak	[onarmak]

| to put in order | düzene sokmak | [dyzænæ sokmak] |
| to redo (do again) | yeniden yapmak | [jænidæn japmak] |

| paint | boya | [boja] |
| to paint (~ a wall) | boyamak | [bojamak] |

| house painter | boyacı | [bojadʒı] |
| paintbrush | fırça | [fırtʃa] |

| whitewash | badana | [badana] |
| to whitewash (vt) | badanalamak | [badanalamak] |

| wallpaper | duvar kağıdı | [duvar kiaıdı] |
| to wallpaper (vt) | duvar kağıdı yapıştırmak | [duvar kiaıdı japıʃtırmak] |

| varnish | vernik | [værnik] |
| to varnish (vt) | vernik sürmek | [værnik syrmæk] |

101. Plumbing

water	su	[su]
hot water	sıcak su	[sıdʒak su]
cold water	soğuk su	[souk su]
tap, faucet	musluk	[musluk]

drop (of water)	damla	[damla]
to drip (vi)	damlamak	[damlamak]
to leak (ab. pipe)	sızıntı yapmak	[sızıntı japmak]
leak (pipe ~)	sızıntı	[sızıntı]
puddle	su birikintisi	[su birikintisi]

pipe	boru	[boru]
stop valve	valf	[vaʎf]
to be clogged up	tıkanmak	[tıkanmak]

tools	aletler	[alætlær]
adjustable wrench	açma anahtarı	[atʃma anahtarı]
to unscrew, untwist (vt)	sökmek	[søkmæk]
to screw (tighten)	vidalamak	[vidalamak]

to unclog (vt)	temizlemek	[tæmizlæmæk]
plumber	tesisatçı	[tæsisatʃı]
basement	bodrum	[bodrum]
sewerage (system)	kanalizasyon	[kanalizasʲon]

102. Fire. Conflagration

fire (to catch ~)	ateş	[atæʃ]
flame	alev	[alæv]
spark	kıvılcım	[kıvıldʒım]
smoke (from fire)	duman	[duman]
torch (flaming stick)	kundak	[kundak]
campfire	kamp ateşi	[kamp atæʃi]

gas, gasoline	benzin	[bænzin]
kerosene (for aircraft)	gaz yağı	[gaz jaı]
flammable (adj)	yanar	[janar]
explosive (adj)	patlayıcı	[patlajıdʒı]
NO SMOKING	SİGARA İÇİLMEZ	[sigara itʃiʎmæz]

safety	emniyet	[æmnijæt]
danger	tehlike	[tæhlikæ]
dangerous (adj)	tehlikeli	[tæhlikæli]

to catch fire	ateş almak	[atæʃ almak]
explosion	patlama	[patlama]
to set fire	yangın çıkarmak	[jaŋın tʃıkarmak]

| incendiary (arsonist) | kundakçı | [kundaktʃı] |
| arson | kundakçılık | [kundaktʃilık] |

to blaze (vi)	alevlenmek	[alævlænmæk]
to burn (be on fire)	yanmak	[janmak]
to burn down	yakıp kül etmek	[jakıp kyʎ æt'mek]

fireman	itfaiyeci	[itfajædʒi]
fire truck	itfaiye arabası	[itfajæ arabası]
fire department	itfaiye	[itfajæ]
fire truck ladder	yangın merdiveni	[jaŋın mærdivænı]

fire hose	hortum	[hortum]
fire extinguisher	yangın tüpü	[jaŋın typy]
helmet	baret	[baræt]
siren	siren	[siræn]

to call out	bağırmak	[baırmak]
to call for help	imdat istemek	[imdat istæmæk]
rescuer	cankurtaran	[dʒaŋkurtaran]
to rescue (vt)	kurtarmak	[kurtarmak]

to arrive (vi)	gelmek	[gæʎmæk]
to extinguish (vt)	söndürmek	[søndyrmæk]
water	su	[su]
sand	kum	[kum]

ruins (destruction)	harabeler	[harabælær]
to collapse (building, etc.)	yıkılmak	[jıkılmak]
to fall down (vi)	aşağı düşmek	[aʃaı dyʃmæk]
to cave in (ceiling, floor)	çökmek	[tʃokmæk]

| piece of wreckage | kırıntı | [kırıntı] |
| ash | kül | [kyʎ] |

| to suffocate (die) | boğulmak | [boulmak] |
| to be killed (perish) | ölmek | [øʎmæk] |

HUMAN ACTIVITIES

Job. Business. Part 1

103. Office. Working in the office

office (of firm)	ofis	[ofis]
office (of director, etc.)	ofis, büro	[ofis], [byro]
front desk	resepsiyon	[ræsæpsijon]
secretary	sekreter	[sækrætær]

director	müdür	[mydyr]
manager	menejer	[mænædʒær]
accountant	muhasebeci	[muhasæbædʒi]
employee	eleman, görevli	[ælæman], [gørævli]

furniture	mobilya	[mobiʎja]
desk	masa	[masa]
desk chair	koltuk	[koltuk]
chest of drawers	keson	[kæson]
coat stand	portmanto	[portmanto]

computer	bilgisayar	[biʎgisajar]
printer	yazıcı	[jazıdʒı]
fax machine	faks	[faks]
photocopier	fotokopi makinesi	[fotokopi makinæsi]

paper	kâğıt	[kʲaıt]
office supplies	kırtasiye	[kırtasijæ]
mouse pad	fare altlığı	[faræ altlı:]
sheet (of paper)	kağıt	[kʲaıt]
folder, binder	dosya	[dosja]

catalog	katalog	[katalog]
phone book (directory)	kılavuz	[kılavuz]
documentation	belgeler	[bælgælær]
brochure (e.g., 12 pages ~)	broşür	[broʃyr]
leaflet	beyanname	[bæjaɲamæ]
sample	numune	[numunæ]

training meeting	eğitim toplantısı	[æitim toplantısı]
meeting (of managers)	toplantı	[toplantı]
lunch time	öğle paydosu	[øjlæ pajdosu]
to make a copy	kopya yapmak	[kopja japmak]

to make copies	çoğaltmak	[tʃoaltmak]
to receive a fax	faks almak	[faks almak]
to send a fax	faks çekmek	[faks tʃækmæk]

to call (by phone)	telefonla aramak	[tælæfonla aramak]
to answer (vt)	cevap vermek	[dʒævap værmæk]
to put through	bağlamak	[ba:lamak]

to arrange, to set up	ayarlamak	[ajarlamak]
to demonstrate (vt)	göstermek	[gøstærmæk]
to be absent	bulunmamak	[bulunmamak]
absence	bulunmama	[bulunmama]

104. Business processes. Part 1

occupation	iş	[iʃ]
firm	firma	[firma]
company	şirket	[ʃirkæt]
corporation	kurum, kuruluş	[kurum], [kuruluʃ]
enterprise	şirket, girişim	[ʃirkæt], [giriʃim]
agency	acente, ajans	[aʒæntæ], [aʒans]

agreement (contract)	anlaşma	[anlaʃma]
contract	kontrat	[kontrat]
deal	anlaşma	[anlaʃma]
order (to place an ~)	sipariş	[sipariʃ]
term (of contract)	şart	[ʃart]

wholesale (adv)	toptan	[toptan]
wholesale (adj)	toptan olarak	[toptan olarak]
wholesale (n)	toptan satış	[toptan satıʃ]
retail (adj)	perakende	[pærakændæ]
retail (n)	perakende satış	[pærakændæ satıʃ]

competitor	rakip	[rakip]
competition	rekabet	[rækabæt]
to compete (vi)	rekabet etmek	[rækabæt ætmæk]

| partner (associate) | ortak | [ortak] |
| partnership | ortaklık | [ortaklık] |

crisis	kriz	[kriz]
bankruptcy	iflâs	[ifʌas]
to go bankrupt	iflâs etmek	[ifʌas ætmæk]
difficulty	zorluk	[zorluk]
problem	problem	[problæm]
catastrophe	felâket	[fæʌakæt]

| economy | ekonomi | [ækonomi] |
| economic (~ growth) | ekonomik | [ækonomik] |

economic recession	ekonomik gerileme	[ækonomik gærilæmæ]
goal (aim)	amaç	[amatʃ]
task	görev	[gøræv]

to trade (vi)	ticaret yapmak	[tidʒaræt japmak]
network (distribution ~)	zinciri	[zindʒiri]
inventory (stock)	stok	[stok]
assortment	çeşitlilik	[tʃæʃitlilik]

leader (leading company)	lider	[lidær]
large (~ company)	iri	[iri]
monopoly	tekel	[tækæʎ]

theory	teori	[tæori]
practice	pratik	[pratik]
experience (in my ~)	tecrübe	[tædʒrybæ]
trend (tendency)	eğilim	[æilim]
development	gelişme	[gæliʃmæ]

105. Business processes. Part 2

benefit, profit	kâr	[kʲar]
profitable (adj)	kârlı	[kʲarlı]

delegation (group)	delegasyon	[dælægasʲon]
salary	maaş	[ma:ʃ]
to correct (an error)	düzeltmek	[dyzæʎtmæk]
business trip	iş gezisi	[iʃ gæzisi]
commission	komisyon	[komisʲon]

to control (vt)	kontrol etmek	[kontroʎ ætmæk]
conference	konferans	[konfærans]
license	lisans	[lisans]
reliable (~ partner)	güvenilir	[gyvænilir]

initiative (undertaking)	girişim	[girʃim]
norm (standard)	norm	[norm]
circumstance	olay, durum	[olaj], [durum]
duty (of employee)	görev	[gøræv]

organization (company)	şirket	[ʃirkæt]
organization (process)	organize etme	[organizæ ætmæ]
organized (adj)	organize edilmiş	[organizæ ædiʎmiʃ]
cancellation	iptal	[iptaʎ]
to cancel (call off)	iptal etmek	[iptaʎ ætmæk]
report (official ~)	rapor	[rapor]

patent	patent	[patænt]
to patent (obtain patent)	patentini almak	[patæntini almak]
to plan (vt)	planlamak	[pʎanlamak]

bonus (money)	prim	[prim]
professional (adj)	profesyonel	[profæsʲonæʎ]
procedure	prosedür	[prosædyr]
to examine (contract, etc.)	gözden geçirmek	[gøzdæn gætʃirmæk]
calculation	hesap	[hæsap]
reputation	ün, nam	[jun], [nam]
risk	risk	[risk]
to manage, to run	yönetmek	[jonætmæk]
information	bilgi	[biʎgi]
property	mülkiyet	[myʎkijæt]
union	birlik	[birlik]
life insurance	hayat sigortası	[hajat sigortası]
to insure (vt)	sigorta ettirmek	[sigorta ættirmæk]
insurance	sigorta	[sigorta]
auction (~ sale)	açık artırma	[atʃık artırma]
to notify (inform)	bildirmek	[biʎdirmæk]
management (process)	yönetim	[jonætim]
service (~ industry)	hizmet	[hizmæt]
forum	forum	[forum]
to function (vi)	işlemek	[iʃlæmæk]
stage (phase)	aşama	[aʃama]
legal (~ services)	hukuki	[hukuki]
lawyer (legal expert)	hukukçu	[hukuktʃu]

106. Production. Works

plant	imalathane	[imalata:næ]
factory	fabrika	[fabrika]
workshop	atölye	[atøʎʲæ]
works, production site	yapımevi	[japımævi]
industry	sanayi	[sanai]
industrial (adj)	sanayi	[sanai]
heavy industry	ağır sanayi	[aır sanai]
light industry	hafif sanayi	[hafif sanai]
products	ürünler	[jurynlær]
to produce (vt)	üretmek	[jurætmæk]
raw materials	ham madde	[ham maddæ]
foreman	ekip başı	[ækip baʃı]
workers team	ekip	[ækip]
worker	işçi	[iʃtʃi]
working day	iş günü	[iʃ gyny]
pause	ara	[ara]

meeting	toplantı	[toplantı]
to discuss (vt)	görüşmek	[gøryʃmæk]
plan	plan	[pʎan]
to fulfill the plan	planı gerçekleştirmek	[planı gærtʃæklæʃtirmæk]
rate of output	istihsal normu	[istihsaʎ normu]
quality	kalite	[kalitæ]
checking (control)	kontrol	[kontroʎ]
quality control	kalite kontrolü	[kalitæ kontroly]
work safety	iş güvenliği	[iʃ gyvænli:]
discipline	disiplin	[disiplin]
violation	bozma	[bozma]
(of safety rules, etc.)		
to violate (rules)	ihlal etmek	[ihlal ætmæk]
strike	grev	[græv]
striker	grevci	[grævdʒi]
to be on strike	grev yapmak	[græv japmak]
labor union	sendika	[sændika]
to invent (machine, etc.)	icat etmek	[idʒat ætmæk]
invention	icat	[idʒat]
research	araştırma	[araʃtırma]
to improve (make better)	iyileştirmek	[ijılæʃtirmæk]
technology	teknoloji	[tæknoloʒi]
technical drawing	teknik resim	[tæknik ræsim]
load, cargo	yük	[juk]
loader (person)	yükleyici	[juklæidʒi]
to load (vehicle, etc.)	yüklemek	[juklæmæk]
loading (process)	yükleme	[juklæmæ]
to unload (vi, vt)	boşaltmak	[boʃaltmak]
unloading	boşaltma	[boʃaltma]
transportation	ulaştırma	[ulaʃtırma]
transportation company	ulaştırma şirketi	[ulaʃtırma ʃirkæti]
to transport (vt)	taşımak	[taʃimak]
freight car	yük vagonu	[juk vagonu]
cistern	sarnıç	[sarnıtʃ]
truck	kamyon	[kamʲon]
machine tool	tezgâh	[tæzgʲah]
mechanism	mekanizma	[mækanizma]
industrial waste	artıklar	[artıklar]
packing (process)	ambalajlama	[ambalaʒlama]
to pack (vt)	ambalajlamak	[ambaʒlamak]

107. Contract. Agreement

contract	kontrat	[kontrat]
agreement	sözleşme	[søzlæʃmæ]
addendum	ek, ilave	[æk], [ilavæ]

to sign a contract	sözleşme imzalamak	[søzlæʃmæ imzalamak]
signature	imza	[imza]
to sign (vt)	imzalamak	[imzalamak]
stamp (seal)	mühür	[myhyr]

subject of contract	sözleşme madde	[søzlæʃmæ maddæ]
clause	madde	[maddæ]
parties (in contract)	taraflar	[taraflar]
legal address	resmi adres	[ræsmi adræs]

to break the contract	sözleşmeyi ihlal etmek	[søzlæʃmæi ihlal ætmæk]
commitment	yükümlülük	[jukymlylyk]
responsibility	sorumluluk	[sorumluluk]
force majeure	fors majör	[fors maʒør]
dispute	tartışma	[tartıʃma]
penalties	cezalar	[ʤæzalar]

108. Import & Export

import	ithalat	[ithalat]
importer	ithalatçı	[ithalatʃı]
to import (vt)	ithal etmek	[ithaʎ ætmæk]
import (e.g., ~ goods)	ithal	[ithaʎ]

exporter	ihracatçı	[ihraʤatʃı]
to export (vi, vt)	ihraç etmek	[ihratʃ ætmæk]

goods	mal	[mal]
consignment, lot	parti	[parti]
weight	ağırlık	[aırlık]
volume	hacim	[haʤim]
cubic meter	metre küp	[mætræ kyp]

manufacturer	üretici	[jurætiʤi]
transportation company	ulaştırma şirketi	[ulaʃtırma ʃirkæti]
container	konteyner	[kontæjnær]

border	sınır	[sınır]
customs	gümrük	[gymryk]
customs duty	gümrük vergisi	[gymryk værgisi]
customs officer	gümrükçü	[gymryktʃu]
smuggling	kaçakçılık	[katʃaktʃılık]
contraband (goods)	kaçak mal	[katʃak mal]

109. Finances

stock (share)	hisse senedi	[hissæ sænædi]
bond (certificate)	tahvil	[tahviʎ]
bill of exchange	senet	[sænæt]
stock exchange	borsa	[borsa]
stock price	hisse senedi kuru	[hissæ sænædi kuru]
to go down	ucuzlamak	[udʒuzlamak]
to go up	pahalanmak	[pahalanmak]
shareholding	pay	[paj]
controlling interest	çoğunluk hissesi	[tʃounluk hissæsi]
investment	yatırım	[jatırım]
to invest (vt)	yatırım yapmak	[jatırım japmak]
percent	yüzde	[juzdæ]
interest (on investment)	faiz	[faiz]
profit	kâr	[kʲar]
profitable (adj)	kârlı	[kʲarlı]
tax	vergi	[værgi]
currency (foreign ~)	döviz	[døviz]
national (adj)	milli	[milli]
exchange (currency ~)	kambiyo	[kambijo]
accountant	muhasebeci	[muhasæbædʒi]
accounting	muhasebe	[muhasæbæ]
bankruptcy	batkı, iflâs	[batkı], [iflas]
collapse, crash	batma	[batma]
ruin	iflâs	[ifʎas]
to be ruined	iflâs etmek	[ifʎas ætmæk]
inflation	enflasyon	[ænflasʲon]
devaluation	devalüasyon	[dævalyasʲon]
capital	sermaye	[særmajæ]
income	gelir	[gælir]
turnover	muamele	[muamælæ]
resources	kaynaklar	[kajnaklar]
monetary resources	finansal kaynaklar	[finansal kajnaklar]
to reduce (expenses)	azaltmak	[azaltmak]

110. Marketing

marketing	pazarlama	[pazarlama]
market	piyasa	[pijasa]

market segment	pazar dilimi	[pazar dilimi]
product	ürün	[juryn]
goods	mal	[mal]

trademark	ticari marka	[tidʒari marka]
logotype	logo, işaret	[logo], [iʃarӕt]
logo	logo	[logo]

demand	talep	[talӕp]
supply	teklif	[tӕklif]
need	ihtiyaç	[ihtijatʃ]
consumer	tüketici	[tykӕtidʒi]

analysis	analiz	[analiz]
to analyze (vt)	analiz etmek	[analiz ӕtmӕk]
positioning	konumlandırma	[konumlandırma]
to position (vt)	konumlandırmak	[konumlandırmak]

price	fiyat	[fijat]
pricing policy	fiyat politikası	[fijat politikası]
formation of price	fiyat tespiti	[fijat tӕspiti]

111. Advertising

advertising	reklam	[rӕklam]
to advertise (vt)	reklam yapmak	[rӕklam japmak]
budget	bütçe	[bytʃӕ]

ad, advertisement	reklam	[rӕklam]
TV advertising	televizyon reklamı	[tӕlӕviziʲon rӕklamı]
radio advertising	radyo reklamı	[radʲo rӕklamı]
outdoor advertising	dış reklam	[dıʃ rӕklam]

mass media	kitle iletişim	[kitlӕ ilӕtiʃim]
periodical (n)	süreli yayın	[syrӕli jajın]
image (public appearance)	imaj	[imaʒ]

| slogan | reklâm sloganı | [rӕklam sloganı] |
| motto (maxim) | slogan, parola | [slogan], [paroʎa] |

campaign	kampanya	[kampaɲja]
advertising campaign	reklam kampanyası	[rӕklam kampaɲjası]
target group	hedef kitle	[hӕdӕf kitlӕ]

business card	kartvizit	[kartvizit]
leaflet	beyanname	[bӕjaɲamӕ]
brochure	broşür	[broʃyr]
(e.g., 12 pages ~)		
pamphlet	kitapçık	[kitaptʃik]
newsletter	bülten	[byltӕn]

store sign	levha	[lævha]
poster	poster, afiş	[postær], [afiʃ]
billboard	reklam panosu	[ræklam panosu]

112. Banking

bank	banka	[baŋka]
branch (of bank, etc.)	banka şubesi	[baŋka ʃubæsı]

bank clerk, consultant	danışman	[danıʃman]
manager (director)	yönetici	[jonætidʒi]

banking account	hesap	[hæsap]
account number	hesap numarası	[hæsap numarası]
checking account	çek hesabı	[ʧæk hæsabı]
savings account	mevduat hesabı	[mævduat hæsabı]

to open an account	hesap açmak	[hæsap aʧmak]
to close the account	hesap kapatmak	[hæsap kapatmak]

to deposit into the account	para yatırmak	[para jatırmak]
to withdraw (vt)	hesaptan çekmek	[hæsaptan ʧækmæk]

deposit	mevduat	[mævduat]
to make a deposit	depozito vermek	[dæpozito værmæk]

wire transfer	havale	[havalæ]
to wire, to transfer	havale etmek	[havalæ ætmæk]

sum	toplam	[toplam]
How much?	Kaç?	[kaʧ]

signature	imza	[imza]
to sign (vt)	imzalamak	[imzalamak]

credit card	kredi kartı	[krædi kartı]
code	kod	[kod]

credit card number	kredi kartı numarası	[krædi kartı numarası]
ATM	bankamatik	[baŋkamatik]

check	çek	[ʧæk]
to write a check	çek yazmak	[ʧæk jazmak]
checkbook	çek defteri	[ʧæk dæftæri]

loan (bank ~)	kredi	[krædi]
to apply for a loan	krediye başvurmak	[krædijæ baʃvurmak]
to get a loan	kredi almak	[krædi almak]
to give a loan	kredi vermek	[krædi værmæk]
guarantee	garanti	[garanti]

113. Telephone. Phone conversation

telephone	telefon	[tælæfon]
mobile phone	cep telefonu	[dʒæp tælæfonu]
answering machine	telesekreter	[tælæsækrætær]

to call (telephone)	telefonla aramak	[tælæfonla aramak]
phone call	arama, görüşme	[arama], [gøryʃmæ]

to dial a number	numarayı aramak	[numarajı aramak]
Hello!	Alo!	[alø]
to ask (vt)	sormak	[sormak]
to answer (vi, vt)	cevap vermek	[dʒævap værmæk]

to hear (vt)	duymak	[dujmak]
well (adv)	iyi	[ijı]
not well (adv)	kötü	[køty]
noises (interference)	parazit	[parazit]

receiver	telefon ahizesi	[tælæfon ahizæsi]
to pick up (~ the phone)	açmak telefonu	[atʃmak tælæfonu]
to hang up (~ the phone)	telefonu kapatmak	[tælæfonu kapatmak]

busy (adj)	meşgul	[mæʃguʌ]
to ring (ab. phone)	çalmak	[tʃalmak]
telephone book	telefon rehberi	[tælæfon ræhbæri]

local (adj)	şehiriçi	[ʃæhiritʃi]
local call	şehiriçi görüşme	[ʃæhiritʃi gøryʃmæ]
long distance (~ call)	şehirlerarası	[ʃæhirlerarası]
long-distance call	şehirlerarası görüşme	[ʃæhirlerarası gøryʃmæ]
international (adj)	uluslararası	[uluslar arası]
international call	uluslararası görüşme	[uluslararası gøryʃmæ]

114. Mobile telephone

mobile phone	cep telefonu	[dʒæp tælæfonu]
display	ekran	[ækran]
button	düğme	[dyjmæ]
SIM card	SIM kartı	[simkartı]

battery	pil	[piʌ]
to be dead (battery)	bitmek	[bitmæk]
charger	şarj cihazı	[ʃarʒ dʒihazı]

menu	menü	[mæny]
settings	ayarlar	[ajarlar]
tune (melody)	melodi	[mælodi]
to select (vt)	seçmek	[sætʃmæk]

calculator	hesaplamalar	[hæsaplamanar]
voice mail	telesekreter	[tælæsækrætær]
alarm clock	çalar saat	[ʧalar sa:t]
contacts	rehber	[ræhbær]

| SMS (text message) | SMS mesajı | [æsæmæs mæsaʒi] |
| subscriber | abone | [abonæ] |

115. Stationery

| ballpoint pen | tükenmez kalem | [tykænmæz kalæm] |
| fountain pen | dolma kalem | [dolma kalæm] |

pencil	kurşun kalem	[kurʃun kalæm]
highlighter	fosforlu kalem	[fosforlu kalæm]
felt-tip pen	keçeli kalem	[kæʧæli kalæm]

| notepad | not defteri | [not dæftæri] |
| agenda (diary) | ajanda | [aʒanda] |

ruler	cetvel	[ʤætvæʎ]
calculator	hesap makinesi	[hæsap makinæsi]
eraser	silgi	[siʎgi]
thumbtack	raptiye	[raptijæ]
paper clip	ataş	[ataʃ]

glue	yapıştırıcı	[japıʃtırıʤı]
stapler	zımba	[zımba]
hole punch	delgeç	[dæʎgæʧ]
pencil sharpener	kalemtıraş	[kalæm tıraʃ]

116. Various kinds of documents

account (report)	rapor	[rapor]
agreement	sözleşme	[søzlæʃmæ]
application form	başvuru formu	[baʃvuru formu]
authentic (adj)	gerçek, hakiki	[gærʧæk], [hakiki]
badge (identity tag)	yaka kartı	[jaka kartı]
business card	kartvizit	[kartvizit]

certificate (~ of quality)	sertifika	[særtifika]
check (e.g., draw a ~)	çek	[ʧæk]
check (in restaurant)	hesap	[hæsap]
constitution	anayasa	[anajasa]

contract	anlaşma	[anlaʃma]
copy	kopya	[kopja]
copy (of contract, etc.)	nüsha	[nysha]

customs declaration	gümrük beyannamesi	[gymryk bæjaŋamæsi]
document	belge	[bæʎgæ]
driver's license	sürücü belgesi	[syrydʒy bæʎgæsi]
addendum	ek, ilave	[æk], [iʎavæ]
form	anket	[aŋkæt]

identity card, ID	kimlik kartı	[kimlik kartı]
inquiry (request)	sorgu, soru	[sorgu], [soru]
invitation card	davetiye	[davætijæ]
invoice	fatura	[fatura]

law	kanun	[kanun]
letter (mail)	mektup	[mæktup]
letterhead	antetli kağıt	[antætli kʲaıt]
list (of names, etc.)	liste	[listæ]
manuscript	el yazısı	[æʎ jazısı]
newsletter	bülten	[byltæn]
note (short message)	tezkere	[tæzkæræ]

pass (for worker, visitor)	giriş kartı	[giriʃ kartı]
passport	pasaport	[pasaport]
permit	izin kağıdı	[izin kʲaıdı]
résumé	özet	[øzæt]
debt note, IOU	borç senedi	[bortʃ sænædi]
receipt (for purchase)	makbuz	[makbuz]
sales slip, receipt	fiş	[fiʃ]
report	rapor	[rapor]

to show (ID, etc.)	göstermek	[gøstærmæk]
to sign (vt)	imzalamak	[imzalamak]
signature	imza	[imza]
stamp (seal)	mühür	[myhyr]
text	metin	[mætin]
ticket (for entry)	bilet	[bilæt]

| to cross out | çizmek | [tʃizmæk] |
| to fill out (~ a form) | doldurmak | [doldurmak] |

| waybill | irsaliye | [irsalijæ] |
| will (testament) | vasiyetname | [vasijætnamæ] |

117. Kinds of business

accounting services	muhasebe hizmetleri	[muhasæbæ hizmætlæri]
advertising	reklam	[ræklam]
advertising agency	reklam acentesi	[ræklam adʒæntæsi]
air-conditioners	klimalar	[klimalar]
airline	hava yolları şirketi	[hava jolları ʃirkæti]
alcoholic drinks	alkollü içecekler	[alkolly itʃædʒæklær]
antiquities	antika	[antika]

art gallery	sanat galerisi	[sanat galærisi]
audit services	muhasebe denetim servisi	[muhasæbæ dænætim særvisi]

banks	bankacılık	[baŋkadʒılık]
bar	bar	[bar]
beauty parlor	güzellik salonu	[gyzællik salonu]
bookstore	kitabevi	[kitabævi]
brewery	bira fabrikası	[bira fabrikası]
business center	iş merkezi	[iʃ mærkæzi]
business school	ticaret okulu	[tidʒaræt okulu]

casino	kazino	[kazino]
construction	yapı, inşaat	[japı], [inʃa:t]
consulting	danışmanlık	[danıʃmanlık]

dental clinic	dişçilik	[diʃtʃiklik]
design	dizayn	[dizajn]
drugstore, pharmacy	eczane	[ædʒzanæ]
dry cleaners	kuru temizleme	[kuru tæmizlæmæ]
employment agency	iş bulma bürosu	[iʃ bulma byrosu]

financial services	mali hizmetler	[mali hizmætlær]
food products	gıda ürünleri	[gıda jurynlæri]
funeral home	cenaze evi	[dʒænazæ ævi]
furniture (e.g., house ~)	mobilya	[mobiʎja]
garment	elbise	[æʎbisæ]
hotel	otel	[otæʎ]

ice-cream	dondurma	[dondurma]
industry	sanayi	[sanai]
insurance	sigorta	[sigorta]
Internet	internet	[intærnæt]
investment	yatırım	[jatırım]

jeweler	mücevherci	[mydʒævhærʒi]
jewelry	mücevherat	[mydʒævhærat]
laundry (shop)	çamaşırhane	[tʃamaʃırhanæ]
legal advisor	hukuk müşaviri	[hukuk myʃaviri]
light industry	hafif sanayi	[hafif sanai]

magazine	dergi	[dærgi]
mail-order selling	postayla satış	[postajla satıʃ]
medicine	tıp	[tıp]
movie theater	sinema	[sinæma]
museum	müze	[myzæ]

news agency	haber ajansı	[habær aʒansı]
newspaper	gazete	[gazætæ]
nightclub	gece kulübü	[gædʒæ kulyby]
oil (petroleum)	petrol	[pætrol]
parcels service	kurye acentesi	[kurʲæ adʒæntæsi]

pharmaceuticals	eczacılık	[ædʒzadʒɪlɪk]
printing (industry)	basımcılık	[basɪmdʒɪlɪk]
publishing house	yayınevi	[jajınævi]

radio (~ station)	radyo	[radʲo]
real estate	emlak	[æmlak]
restaurant	restoran	[ræstoran]

security agency	güvenlik şirketi	[gyvænlik ʃirkæti]
sports	spor	[spor]
stock exchange	borsa	[borsa]
store	mağaza, dükkan	[ma:za], [dykkan]
supermarket	süpermarket	[sypærmarkæt]
swimming pool	havuz	[havuz]

tailors	atölye	[atøʎæ]
television	televizyon	[tælævizʲon]
theater	tiyatro	[tijatro]
trade	satış, ticaret	[satɪʃ], [tidʒaræt]
transportation	taşımacılık	[taʃɪmadʒɪlɪk]
travel	turizm	[turizm]

veterinarian	veteriner	[vætærinær]
warehouse	depo	[dæpo]
waste collection	atık toplama	[atɪk toplama]

Job. Business. Part 2

118. Show. Exhibition

exhibition, show	**fuar**	[fuar]
trade show	**ticari gösteri**	[tidʒari gøstæri]
participation	**katılım**	[katılım]
to participate (vi)	**katılmak**	[katılmak]
participant (exhibitor)	**katılımcı**	[katılımdʒı]
director	**müdür**	[mydyr]
organizer's office	**müdürlük**	[mydyrlyk]
organizer	**düzenleyici**	[dyzænlæjıdʒi]
to organize (vt)	**düzenlemek**	[dyzænlæmæk]
participation form	**katılım formu**	[katılım formu]
to fill out (vt)	**doldurmak**	[doldurmak]
details	**detaylar**	[dætajlar]
information	**bilgi**	[biʎgi]
price	**fiyat**	[fijat]
including	**dahil**	[dahiʎ]
to include (vt)	**dahil etmek**	[dahiʎ ætmæk]
to pay (vi, vt)	**ödemek**	[ødæmæk]
registration fee	**kayıt ücreti**	[kajıt judʒræti]
entrance	**giriş**	[giriʃ]
pavilion, hall	**pavyon**	[pavʲon]
to register (vt)	**kaydetmek**	[kajdætmæk]
badge (identity tag)	**yaka kartı**	[jaka kartı]
booth, stand	**fuar standı**	[fuar standı]
to reserve, to book	**rezerve etmek**	[ræzærvæ ætmæk]
display case	**vitrin**	[vitrin]
spotlight	**spot**	[spot]
design	**dizayn**	[dizajn]
to place (put, set)	**yerleştirmek**	[jærlæʃtirmæk]
distributor	**distribütör**	[distribytør]
supplier	**üstenci**	[justændʒi]
country	**ülke**	[juʎkæ]
foreign (adj)	**yabancı**	[jabandʒı]
product	**ürün**	[juryn]

association	cemiyet	[dʒæmijæt]
conference hall	konferans salonu	[konfærans salonu]
congress	kongre	[koŋræ]
contest (competition)	yarışma	[jarıʃma]

visitor	ziyaretçi	[zijarætʃi]
to visit (attend)	ziyaret etmek	[zijaræt ætmæk]
customer	müşteri	[myʃtæri]

119. Mass Media

newspaper	gazete	[gazætæ]
magazine	dergi	[dærgi]
press (printed media)	basın	[basin]
radio	radyo	[radʲo]
radio station	radyo istasyonu	[radjo istasjonu]
television	televizyon	[tælævizʲon]

presenter, host	sunucu	[sunudʒu]
newscaster	spiker	[spikær]
commentator	yorumcu	[jorumdʒu]

journalist	gazeteci	[gazætædʒi]
correspondent (reporter)	muhabir	[muhabir]
press photographer	foto muhabiri	[foto muhabirli:]
reporter	muhabir	[muhabir]

editor	editör	[æditør]
editor-in-chief	baş editör	[baʃ æditør]

to subscribe (to …)	abone olmak	[abonæ olmak]
subscription	abonelik	[abonælik]
subscriber	abone	[abonæ]
to read (vi, vt)	okumak	[okumak]
reader	okur	[okur]

circulation (of newspaper)	tiraj	[tiraʒ]
monthly (adj)	aylık	[ajlık]
weekly (adj)	haftalık	[haftalık]
issue (edition)	numara	[numara]
new (~ issue)	son	[son]

headline	başlık	[baʃlık]
short article	kısa makale	[kısa makalæ]
column (regular article)	köşe yazısı	[køʃæ jazısı]
article	makale	[makalæ]
page	sayfa	[sajfa]

reportage, report	röportaj	[røportaʒ]
event (happening)	olay	[olaj]

sensation (news)	sansasyon	[sansasʲon]
scandal	skandal	[skandal]
scandalous (adj)	rezil, utanılacak	[ræziʎ], [utanıladʒak]
great (~ scandal)	büyük	[byjuk]

program	yayın	[jajın]
interview	mülakat	[myʎakat]
live broadcast	canlı yayın	[dʒanlı jajın]
channel	kanal	[kanal]

120. Agriculture

agriculture	tarım	[tarım]
peasant (masc.)	köylü	[køjly]
peasant (fem.)	köylü kadın	[køjly kadın]
farmer	çiftçi	[tʃiftʃi]

| tractor | traktör | [traktør] |
| combine, harvester | biçerdöver | [bitʃærdøvær] |

plow	saban	[saban]
to plow (vi, vt)	sürmek	[syrmæk]
plowland	sürülmüş tarla	[syrylmyʃ tarla]
furrow (in field)	saban izi	[saban izi]

to sow (vi, vt)	ekmek	[ækmæk]
seeder	ekme makinesi	[ækmæ makinæsi]
sowing (process)	ekme	[ækmæ]

| scythe | tırpan | [tırpan] |
| to mow, to scythe | tırpanlamak | [tırpanlamak] |

| spade (tool) | kürek | [kyræk] |
| to dig (to till) | kazmak | [kazmak] |

hoe	çapa	[tʃapa]
to hoe, to weed	çapalamak	[tʃapalamak]
weed (plant)	yabani ot	[jabani ot]

watering can	bahçe kovası	[bahtʃæ kovası]
to water (plants)	sulamak	[sulamak]
watering (act)	sulama	[sulama]

| pitchfork | dirgen | [dirgæn] |
| rake | tırmık | [tırmık] |

fertilizer	gübre	[gybræ]
to fertilize (vt)	gübrelemek	[gybrælæmæk]
manure (fertilizer)	gübre	[gybræ]
field	tarla	[tarla]

meadow	çayırlık	[tʃajɯrlɯk]
vegetable garden	sebze bahçesi	[sæbzæ bahtʃæsi]
orchard (e.g., apple ~)	meyve bahçesi	[mæjvæ bahtʃæsi]

to pasture (vt)	otlamak	[otlamak]
herdsman	çoban	[tʃoban]
pastureland	otlak	[otlak]

| cattle breeding | hayvancılık | [hajvandʒɯlɯk] |
| sheep farming | koyun yetiştirme | [kojun jætiʃtirmæ] |

plantation	plantasyon	[plantasʲon]
row (garden bed ~s)	tahta	[tahta]
hothouse	sera	[særa]

| drought (lack of rain) | kuraklık | [kuraklɯk] |
| dry (~ summer) | kurak | [kurak] |

| cereal crops | tahıllar | [tahɯllar] |
| to harvest, to gather | toplamak | [toplamak] |

miller (person)	değirmenci	[dæirmændʒi]
mill (e.g., gristmill)	değirmen	[dæirmæn]
to grind (grain)	öğütmek	[øjutmæk]
flour	un	[un]
straw	saman	[saman]

121. Building. Building process

construction site	inşaat alanı	[inʃaːt alanɯ]
to build (vt)	inşa etmek	[inʃa ætmæk]
construction worker	inşaat işçisi	[inʃaːt iʃtʃisɯ]

project	proje	[proʒæ]
architect	mimar	[mimar]
worker	işçi	[iʃtʃi]

foundation (of building)	temel	[tæmæʎ]
roof	çatı	[tʃatɯ]
foundation pile	kazık	[kazɯk]
wall	duvar	[duvar]

| reinforcing bars | beton demiri | [bæton dæmiri] |
| scaffolding | yapı iskelesi | [japɯ iskælæsi] |

concrete	beton	[bæton]
granite	granit	[granit]
stone	taş	[taʃ]
brick	tuğla	[tuːla]
sand	kum	[kum]

cement	çimento	[ʧimænto]
plaster (for walls)	sıva	[sıva]
to plaster (vt)	sıvalamak	[sıvalamak]
paint	boya	[boja]
to paint (~ a wall)	boyamak	[bojamak]
barrel	varil	[varil]

crane	vinç	[vinʧ]
to lift (vt)	kaldırmak	[kaldırmak]
to lower (vt)	indirmek	[indirmæk]

bulldozer	buldozer	[buʌdozær]
excavator	ekskavatör	[ækskavatør]
scoop, bucket	kepçe	[kæpʧæ]
to dig (excavate)	kazmak	[kazmak]
hard hat	baret, kask	[baræt], [kask]

122. Science. Research. Scientists

science	bilim	[bilim]
scientific (adj)	bilimsel, ilmi	[bilimsæʌ], [iʌmi]
scientist	bilim adamı	[bilim adamı]
theory	teori	[tæori]

axiom	aksiyom	[aksijom]
analysis	analiz	[analiz]
to analyze (vt)	analiz etmek	[analiz ætmæk]
argument (strong ~)	kanıt	[kanıt]
substance (matter)	madde	[maddæ]

hypothesis	hipotez	[hipotæz]
dilemma	ikilem	[ikilæm]
dissertation	tez	[tæz]
dogma	dogma	[dogma]

doctrine	doktrin	[doktrin]
research	araştırma	[araʃtırma]
to do research	araştırmak	[araʃtırmak]
testing	deneme	[dænæmæ]
laboratory	laboratuvar	[laboratuvar]

method	metot	[mætot]
molecule	molekül	[molækyʌ]
monitoring	gözleme	[gøzlæmæ]
discovery (act, event)	buluş	[buluʃ]

postulate	varsayım	[varsajım]
principle	prensip	[prænsip]
forecast	tahmin	[tahmin]
prognosticate (vt)	tahmin etmek	[tahmin ætmæk]

synthesis	sentez	[sæntæz]
trend (tendency)	eğilim	[æilim]
theorem	teorem	[tæoræm]

teachings	ilke, öğreti	[iʌkæ], [øæræti]
fact	gerçek	[gærtʃæk]
expedition	bilimsel gezisi	[bilimzæl gæzisi]
experiment	deney	[dænæj]

academician	akademisyen	[akadæmisʲæn]
bachelor (e.g., ~ of Arts)	bakalorya	[bakalorja]
doctor (PhD)	doktor	[doktor]
Associate Professor	doçent	[dotʃænt]
Master (e.g., ~ of Arts)	master	[mastær]
professor	profesör	[profæsør]

Professions and occupations

123. Job search. Dismissal

job	iş	[iʃ]
personnel	personel	[pærsonæʎ]
career	kariyer	[karʲær]
prospects	istikbal	[istikbaʎ]
skills (mastery)	ustalık	[ustalık]
selection (screening)	seçme	[sætʃmæ]
employment agency	iş bulma bürosu	[iʃ bulma byrosu]
résumé	özet	[øzæt]
interview (for job)	mülakat	[myʎakat]
vacancy, opening	açık yer	[atʃık jær]
salary, pay	maaş	[ma:ʃ]
fixed salary	sabit maaş	[sabit ma:ʃ]
pay, compensation	ödeme	[ødæmæ]
position (job)	görev, iş	[gøræv], [iʃ]
duty (of employee)	görev	[gøræv]
range of duties	görev listesi	[gøræv listæsi]
busy (I'm ~)	meşgul	[mæʃguʎ]
to fire (dismiss)	işten çıkarmak	[iʃtæn tʃıkarmak]
dismissal	işten çıkarma	[iʃtæn tʃıkarma]
unemployment	işsizlik	[iʃsizlik]
unemployed (n)	işsiz	[iʃsiz]
retirement	emekli maaşı	[æmækli ma:ʃı]
to retire (from job)	emekli olmak	[æmækli olmak]

124. Business people

director	müdür	[mydyr]
manager (director)	yönetici	[jonætidʒi]
boss	yönetmen	[jonætmæn]
superior	şef	[ʃæf]
superiors	şefler	[ʃæflær]
president	başkan	[baʃkan]
chairman	başkan	[baʃkan]

deputy (substitute)	yardımcı	[jardımʤı]
assistant	asistan	[asistan]
secretary	sekreter	[sækrætær]
personal assistant	özel sekreter	[øzæl sækrætær]

businessman	iş adamı	[iʃ adamı]
entrepreneur	girişimci	[giriʃimʤi]
founder	kurucu	[kuruʤu]
to found (vt)	kurmak	[kurmak]

incorporator	müessis	[myæssis]
partner	ortak	[ortak]
stockholder	hissedar	[hissædar]

millionaire	milyoner	[miʎonær]
billionaire	milyarder	[miʎjardær]

owner, proprietor	sahip	[sahip]
landowner	toprak sahibi	[toprak sahibi]

client	müşteri	[myʃtæri]
regular client	devamlı müşteri	[dævamlı myʃtæri]
buyer (customer)	alıcı, müşteri	[alıʤı], [myʃtæri]
visitor	ziyaretçi	[zijaræʧi]

professional (n)	profesyonel	[profæsʲonæʎ]
expert	eksper	[ækspær]
specialist	uzman	[uzman]

banker	bankacı	[baŋkaʤı]
broker	borsa simsarı	[borsa simsarı]

cashier, teller	kasiyer	[kasijær]
accountant	muhasebeci	[muhasæbæʤi]
security guard	güvenlik görevlisi	[gyvænlik gørævlisi]

investor	yatırımcı	[jatırımʤı]
debtor	borçlu	[borʧlu]
creditor	alacaklı	[alaʤaklı]
borrower	ödünç alan	[ødynʧ alan]

importer	ithalatçı	[ithalatʃı]
exporter	ihracatçı	[ihraʤatʃı]

manufacturer	üretici	[jurætiʤi]
distributor	distribütör	[distribytør]
middleman	aracı	[araʤı]

consultant	danışman	[danıʃman]
sales representative	temsilci	[tæmsiʎʤi]
agent	acente, ajan	[aʤæntæ], [aʒan]
insurance agent	sigorta acentesi	[sigorta aʤæntæsi]

125. Service professions

cook	aşçı	[aʃtʃɪ]
chef (kitchen chef)	aşçıbaşı	[aʃtʃɪbaʃɪ]
baker	fırıncı	[fɪrɪndʒɪ]
bartender	barmen	[barmæn]
waiter	garson	[garson]
waitress	kadın garson	[kadɪn garson]
lawyer, attorney	avukat	[avukat]
lawyer (legal expert)	hukukçu	[hukuktʃu]
notary	noter	[notær]
electrician	elektrikçi	[ælæktriktʃi]
plumber	tesisatçı	[tæsisatʃɪ]
carpenter	dülger	[dylgær]
masseur	masör	[masør]
masseuse	masör	[masør]
doctor	doktor, hekim	[doktor], [hækim]
taxi driver	taksici	[taksidʒi]
driver	şoför	[ʃofør]
delivery man	kurye	[kurʲæ]
chambermaid	hizmetçi	[hizmætʃi]
security guard	güvenlik görevlisi	[gyvænlik gørævlisɪ]
flight attendant	hostes	[hostæs]
teacher (in primary school)	öğretmen	[øjrætmæn]
librarian	kütüphane memuru	[kytyphanæ mæmuru]
translator	çevirmen	[tʃævirmæn]
interpreter	tercüman	[tærdʒyman]
guide	rehber	[ræhbær]
hairdresser	kuaför	[kuafør]
mailman	postacı	[postadʒɪ]
salesman (store staff)	satıcı	[satɪdʒɪ]
gardener	bahçıvan	[bahtʃɪvan]
domestic servant	hizmetçi	[hizmætʃi]
maid	kadın hizmetçi	[kadɪn hizmætʃi]
cleaner (cleaning lady)	temizlikçi	[tæmizliktʃi]

126. Military professions and ranks

private	er	[ær]
sergeant	çavuş	[tʃavuʃ]

| lieutenant | **teğmen** | [tæ:mæn] |
| captain | **yüzbaşı** | [juzbaʃi] |

major	**binbaşı**	[binbaʃɪ]
colonel	**albay**	[albaj]
general	**general**	[gænæraʎ]
marshal	**mareşal**	[maræʃaʎ]
admiral	**amiral**	[amiraʎ]

military man	**askeri**	[askæri]
soldier	**asker**	[askær]
officer	**subay**	[subaj]
commander	**komutan**	[komutan]

border guard	**sınır muhafızı**	[sınır muhafızı]
radio operator	**telsiz operatörü**	[tælsiz opæratøry]
scout (searcher)	**keşif eri**	[kæʃif æri]
pioneer (sapper)	**istihkam eri**	[istihkam æri]
marksman	**atıcı**	[atıdʒı]
navigator	**seyrüseferci**	[sæjrysæfærdʒi]

127. Officials. Priests

| king | **kral** | [kral] |
| queen | **kraliçe** | [kralitʃæ] |

| prince | **prens** | [præns] |
| princess | **prenses** | [prænsæs] |

| tsar, czar | **çar** | [tʃar] |
| czarina | **çariçe** | [tʃaritʃæ] |

president	**başkan**	[baʃkan]
Secretary (~ of State)	**bakan**	[bakan]
prime minister	**başbakan**	[baʃbakan]
senator	**senatör**	[sænatør]

diplomat	**diplomat**	[diplomat]
consul	**konsolos**	[konsolos]
ambassador	**büyükelçi**	[byjukæʎtʃi]
advisor (military ~)	**danışman**	[danıʃman]

official (civil servant)	**memur**	[mæmur]
prefect	**belediye başkanı**	[bælædijæ baʃkanı]
mayor	**belediye başkanı**	[bælædijæ baʃkanı]

judge	**yargıç**	[jargıtʃ]
district attorney (prosecutor)	**savcı**	[savdʒı]
missionary	**misyoner**	[misʲonær]

126

monk	keşiş	[kæʃiʃ]
abbot	başrahip	[baʃrahip]
rabbi	haham	[haham]

vizier	vezir	[væzir]
shah	şah	[ʃah]
sheikh	şeyh	[ʃæjh]

128. Agricultural professions

beekeeper	arıcı	[arıdʒı]
herder, shepherd	çoban	[tʃoban]
agronomist	tarım uzmanı	[tarım uzmanı]
cattle breeder	hayvan besleyicisi	[hajvan bæslæjıdʒisi]
veterinarian	veteriner	[vætærinær]

farmer	çiftçi	[tʃiftʃi]
winemaker	şarap üreticisi	[ʃarap jurætidʒisi]
zoologist	zoolog	[zo:log]
cowboy	kovboy	[kovboj]

129. Art professions

| actor | aktör | [aktør] |
| actress | aktris | [aktris] |

| singer (masc.) | şarkıcı | [ʃarkıdʒı] |
| singer (fem.) | şarkıcı | [ʃarkıdʒı] |

| dancer (masc.) | dansçı | [danstʃı] |
| dancer (fem.) | dansöz | [dansøz] |

| performing artist (masc.) | sanatçı | [sanatʃı] |
| performing artist (fem.) | sanatçı | [sanatʃı] |

musician	müzisyen	[myzisʲæn]
pianist	piyanocu	[pijanodʒu]
guitar player	gitarcı	[gitaradʒı]

conductor (orchestra ~)	orkestra şefi	[okræstra ʃæfi]
composer	besteci	[bæstædʒi]
impresario	emprezaryo	[æmpræzarʲo]

movie director	yönetmen	[jonætmæn]
producer	yapımcı	[japımdʒı]
scriptwriter	senaryo yazarı	[sænarʲo jazarı]
critic	eleştirmen	[ælæʃtirmæn]
writer	yazar	[jazar]

poet	şair	[ʃair]
sculptor	heykelci	[hæjkældʒi]
artist (painter)	ressam	[ræssam]

juggler	hokkabaz	[hokkabaz]
clown	palyaço	[paʎjatʃo]
acrobat	cambaz	[dʒambaz]
magician	sihirbaz	[sihirbaz]

130. Various professions

doctor	doktor, hekim	[doktor], [hækim]
nurse	hemşire	[hæmʃiræ]
psychiatrist	psikiyatr	[psikijatr]
dentist	dişçi	[diʃtʃi]
surgeon	cerrah	[dʒærrah]

astronaut	astronot	[astronot]
astronomer	astronom	[astronom]
pilot	pilot	[pilot]

driver (of taxi, etc.)	şoför	[ʃofør]
engineer (train driver)	makinist	[makinist]
mechanic	mekanik	[mækanik]

miner	maden işçisi	[madæn iʃtʃisi]
worker	işçi	[iʃtʃi]
metalworker	tesisatçı	[tæsisatʃı]
joiner (carpenter)	marangoz	[maraŋoz]
turner	tornacı	[tornadʒı]
construction worker	inşaat işçisi	[inʃa:t iʃtʃısı]
welder	kaynakçı	[kajnaktʃı]

professor (title)	profesör	[profæsør]
architect	mimar	[mimar]
historian	tarihçi	[tarihtʃi]
scientist	bilim adamı	[bilim adamı]
physicist	fizik bilgini	[fizik biʎgini]
chemist (scientist)	kimyacı	[kimjadʒı]

archeologist	arkeolog	[arkæolog]
geologist	jeolog	[ʒæolog]
researcher	araştırmacı	[araʃtırmadʒi]

babysitter	çocuk bakıcısı	[tʃodʒuk bakıdʒısı]
teacher, educator	öğretmen	[øjrætmæn]

editor	editör	[æditør]
editor-in-chief	baş editör	[baʃ æditør]
correspondent	muhabir	[muhabir]

typist (fem.)	daktilocu	[daktilodʒu]
designer	dizayncı	[dizajndʒi]
computer expert	bilgisayarcı	[biʎgisajardʒı]
programmer	programcı	[programdʒı]
engineer (designer)	mühendis	[myhændis]

sailor	denizci	[dænizdʒi]
seaman	tayfa	[tajfa]
rescuer	cankurtaran	[dʒaŋkurtaran]

fireman	itfaiyeci	[itfajædʒi]
policeman	erkek polis	[ærkæk polis]
watchman	bekçi	[bæktʃi]
detective	hafiye	[hafijæ]

customs officer	gümrükçü	[gymryktʃu]
bodyguard	koruma görevlisi	[koruma gørævlis]
prison guard	gardiyan	[gardijan]
inspector	müfettiş	[myfættiʃ]

sportsman	sporcu	[spordʒu]
trainer, coach	antrenör	[antrænør]
butcher	kasap	[kasap]
cobbler	ayakkabıcı	[ajakkabıdʒı]
merchant	tüccar	[tydʒar]
loader (person)	yükleyici	[juklæidʒi]

fashion designer	modelci	[modæʎdʒi]
model (fem.)	manken	[maŋkæn]

131. Occupations. Social status

schoolboy	erkek öğrenci	[ærkæk ø:rændʒi]
student (college ~)	öğrenci	[øjrændʒi]

philosopher	felsefeci	[fæʎsæfædʒi]
economist	iktisatçı	[iktisatʃı]
inventor	mucit	[mudʒit]

unemployed (n)	işsiz	[iʃsiz]
retiree	emekli	[æmækli]
spy, secret agent	ajan, casus	[aʒan], [dʒasus]

prisoner	tutuklu	[tutuklu]
striker	grevci	[grævdʒi]
bureaucrat	bürokrat	[byrokrat]
traveler	gezgin	[gæzgin]

homosexual	homoseksüel	[homosæksyæʎ]
hacker	hekır	[hækır]

bandit	haydut	[hajdut]
hit man, killer	kiralık katil	[kiralık katiʎ]
drug addict	uyuşturucu bağımlısı	[ujuʃturudʒu baımlısı]
drug dealer	uyuşturucu taciri	[ujuʃturudʒu tadʒiri]
prostitute (fem.)	fahişe	[fahiʃæ]
pimp	kadın tüccarı	[kadın tydʒarı]

sorcerer	büyücü	[byjudʒy]
sorceress	büyücü kadın	[byjudʒy kadın]
pirate	korsan	[korsan]
slave	köle	[kølæ]
samurai	samuray	[samuraj]
savage (primitive)	vahşi	[vahʃi]

Sports

132. Kinds of sports. Sportspersons

sportsman	**sporcu**	[spordʒu]
kind of sports	**spor çeşidi**	[spor tʃæʃidi]
basketball	**basketbol**	[baskætbol]
basketball player	**basketbolcu**	[baskætboldʒu]
baseball	**beyzbol**	[bæjzbol]
baseball player	**beyzbolcu**	[bæjzboldʒu]
soccer	**futbol**	[futbol]
soccer player	**futbolcu**	[futboldʒu]
goalkeeper	**kaleci**	[kalædʒi]
hockey	**hokey**	[hokæj]
hockey player	**hokeyci**	[hokæjdʒi]
volleyball	**voleybol**	[volæjbol]
volleyball player	**voleybolcu**	[volæjboldʒu]
boxing	**boks**	[boks]
boxer	**boksör**	[boksør]
wrestling	**güreş**	[gyræʃ]
wrestler	**güreşçi**	[gyræʃtʃi]
karate	**karate**	[karatæ]
karate fighter	**karateci**	[karatædʒi]
judo	**judo**	[ʒydo]
judo athlete	**judocu**	[ʒydodʒu]
tennis	**tenis**	[tænis]
tennis player	**tenisçi**	[tænistʃi]
swimming	**yüzme**	[juzmæ]
swimmer	**yüzücü**	[juzydʒy]
fencing	**eskrim**	[æskrim]
fencer	**eskrimci**	[æskrimdʒi]
chess	**satranç**	[satrantʃ]
chess player	**satranç oyuncusu**	[satrantʃ ojundʒusu]

alpinism	dağcılık	[da:dʒılık]
alpinist	dağcı, alpinist	[da:dʒı], [alpinist]
running	koşu	[koʃu]
runner	koşucu	[koʃudʒu]
athletics	atletizm	[atlætizm]
athlete	atlet	[atlæt]
horseback riding	atlı spor	[atlı spor]
horse rider	binici	[binidʒi]
figure skating	artistik patinaj	[artistik patinaʒ]
figure skater (masc.)	artistik patinajcı	[artistik patinaʒdʒi]
figure skater (fem.)	artistik patinajcı	[artistik patinaʒdʒi]
weightlifting	ağırlık kaldırma	[aırlık kaldırma]
car racing	araba yarışı	[araba jarıʃı]
racing driver	yarışçı	[jarıʃtʃı]
cycling	bisiklet sporu	[bisiklæt sporu]
cyclist	bisikletçi	[bisiklætʃi]
broad jump	uzun atlama	[uzun atlama]
pole vault	sırıkla atlama	[sırıkla atlama]
jumper	atlayıcı	[atlajıdʒı]

133. Kinds of sports. Miscellaneous

football	Amerikan futbolu	[amærikan futbolu]
badminton	badminton	[badminton]
biathlon	biatlon	[biatlon]
billiards	bilardo	[biʎardo]
bobsled	bobsley, yarış kızağı	[bobslæj], [jarıʃ kızaı]
bodybuilding	vücut geliştirme	[vydʒut gæliʃtirmæ]
water polo	su topu	[su topu]
handball	hentbol	[hæntbol]
golf	golf	[goʎf]
rowing	kürek sporu	[kyræk sporu]
scuba diving	dalgıçlık	[dalgıtʃlık]
cross-country skiing	kros kayağı	[kros kajaı]
ping-pong	masa tenisi	[masa tænisi]
sailing	yelken sporu	[jælkæn sporu]
rally racing	ralli	[ralli]
rugby	ragbi, rugby	[ragbi]
snowboarding	snowboard	[snoubord]
archery	okçuluk	[oktʃuluk]

134. Gym

barbell	halter	[haltær]
dumbbells	dambillar	[dambillar]

training machine	spor aleti	[spor alæti]
bicycle trainer	egzersiz bisikleti	[ægzærsiz bisiklæti]
treadmill	koşu bandı	[koʃu bandı]

horizontal bar	barfiks	[barfiks]
parallel bars	barparalel	[barparalæʎ]
vaulting horse	at	[at]
mat (in gym)	mat	[mat]

aerobics	aerobik	[aærobik]
yoga	yoga	[joga]

135. Hockey

hockey	hokey	[hokæj]
hockey player	hokeyci	[hokæjdʒi]
to play hockey	hokey oynamak	[hokæj ojnamak]
ice	buz	[buz]

puck	top	[top]
hockey stick	hokey sopası	[hokæj sopası]
ice skates	paten	[patæn]

board	kenar	[kænar]
shot	atış	[atıʃ]

goaltender	kaleci	[kalædʒi]
goal (score)	gol	[gol]
to score a goal	gol atmak	[gol atmak]

period	devre	[dævræ]
substitutes bench	yedek kulübesi	[jædæk kulybæsi]

136. Football

soccer	futbol	[futbol]
soccer player	futbolcu	[futboldʒu]
to play soccer	futbol oynamak	[futbol ojnamak]

major league	üst lig	[just lig]
soccer club	futbol kulübü	[futbol kylyby]
coach	antrenör	[antrænør]

owner, proprietor	sahip	[sahip]
team	takım	[takım]
team captain	takım kaptanı	[takım kaptanı]
player	oyuncu	[ojundʒu]
substitute	yedek oyuncu	[jædæk ojundʒu]

forward	forvet	[forvæt]
center forward	santrafor	[santrafor]
striker, scorer	golcü	[goldʒy]
defender, back	müdafi	[mydafi]
halfback	orta saha oyuncusu	[orta saha ojundʒusu]

match	maç	[matʃ]
to meet (vi, vt)	karşılaşmak	[karʃılaʃmak]
final	final	[final]
semi-final	yarı final	[jarı final]
championship	şampiyona	[ʃampiona]

period, half	yarı	[jarı]
first period	birinci periyod	[birindʒi pæriod]
half-time	ara	[ara]

goal	kale	[kalæ]
goalkeeper	kaleci	[kalædʒi]
goalpost	yan direk	[jan diræk]
crossbar	üst direk	[just diræk]
net	file	[filæ]
to concede a goal	gol yemek	[gol jæmæk]

ball	top	[top]
pass	pas	[pas]
kick	vuruş	[vuruʃ]
to kick (~ the ball)	vuruş yapmak	[vuruʃ japmak]
free kick	ceza vuruşu	[dʒæza vuruʃu]
corner kick	köşe vuruşu	[køʃæ vuruʃu]

attack	atak, hücum	[atak], [hudʒym]
counterattack	kontratak	[kontratak]
combination	kombinasyon	[kombinasʲon]

referee	hakem	[hakæm]
to whistle (vi)	düdük çalmak	[dydyk tʃalmak]
whistle (sound)	düdük	[dydyk]
foul, misconduct	ihlal	[ihlal]
to commit a foul	ihlal etmek	[ihlal ætmæk]
to send off	oyundan atmak	[ojundan atmak]

yellow card	sarı kart	[sarı kart]
red card	kırmızı kart	[kırmızı kart]
disqualification	diskalifiye	[diskalifijæ]
to disqualify (vt)	diskalifiye etmek	[diskalifijæ ætmæk]
penalty kick	penaltı	[pænaltı]

wall	baraj	[baraʒ]
to score (vi, vt)	atmak	[atmak]
goal (score)	gol	[gol]
to score a goal	gol atmak	[gol atmak]

substitution	değişiklik	[dæiʃiklik]
to replace (vt)	değiştirmek	[dæiʃtirmæk]
rules	kurallar	[kurallar]
tactics	taktik	[taktik]

stadium	stadyum	[stadjym]
stand (bleachers)	tribün	[tribyn]
fan, supporter	fan, taraftar	[fan], [taraftar]
to shout (vi)	bağırmak	[baırmak]

scoreboard	tabela	[tabæʎa]
score	skor	[skor]

defeat	yenilgi	[jæniʎgi]
to lose (not win)	kaybetmek	[kajbætmæk]
draw	beraberlik	[bærabæerlik]
to draw (vi)	berabere kalmak	[bærabæræ kalmak]

victory	zafer	[zafæer]
to win (vi, vt)	yenmek	[jænmæk]
champion	şampiyon	[ʃampion]
best (adj)	en iyi	[æn ijı]
to congratulate (vt)	tebrik etmek	[tæbrik ætmæk]

commentator	yorumcu	[jorumdʒu]
to commentate (vt)	yorum yapmak	[jorum japmak]
broadcast	yayın	[jajın]

137. Alpine skiing

skis	kayak	[kajak]
to ski (vi)	kayak yapmak	[kajak japmak]
mountain-ski resort	kayak merkezi	[kajak mærkæzi]
ski lift	kayak teleferiği	[kajak tælæfæri:]

ski poles	kayak sopaları	[kajak sopaları]
slope	yamaç	[jamatʃ]
slalom	slalom	[slalom]

138. Tennis. Golf

golf	golf	[goʎf]
golf club	golf kulübü	[goʎf kulyby]

golfer	golf oyuncusu	[goʌf ojundʒusu]
hole	çukur	[tʃukur]
club	golf sopası	[goʌf sopası]
golf trolley	golf arabası	[goʌf arabası]

tennis	tenis	[tænis]
tennis court	tenis kortu	[tænis kortu]
serve	servis	[særvis]
to serve (vt)	servis yapmak	[særvis japmak]
racket	raket	[rakæt]
net	file	[filæ]
ball	top	[top]

139. Chess

chess	satranç	[satrantʃ]
chessmen	satranç taşları	[satrantʃ taʃları]
chess player	satranç oyuncusu	[satrantʃ ojundʒusu]
chessboard	satranç tahtası	[satrantʃ tahtası]
chessman	satranç taşı	[satrantʃ taʃı]

| White (white pieces) | beyazlar | [bæjazlar] |
| Black (black pieces) | siyahlar | [sijahlar] |

pawn	piyon	[pijon]
bishop	fil	[fiʌ]
knight	at	[at]
rook (castle)	kale	[kalæ]
queen	vezir	[væzir]
king	şah	[ʃah]

move	hamle	[hamlæ]
to move (vi, vt)	hamle yapmak	[hamlæ japmak]
to sacrifice (vt)	feda etmek	[fæda ætmæk]
castling	rok yapma	[rok japma]
check	şah	[ʃah]
checkmate	mat	[mat]

chess tournament	satranç turnuvası	[satrantʃ turnuvası]
Grand Master	büyük üstat	[byjuk justat]
combination	kombinasyon	[kombinasʲon]
game (in chess)	parti	[parti]
checkers	dama	[dama]

140. Boxing

| boxing | boks | [boks] |
| fight (bout) | boks maçı | [boks matʃi] |

| boxing match | boks maçı | [boks matʃi] |
| round (in boxing) | raunt | [raunt] |

| ring | ring | [riŋ] |
| gong | gong | [goŋ] |

punch	yumruk	[jumruk]
knock-down	knockdown	[nokdaun]
knockout	nakavt	[nakavt]
to knock out	nakavt etmek	[nakavt ætmæk]

| boxing glove | boks eldiveni | [boks æʎdivæni] |
| referee | hakem | [hakæm] |

lightweight	hafif sıklet	[hafif sıklæt]
middleweight	orta sıklet	[orta sıklæt]
heavyweight	ağır sıklet	[aır sıklæt]

141. Sports. Miscellaneous

Olympic Games	Olimpiyat Oyunları	[olimpijat ojunları]
winner	galip, kazanan	[galip], [kazanan]
to be winning	yenmek	[jænmæk]
to win (vi)	kazanmak	[kazanmak]

| leader | birinci | [birindʒi] |
| to lead (vi) | birinci olmak | [birindʒi olmak] |

first place	birincilik	[birindʒilik]
second place	ikincilik	[ikindʒilik]
third place	üçüncülük	[utʃundʒylyk]

medal	madalya	[madaʎja]
trophy	ganimet	[ganimæt]
prize cup (trophy)	kupa	[kupa]
prize (in game)	ödül	[ødyʎ]
main prize	büyük ödülü	[byjuk ødyly]

| record | rekor | [rækor] |
| to set a record | rekor kırmak | [rækor kırmak] |

| final | final | [final] |
| final (adj) | final | [final] |

| champion | şampiyon | [ʃampion] |
| championship | şampiyona | [ʃampiona] |

stadium	stadyum	[stadjym]
stand (bleachers)	tribün	[tribyn]
fan, supporter	fan, taraftar	[fan], [taraftar]

opponent, rival	rakip	[rakip]
start	start	[start]
finish line	finiş	[finiʃ]

| defeat | yenilgi | [jæniʎgi] |
| to lose (not win) | kaybetmek | [kajbætmæk] |

referee	hakem	[hakæm]
jury	jüri	[ʒyri]
score	skor	[skor]
draw	beraberlik	[bærabæerlik]
to draw (vi)	berabere kalmak	[bærabæeræ kalmak]
point	sayı	[sajɪ]
result (final score)	sonuç	[sonutʃ]

| period | devre | [dævræ] |
| half-time | ara | [ara] |

doping	doping	[dopiŋ]
to penalize (vt)	ceza vermek	[dʒæza værmæk]
to disqualify (vt)	diskalifiye etmek	[diskalifijæ ætmæk]

apparatus	alet	[alæt]
javelin	cirit	[dʒirit]
shot put ball	gülle	[gyllæ]
ball (snooker, etc.)	top	[top]

aim (target)	hedef	[hædæf]
target	hedef	[hædæf]
to shoot (vi)	ateş etmek	[atæʃ ætmæk]
precise (~ shot)	tam	[tam]

trainer, coach	antrenör	[antrænør]
to train (sb)	çalıştırmak	[tʃalɪʃtɪrmak]
to train (vi)	antrenman yapmak	[antrænman japmak]
training	antrenman	[idman], [antrænman]

gym	spor salonu	[spor salonu]
exercise (physical)	egzersiz	[ægzærsiz]
warm-up (of athlete)	ısınma	[ɪsɪnma]

Education

142. School

school	okul	[okul]
headmaster	okul müdürü	[okul mydyry]
pupil (boy)	öğrenci	[øjrænʤi]
pupil (girl)	kız öğrenci	[kɪz øjrænʤi]
schoolboy	öğrenci	[øːrænʤi]
schoolgirl	kız öğrenci	[kɪz øjrænʤi]
to teach (sb)	öğretmek	[øjrætmæk]
to learn (language, etc.)	öğrenmek	[øjrænmæk]
to learn by heart	ezberlemek	[æzbærlæmæk]
to study (work to learn)	öğrenmek	[øjrænmæk]
to be in school	okula gitmek	[okula gitmæk]
alphabet	alfabe	[aʎfabæ]
subject (at school)	ders	[dærs]
classroom	sınıf	[sɪnɪf]
lesson	ders	[dærs]
recess	teneffüs	[tænæffys]
school bell	zil	[ziʎ]
school desk	okul sırası	[okul sɪrası]
chalkboard	kara tahta	[kara tahta]
grade	not	[not]
good grade	iyi not	[ijɪ not]
bad grade	kötü not	[køty not]
to give a grade	not vermek	[not værmæk]
mistake, error	hata	[hata]
to make mistakes	hata yapmak	[hata japmak]
to correct (an error)	düzeltmek	[dyzæʎtmæk]
cheat sheet	kopya	[kopja]
homework	ev ödevi	[æv ødævi]
exercise (in education)	egzersiz	[ægzærsiz]
to be present	bulunmak	[bulunmak]
to be absent	bulunmamak	[bulunmamak]
to punish (vt)	cezalandırmak	[ʤæzalandɪrmak]
punishment	ceza	[ʤæza]

conduct (behavior)	davranış	[davranıʃ]
report card	karne	[karnæ]
pencil	kurşun kalem	[kurʃun kalæm]
eraser	silgi	[siʌgi]
chalk	tebeşir	[tæbæʃir]
pencil case	kalemlik	[kalæmlik]

schoolbag	çanta	[tʃanta]
pen	tükenmez kalem	[tykænmæz kalæm]
school notebook	defter	[dæftær]
textbook	ders kitabı	[dærs kitabı]
compasses	pergel	[pærgæʌ]

to draw (a blueprint, etc.)	çizmek	[tʃizmæk]
technical drawing	teknik resim	[tæknik ræsim]

poem	şiir	[ʃi:r]
by heart (adv)	ezbere	[æzbæræ]
to learn by heart	ezberlemek	[æzbærlæmæk]

school vacation	okul tatili	[okul tatili]
to be on vacation	tatilde olmak	[tatiʌdæ olmak]

test (written math ~)	sınav	[sınaf]
essay (composition)	kompozisyon	[kompozisʲon]
dictation	dikte	[diktæ]
exam	sınav	[sınaf]
to take an exam	sınav olmak	[sınav olmak]
experiment (chemical ~)	deney	[dænæj]

143. College. University

academy	akademi	[akadæmi]
university	üniversite	[juniværsitæ]
faculty (section)	fakülte	[fakyʌtæ]

student (masc.)	öğrenci	[øjrændʒi]
student (fem.)	öğrenci	[øjrændʒi]
lecturer (teacher)	öğretmen	[øjrætmæn]

lecture hall, room	dersane	[dærsanæ]
graduate	mezun	[mæzun]
diploma	diploma	[diploma]
dissertation	tez	[tæz]

study (report)	inceleme	[indʒælæmæ]
laboratory	laboratuvar	[laboratuvar]

lecture	ders	[dærs]
course mate	sınıf arkadaşı	[sınıf arkadaʃı]

| scholarship | burs | [burs] |
| academic degree | akademik derece | [akadæmik dæræʤæ] |

144. Sciences. Disciplines

mathematics	matematik	[matæmatik]
algebra	cebir	[ʤæbir]
geometry	geometri	[gæomætri]

astronomy	astronomi	[astronomi]
biology	biyoloji	[bioloʒi]
geography	coğrafya	[ʤorafja]
geology	jeoloji	[ʒæoloʒi]
history	tarih	[tarih]

medicine	tıp	[tıp]
pedagogy	pedagoji	[pædagoʒi]
law	hukuk	[hukuk]

physics	fizik	[fizik]
chemistry	kimya	[kimja]
philosophy	felsefe	[fæʎsæfæ]
psychology	psikoloji	[psikoloʒi]

145. Writing system. Orthography

grammar	gramer	[gramær]
vocabulary	kelime hazinesi	[kælimæ hazinæsi]
phonetics	fonetik	[fonætik]

noun	isim	[isim]
adjective	sıfat	[sıfat]
verb	fiil	[fi:ʎ]
adverb	zarf	[zarf]

pronoun	zamir	[zamir]
interjection	ünlem	[junlæm]
preposition	edat, ilgeç	[ædat], [ilgætʃ]

root	kelime kökü	[kælimæ køky]
ending	sonek	[sonæk]
prefix	ön ek	[øn æk]
syllable	hece	[hæʤæ]
suffix	son ek	[son æk]

stress mark	vurgu	[vurgu]
apostrophe	apostrof	[apostrof]
period, dot	nokta	[nokta]

comma	virgül	[virgyʎ]
semicolon	noktalı virgül	[noktalı virgyʎ]
colon	iki nokta	[iki nokta]
ellipsis	üç nokta	[jutʃ nokta]
question mark	soru işareti	[soru iʃaræti]
exclamation point	ünlem işareti	[junlæm iʃaræti]

quotation marks	tırnak	[tırnak]
in quotation marks	tırnak içinde	[tırnak itʃindæ]
parenthesis	parantez	[parantæz]
in parenthesis	parantez içinde	[parantæz itʃindæ]

hyphen	kısa çizgi	[kısa tʃizgi]
dash	tire	[tiræ]
space (between words)	boşluk, ara	[boʃluk], [ara]

letter	harf	[harf]
capital letter	büyük harf	[byjuk harf]
vowel (n)	ünlü, sesli	[junly], [sæsli]
consonant (n)	ünsüz, sessiz	[junsyz], [sæssiz]

sentence	cümle	[dʒymlæ]
subject	özne	[øznæ]
predicate	yüklem	[juklæm]

line	satır	[satır]
on a new line	yeni satırdan	[jæni satırdan]
paragraph	paragraf	[paragraf]

word	söz, kelime	[søz], [kælimæ]
group of words	kelime grubu	[kælimæ grubu]
expression	deyim, ifade	[dæim], [ifadæ]
synonym	eşanlamlı sözcük	[æʃanlamlı søzdʒyk]
antonym	karşıt anlamlı sözcük	[karʃıt anlamlı søzʒyk]

rule	kural	[kural]
exception	istisna	[istisna]
correct (adj)	doğru	[do:ru]

conjugation	fiil çekimi	[fi:l tʃækimi]
declension	isim çekimi	[isim tʃækimi]
nominal case	hal	[haʎ]
question	soru	[soru]
to underline (vt)	altını çizmek	[altını tʃizmæk]
dotted line	noktalar	[noktalar]

146. Foreign languages

| language | dil | [diʎ] |
| foreign language | yabancı dil | [jabandʒı diʎ] |

to study (vt)	öğrenim görmek	[øjrænim gørmæk]
to learn (language, etc.)	öğrenmek	[øjrænmæk]
to read (vi, vt)	okumak	[okumak]
to speak (vi, vt)	konuşmak	[konuʃmak]
to understand (vt)	anlamak	[anlamak]
to write (vt)	yazmak	[jazmak]
fast (adv)	çabuk	[ʧabuk]
slowly (adv)	yavaş	[javaʃ]
fluently (adv)	akıcı bir şekilde	[akıdʒı bir ʃækiʌdæ]
rules	kurallar	[kurallar]
grammar	gramer	[gramær]
vocabulary	kelime hazinesi	[kælimæ hazinæsi]
phonetics	fonetik	[fonætik]
textbook	ders kitabı	[dærs kitabı]
dictionary	sözlük	[søzlyk]
teach-yourself book	öz eğitim rehberi	[øz æitim ræhbæri]
phrasebook	konuşma kılavuzu	[konuʃma kılavuzu]
cassette	kaset	[kasæt]
videotape	videokaset	[vidæokasæt]
CD, compact disc	CD	[sidi]
DVD	DVD	[dividi]
alphabet	alfabe	[aʌfabæ]
to spell (vt)	hecelemek	[hædʒælæmæk]
pronunciation	telaffuz	[tælaffyz]
accent	aksan	[aksan]
with an accent	aksan ile	[aksan ilæ]
without an accent	aksansız	[aksansız]
word	kelime	[kælimæ]
meaning	mana	[mana]
course (e.g., a French ~)	kurslar	[kurslar]
to sign up	yazılmak	[jazılmak]
teacher	öğretmen	[øjrætmæn]
translation (process)	çeviri	[ʧæviri]
translation (text, etc.)	tercüme	[tærdʒymæ]
translator	çevirmen	[ʧævirmæn]
interpreter	tercüman	[tærdʒyman]
polyglot	birçok dil bilen	[birʧok diʌ bilæn]
memory	hafıza	[hafıza]

147. Fairy tale characters

Santa Claus	Noel Baba	[noæʎ baba]
mermaid	denizkızı	[dænizkızı]
magician, wizard	sihirbaz	[sihirbaz]
fairy	peri	[sihirbaz]
magic (adj)	sihirli	[sihirli]
magic wand	sihirli değnek	[sihirli dæ:næk]
fairy tale	masal	[masal]
miracle	harika	[harika]
dwarf	cüce	[dʒydʒæ]
to turn into ...	... dönüşmek	[dønyʃmæk]
ghost	hayalet	[hajalæt]
phantom	hortlak	[hortlak]
monster	canavar	[dʒanavar]
dragon	ejderha	[æʒdærha]
giant	dev	[dæv]

148. Zodiac Signs

Aries	Koç	[kotʃ]
Taurus	Boğa	[boa]
Gemini	İkizler	[ikizlær]
Cancer	Yengeç	[jæŋætʃ]
Leo	Aslan	[aslan]
Virgo	Başak	[baʃak]
Libra	Terazi	[tærazi]
Scorpio	Akrep	[akræp]
Sagittarius	Yay	[jaj]
Capricorn	Oğlak	[o:lak]
Aquarius	Kova	[kova]
Pisces	Balık	[balık]
character	karakter	[karaktær]
features of character	karakter özellikleri	[karaktær øzællɪklæri]
behavior	davranış	[davranıʃ]
to tell fortunes	fal bakmak	[fal bakmak]
fortune-teller	falcı	[faldʒı]
horoscope	yıldız falı	[jıldız falı]

Arts

149. Theater

theater	tiyatro	[tijatro]
opera	opera	[opæra]
operetta	operet	[opæræt]
ballet	bale	[balæ]

theater poster	afiş	[afiʃ]
theatrical company	trup	[trup]
tour	turne	[turnæ]
to be on tour	turneye çıkmak	[turnæjæ tʃıkmak]
to rehearse (vi, vt)	prova yapmak	[prova japmak]
rehearsal	prova	[prova]
repertoire	repertuvar	[ræpærtuvar]

performance	temsil	[tæmsiʎ]
theatrical show	gösteri	[gøstæri]
play	tiyatro oyunu	[tijatro ojunu]

ticket	bilet	[bilæt]
Box office	bilet gişesi	[bilæt giʃæsi]
lobby, foyer	hol	[hol]
coat check	vestiyer	[væstijær]
coat check tag	vestiyer numarası	[væstijær numarası]
binoculars	dürbün	[dyrbyn]
usher	yer gösterici	[jær gøstæridʒi]

orchestra seats	parter	[partær]
balcony	balkon	[balkon]
dress circle	birinci balkon	[birindʒi balkon]
box	loca	[lodʒa]
row	sıra	[sıra]
seat	yer	[jær]

audience	izleyiciler	[izlæjıdʒilær]
spectator	izleyici	[izlæjıdʒi]
to clap (vi, vt)	alkışlamak	[alkıʃlamak]
applause	alkış	[alkıʃ]
ovation	şiddetli alkışlar	[ʃiddætli alkıʃlar]

stage	sahne	[sahnæ]
curtain	perde	[pærdæ]
scenery	sahne dekoru	[sahnæ dækoru]
backstage	kulis	[kulis]

scene (e.g., the last ~)	sahne	[sahnæ]
act	perde	[pærdæ]
intermission	perde arası	[pærdæ arası]

150. Cinema

actor	aktör	[aktør]
actress	aktris	[aktris]

movies (industry)	sinema	[sinæma]
movie	film	[film]
episode	bölüm, kısım	[bølym], [kısım]

detective	dedektif filmi	[dædæktif filmi]
action movie	aksiyon filmi	[aksijon filmi]
adventure movie	macera filmi	[madʒæra filmi]
science fiction movie	bilim kurgu filmi	[bilim kurgu filmi]
horror movie	korku filmi	[korku fiʎmi]

comedy movie	komedi filmi	[komædi fiʎmi]
melodrama	melodram	[mælodram]
drama	dram	[dram]

fictional movie	kurgusal film	[kurgusaʎ film]
documentary	belgesel film	[bæʎgæsæʎ film]
cartoon	çizgi film	[ʧizgi film]
silent movies	sessiz film	[sæssiz film]

role (part)	rol	[roʎ]
leading role	başrol	[baʃrol]
to play (vi, vt)	oynamak	[ojnamak]

movie star	sinema yıldızı	[sinæma jıldızı]
well-known (adj)	meşhur	[mæʃhur]
famous (adj)	ünlü	[junly]
popular (adj)	popüler	[popylær]

script (screenplay)	senaryo	[sænarʲo]
scriptwriter	senaryo yazarı	[sænarʲo jazarı]
movie director	yönetmen	[jonætmæn]
producer	yapımcı	[japımdʒı]
assistant	asistan	[asistan]
cameraman	kameraman	[kamæraman]
stuntman	dublör	[dublør]

to shoot a movie	film çekmek	[film ʧækmæk]
audition, screen test	oyuncu seçmesi	[ojundʒu sæʧmæsi]
shooting	çekimler	[ʧækimlær]
movie crew	çekim ekibi	[ʧækim ækibi]
movie set	plato	[plato]

camera	film kamerası	[filim kamærası]
movie theater	sinema	[sinæma]
screen (e.g., big ~)	ekran	[ækran]
to show a movie	film göstermek	[film gøstærmæk]

soundtrack	ses yolu	[sæs jolu]
special effects	özel efektler	[øzæʎ æfæktlær]
subtitles	altyazı	[altʲazı]
credits	filmin tanıtma yazıları	[filmin tanıtma jazıları]
translation	çeviri	[ʧæviri]

151. Painting

art	sanat	[sanat]
fine arts	güzel sanatlar	[gyzæʎ sanatlar]
art gallery	sanat galerisi	[sanat galærisi]
art exhibition	resim sergisi	[ræsim særgisi]

painting (art)	ressamlık	[ræssamlık]
graphic art	grafik sanatı	[grafik sanatı]
abstract art	soyut sanat	[sojut sanat]
impressionism	izlenimcilik	[izlænimʤilik]

picture (painting)	tablo, resim	[tablo], [ræsim]
drawing	resim	[ræsim]
poster	poster, afiş	[postær], [afiʃ]

illustration (picture)	çizim, resim	[ʧizim], [ræsim]
miniature	minyatür	[miɲʲatyr]
copy (of painting, etc.)	kopya	[kopja]
reproduction	reprodüksiyon	[ræprodyksijon]

mosaic	mozaik	[mozaik]
stained glass	vitray	[vitraj]
fresco	fresk	[fræsk]
engraving	gravür	[gravyr]

bust (sculpture)	büst	[byst]
sculpture	heykel	[hæjkæʎ]
statue	yontu	[jontu]
plaster of Paris	alçı, sıva	[alʧı], [sıva]
plaster (as adj)	alçıdan	[alʧıdan]

portrait	portre	[portræ]
self-portrait	kendi portresi	[kændi portræsi]
landscape painting	peyzaj	[pæjzaʒ]
still life	natürmort	[natyrmort]
caricature	karikatür	[karikatyr]
sketch	taslak	[taslak]
paint	boya	[boja]

watercolor	suluboya	[suluboja]
oil (paint)	yağlı boya	[jaːlı boja]
pencil	kurşun kalem	[kurʃun kalæm]
Indian ink	çini mürekkebi	[tʃini myrækkæbi]
charcoal	kömür	[kømyr]

to draw (vi, vt)	resim çizmek	[ræsim tʃizmæk]
to paint (vi, vt)	resim yapmak	[ræsim japmak]

to pose (vi)	poz vermek	[poz værmæk]
artist's model (masc.)	model	[modæʎ]
artist's model (fem.)	model	[modæʎ]

artist (painter)	ressam	[ræssam]
work of art	eser	[æsær]
masterpiece	şaheser	[ʃahæsær]
artist's workshop	atölye	[atøʎiæ]

canvas (cloth)	keten bezi	[kætæn bæzi]
easel	sehpa	[sæhpa]
palette	palet	[palæt]

frame (of picture, etc.)	çerçeve	[tʃærtʃævæ]
restoration	restorasyon	[ræstorasion]
to restore (vt)	restore etmek	[ræstoræ ætmæk]

152. Literature & Poetry

literature	edebiyat	[ædæbijat]
author (writer)	yazar	[jazar]
pseudonym	takma ad	[takma ad]

book	kitap	[kitap]
volume	cilt	[dʒiʎt]
table of contents	içindekiler listesi	[itʃindækilær listæsi]
page	sayfa	[sajfa]
main character	ana karakter	[ana karaktær]
autograph	imza	[imza]

short story	öykü	[øjky]
story (novella)	uzun öykü	[uzun øjky]
novel	roman	[roman]
work (writing)	eser	[æsær]
fable	fabl	[fabl]
detective novel	polisiye roman	[polisiæ roman]

poem (verse)	şiir	[ʃiːr]
poetry	şiirler	[ʃiːrlær]
poem (epic, ballad)	uzun şiir	[uzun ʃiːr]
poet	şair	[ʃair]

fiction	edebiyat	[ædæbijat]
science fiction	bilim kurgu	[bilim kurgu]
adventures	maceralar	[madʒæralar]
educational literature	eğitim edebiyatı	[æitim ædæbijatı]
children's literature	çocuk edebiyatı	[ʧodʒuk ædæbijatı]

153. Circus

circus	sirk	[sirk]
program	program	[program]
performance	gösteri	[gøstæri]
act (circus ~)	oyun	[ojun]
circus ring	arena	[aræna]

pantomime (act)	pantomim	[pantomim]
clown	palyaço	[paʎjaʧo]

acrobat	cambaz	[dʒambaz]
acrobatics	akrobasi	[akrobasi]
gymnast	jimnastikçi	[ʒimnastikʧi]
gymnastics	jimnastik	[ʒimnastik]
somersault	perende	[pærændæ]

athlete (strongman)	atlet	[atlæt]
animal-tamer	hayvan terbiyecisi	[hajvan tærbijædʒisi]
equestrian	binici	[binidʒi]
assistant	asistan	[asistan]

stunt	akrobasi	[akrobasi]
magic trick	hokkabazlık	[hokkabazlık]
conjurer, magician	sihirbaz	[sihirbaz]

juggler	hokkabaz	[hokkabaz]
to juggle (vi, vt)	hokkabazlık yapmak	[hokkabazlık japmak]
animal trainer	terbiyeci	[tærbijædʒi]
animal training	terbiye	[tærbijæ]
to train (animals)	terbiye etmek	[tærbijæ ætmæk]

154. Music. Pop music

music	müzik	[myzik]
musician	müzisyen	[myzisˈæn]
musical instrument	müzik aleti	[myzik alæti]
to play ...	... çalmak	[ʧalmak]

guitar	gitar	[gitar]
violin	keman	[kæman]
cello	viyolonsel	[violonsæl]

double bass	kontrabas	[kontrabas]
harp	arp	[arp]
piano	piyano	[pijano]
grand piano	kuyruklu piyano	[kujruklu pijano]
organ	organ	[organ]
wind instruments	nefesli çalgılar	[næfæsli tʃalgılar]
oboe	obua	[obua]
saxophone	saksofon	[saksofon]
clarinet	klarnet	[klarnæt]
flute	flüt	[flyt]
trumpet	trompet	[trompæt]
accordion	akordeon	[akordæon]
drum	davul	[davul]
duo	düet, düo	[dyæt], [dyo]
trio	trio	[trio]
quartet	kuartet, dörtlü	[kuartæt], [dørtly]
choir	koro	[koro]
orchestra	orkestra	[orkæstra]
pop music	pop müzik	[pop myzik]
rock music	rock müzik	[rok myzik]
rock group	rock grubu	[rok grubu]
jazz	caz	[dʒaz]
idol	idol	[idol]
admirer, fan	hayran	[hajran]
concert	konser	[konsær]
symphony	senfoni	[sænfoni]
composition	beste	[bæstæ]
to compose (write)	bestelemek	[bæstælæmæk]
singing	şarkı söyleme	[ʃarkı søjlæmæ]
song	şarkı	[ʃarkı]
tune (melody)	melodi	[mælodi]
rhythm	ritm	[ritm]
blues	caz	[dʒaz]
sheet music	ciltlenmemiş notalar	[dʒiltlænmæmiʃ notalar]
baton	orkestra şefinin çubuğu	[orkæstra ʃæfinin tʃubu:]
bow	keman yayı	[kæman jajı]
string	tel	[tæʎ]
case (e.g., guitar ~)	kutu	[kutu]

Rest. Entertainment. Travel

155. Trip. Travel

tourism	turizm	[turizm]
tourist	turist	[turist]
trip, voyage	seyahat	[sæjahat]
adventure	macera	[madʒæra]
trip, journey	gezi	[gæzi]
vacation	izin	[izin]
to be on vacation	izinli olmak	[izinli olmak]
rest	istirahat	[istirahat]
train	tren	[træn]
by train	trenle	[trænlæ]
airplane	uçak	[utʃak]
by airplane	uçakla	[utʃakla]
by car	arabayla	[arabajla]
by ship	gemide	[gæmidæ]
luggage	bagaj	[bagaʒ]
suitcase, luggage	bavul	[bavul]
luggage cart	bagaj arabası	[bagaʒ arabası]
passport	pasaport	[pasaport]
visa	vize	[vizæ]
ticket	bilet	[bilæt]
air ticket	uçak bileti	[utʃak bilæti]
guidebook	rehber	[ræhbær]
map	harita	[harita]
area (rural ~)	alan	[alan]
place, site	yer	[jær]
exotic (n)	egzotik	[ækzotik]
exotic (adj)	egzotik	[ækzotik]
amazing (adj)	şaşırtıcı	[ʃaʃırtıdʒı]
group	grup	[grup]
excursion	gezi	[gæzi]
guide (person)	rehber	[ræhbær]

156. Hotel

hotel	otel	[otæʎ]
motel	motel	[motæʎ]
three-star	üç yıldızlı	[jutʃ jıldızlı]
five-star	beş yıldızlı	[bæʃ jıldızlı]
to stay (in hotel, etc.)	kalmak	[kalmak]
room	oda	[oda]
single room	tek kişilik oda	[tæk kiʃilik oda]
double room	iki kişilik oda	[iki kiʃilik oda]
to book a room	oda ayırtmak	[oda aırtmak]
half board	yarım pansiyon	[jarım pansʲon]
full board	tam pansiyon	[tam pansʲon]
with bath	banyolu	[baɲolu]
with shower	duşlu	[duʃlu]
satellite television	uydu televizyonu	[ujdu tælævizʲonu]
air-conditioner	klima	[klima]
towel	havlu	[havlu]
key	anahtar	[anahtar]
administrator	idareci	[idarædʒi]
chambermaid	hizmetçi	[hizmætʃi]
porter, bellboy	hamal	[hamal]
doorman	kapıcı	[kapıdʒı]
restaurant	restoran	[ræstoran]
pub, bar	bar	[bar]
breakfast	kahvaltı	[kahvaltı]
dinner	akşam yemeği	[akʃam jæmæi]
buffet	açık büfe	[atʃık byfæ]
lobby	lobi	[lobi]
elevator	asansör	[asansør]
DO NOT DISTURB	RAHATSIZ ETMEYIN	[rahatsız ætmæjın]
NO SMOKING	SİGARA İÇİLMEZ	[sigara itʃiʎmæz]

157. Books. Reading

book	kitap	[kitap]
author	müellif	[myællif]
writer	yazar	[jazar]
to write (~ a book)	yazmak	[jazmak]
reader	okur	[okur]
to read (vi, vt)	okumak	[okumak]

reading (activity)	okuma	[okuma]
silently (to oneself)	içinden	[itʃindæn]
aloud (adv)	sesli	[sæsli]

to publish (vt)	yayımlamak	[jajımlamak]
publishing (process)	yayım	[jajım]
publisher	yayımcı	[jajımdʒı]
publishing house	yayınevi	[jajınævi]

to come out (be released)	çıkmak	[tʃıkmak]
release (of a book)	yayınlanma	[jajınlanma]
print run	tiraj	[tiraʒ]

| bookstore | kitabevi | [kitabævi] |
| library | kütüphane | [kytyphanæ] |

story (novella)	uzun öykü	[uzun øjky]
short story	öykü	[øjky]
novel	roman	[roman]
detective novel	polisiye roman	[polisʲæ roman]

memoirs	anılar	[anılar]
legend	efsane	[æfsanæ]
myth	mit	[mit]

poetry, poems	şiir	[ʃiːr]
autobiography	otobiyografi	[otobijografi]
selected works	seçkin eserler	[sætʃkin æsæerlær]
science fiction	bilim kurgu	[bilim kurgu]

title	isim	[isim]
introduction	giriş	[giriʃ]
title page	başlık sayfası	[baʃlık sajfası]

chapter	bölüm	[bølym]
extract	parça	[partʃa]
episode	kısım	[kısım]

plot (storyline)	konu, tema	[konu], [tæma]
contents	içindekiler	[itʃindækilær]
table of contents	içindekiler listesi	[itʃindækilær listæsi]
main character	ana karakter	[ana karaktær]

volume	cilt	[dʒiʎt]
cover	kapak	[kapak]
binding	cilt	[dʒiʎt]
bookmark	kitap ayracı	[kitap ajradʒı]

page	sayfa	[sajfa]
to flick through	göz atmak	[gøz atmak]
margins	kenar boşluğu	[kænar boʃluː]
annotation	not	[not]

footnote	dipnot	[dipnot]
text	metin	[mætin]
type, font	yazı tipi	[jazı tipi]
misprint, typo	baskı hatası	[baskı hatası]

translation	çeviri	[ʧæviri]
to translate (vt)	çevirmek	[ʧævirmæk]
original (n)	asıl, orijinal	[asıl], [oriʒinal]

famous (adj)	ünlü	[junly]
unknown (adj)	meçhul	[meʧhuʎ]
interesting (adj)	ilginç	[iʎginʧ]
bestseller	çok satılan kitap	[ʧok satılan kitap]

dictionary	sözlük	[søzlyk]
textbook	ders kitabı	[dærs kitabı]
encyclopedia	ansiklopedi	[ansiklopædi]

158. Hunting. Fishing

hunting	av	[av]
to hunt (vi, vt)	avlamak	[avlamak]
hunter	avcı	[avʤı]

to shoot (vi)	ateş etmek	[atæʃ ætmæk]
rifle	tüfek	[tyfæk]
bullet (shell)	fişek	[fiʃæk]
shot (lead balls)	saçma	[saʧma]

trap (e.g., bear ~)	kapan	[kapan]
snare (for birds, etc.)	tuzak	[tuzak]
to lay a trap	tuzak kurmak	[tuzak kurmak]

poacher	kaçak avcı	[kaʧak avʤı]
game (in hunting)	av hayvanları	[av hajvanları]
hound dog	av köpeği	[av køpæi]
safari	safari	[safari]
mounted animal	doldurulmuş hayvan	[doldurulmuʃ hajvan]

fisherman	balıkçı	[balıkʧı]
fishing	balık avı	[balık avı]
to fish (vi)	balık tutmak	[balık tutmak]

| fishing rod | olta | [olta] |
| fishing line | olta ipi | [olta ipi] |

hook	olta iğnesi	[olta i:næsi]
float	olta mantarı	[olta mantarı]
bait	yem	[jæm]
to cast a line	olta atmak	[olta atmak]

to bite (ab. fish)	oltaya vurmak	[oltaja vurmak]
catch (of fish)	tutulan balık miktarı	[tutulan balık miktarı]
ice-hole	buzda açılmış oyuk	[buzda atʃilmiʃ ojuk]

| fishing net | ağ | [aː] |
| boat | kayık | [kajık] |

to net (catch with net)	ağ ile yakalamak	[aː ilæ jakalamak]
to cast the net	ağ atmak	[aː atmak]
to haul in the net	ağı çıkarmak	[aːı tʃıkarmak]

whaler (person)	balina avcısı	[balina avdʒısı]
whaleboat	balina gemisi	[balina gæmisi]
harpoon	zıpkın	[zıpkın]

159. Games. Billiards

billiards	bilardo	[biʎardo]
billiard room, hall	bilardo salonu	[biʎardo salonu]
ball	bilardo topu	[biʎardo topu]

to pocket a ball	topu cebe sokmak	[topu dʒæbæ sokmak]
cue	isteka	[istæka]
pocket	cep	[dʒæp]

160. Games. Playing cards

diamonds	karo	[karo]
spades	maça	[matʃa]
hearts	kupa	[kupa]
clubs	sinek	[sinæk]

ace	bey	[bæj]
king	kral	[kral]
queen	kız	[kız]
jack, knave	vale	[valæ]

| playing card | kâğıt, iskambil kâğıdı | [kʲaıt], [iskambiʎ kaıdı] |
| cards | iskambil | [iskambiʎ] |

| trump | koz | [koz] |
| deck of cards | deste | [dæstæ] |

| to deal (vi, vt) | dağıtmak | [daıtmak] |
| to shuffle (cards) | karıştırmak | [karıʃtırmak] |

| lead, turn (n) | el | [æʎ] |
| cardsharp | hilebaz | [hilæbaz] |

155

161. Casino. Roulette

casino	**kazino**	[kazino]
roulette (game)	**rulet**	[rulæt]
bet, stake	**miza**	[miza]
to place bets	**bahse girmek**	[bahsæ girmæk]
red	**kırmızı**	[kırmızı]
black	**siyah**	[sijah]
to bet on red	**kırmızıya oynamak**	[kırmızıja ojnamak]
to bet on black	**siyaha oynamak**	[sijaha ojnamak]
croupier (dealer)	**krupiye**	[krupijæ]
to turn the wheel	**rulet tekerleğini döndürmek**	[rulæt tækærlæini døndyrmæk]
rules (of game)	**oyun kuralları**	[ojun kuralları]
chip	**fiş**	[fiʃ]
to win (vi, vt)	**kazanmak**	[kazanmak]
winnings	**kazanç**	[kazantʃ]
to lose (~ 100 dollars)	**kaybetmek**	[kajbætmæk]
loss	**kayıp**	[kajıp]
player	**oyuncu**	[ojundʒu]
blackjack (card game)	**yirmi bir oyunu**	[jırmi birⁱ ojunu]
craps (dice game)	**barbut**	[barbut]
slot machine	**oyun makinesi**	[ojun makinæsi]

162. Rest. Games. Miscellaneous

to walk, to stroll (vi)	**gezmek**	[gæzmæk]
walk, stroll	**gezi**	[gæzi]
road trip	**yol gezisi**	[jol gæzisi]
adventure	**macera**	[madʒæra]
picnic	**piknik**	[piknik]
game (chess, etc.)	**oyun**	[ojun]
player	**oyuncu**	[ojundʒu]
game (one ~ of chess)	**parti**	[parti]
collector (e.g., philatelist)	**koleksiyoncu**	[kolæksⁱondʒu]
to collect (vt)	**toplamak**	[toplamak]
collection	**koleksiyon**	[kolæksⁱon]
crossword puzzle	**bulmaca**	[bulmadʒa]
racetrack (hippodrome)	**hipodrom**	[hipodrom]
discotheque	**disko**	[disko]
sauna	**sauna**	[sauna]

lottery	piyango	[pijaŋo]
camping trip	kamp yapma	[kamp japma]
camp	kamp	[kamp]
tent (for camping)	çadır	[ʧadır]
compass	pusula	[pusula]
camper	kampçı	[kampʧı]

to watch (movie, etc.)	izlemek	[izlæmæk]
viewer	izleyici	[izlæjıdʒi]
TV show	televizyon programı	[tælævizⁱon programı]

163. Photography

| camera (photo) | fotoğraf makinesi | [fotoraf makinæsi] |
| photo, picture | foto | [foto] |

photographer	fotoğrafçı	[fotoraftʧi]
photo studio	fotoğraf stüdyosu	[fotoraf stydⁱosu]
photo album	fotoğraf albümü	[fotoraf aʎbymy]

camera lens	objektif	[obʒæktif]
telephoto lens	teleobjektif	[tælæobʒæktif]
filter	filtre	[fiʎtræ]
lens	lens	[læns]

optics (high-quality ~)	optik	[optik]
diaphragm (aperture)	diyafram	[diafram]
exposure time	poz	[poz]
viewfinder	vizör	[vizør]
digital camera	dijital fotoğraf makinesi	[diʒital fotoraf makinæsi]
tripod	üçayak	[jutʧajak]
flash	flâş	[fʎaʃ]

to photograph (vt)	fotoğraf çekmek	[fotoraf ʧækmæk]
to take pictures	resim çekmek	[ræsim ʧækmæk]
to be photographed	fotoğraf çektirmek	[fotoraf ʧæktirmæk]

focus	odak	[odak]
to adjust the focus	odaklamak	[odaklamak]
sharp, in focus (adj)	net	[næt]
sharpness	netlik	[nætlik]

| contrast | kontrast | [kontrast] |
| contrasty (adj) | kontrastlı | [kontrastlı] |

picture (photo)	resim	[ræsim]
negative (n)	negatif	[nægatif]
film (a roll of ~)	film	[film]
frame (still)	görüntü	[gørynty]
to print (photos)	basmak	[basmak]

164. Beach. Swimming

beach	plaj	[pʎaʒ]
sand	kum	[kum]
deserted (beach)	tenha	[tænha]

suntan	bronzlaşmış ten	[bronzlaʃmɪʃ tæn]
to get a tan	bronzlaşmak	[bronzlaʃmak]
tan (adj)	bronzlaşmış	[bronzlaʃmɪʃ]
sunscreen	güneş kremi	[gynæʃ kræmi]

bikini	bikini	[bikini]
bathing suit	mayo	[majo]
swim briefs	erkek mayosu	[ærkæk majosu]

swimming pool	havuz	[havuz]
to swim (vi)	yüzmek	[juzmæk]
shower	duş	[duʃ]
to change (one's clothes)	değişmek	[dæiʃmæk]
towel	havlu	[havlu]

boat	kayık	[kajɪk]
motorboat	sürat teknesi	[syrat tæknæsi]

water ski	su kayağı	[su kajaɪ]
paddle boat	su bisikleti	[su bisiklæti]
surfing	sörfçülük	[sørftʃulyk]
surfer	sörfçü	[sørftʃu]

scuba set	skuba, oksijen tüpü	[skuba], [oksiʒæn typy]
flippers (swimfins)	paletler	[palætlær]
mask	maske	[maskæ]
diver	dalgıç	[dalgɪtʃ]
to dive (vi)	dalmak	[dalmak]
underwater (adv)	su altı	[su altı]

beach umbrella	güneş şemsiyesi	[gynæʃ ʃæmsijæsi]
beach chair	şezlong	[ʃæzloŋ]
sunglasses	güneş gözlüğü	[gynæʃ gøzlyju]
air mattress	şişme yatak	[ʃiʃmæ jatak]

to play (amuse oneself)	oynamak	[ojnamak]
to go for a swim	suya girmek	[suja girmæk]

beach ball	top	[top]
to inflate (vt)	hava basmak	[hava basmak]
inflatable, air- (adj)	şişme	[ʃiʃmæ]

wave	dalga	[dalga]
buoy	şamandıra	[ʃamandıra]
to drown (ab. person)	suda boğulmak	[suda boulmak]

to save, to rescue	kurtarmak	[kurtarmak]
life vest	can yeleği	[dʒan jælæi]
to observe, to watch	gözlemlemek	[gøzlæmlæmæk]
lifeguard	cankurtaran	[dʒaŋkurtaran]

TECHNICAL EQUIPMENT. TRANSPORTATION

Technical equipment

165. Computer

computer	bilgisayar	[biʎgisajar]
notebook, laptop	dizüstü bilgisayar	[dizysty bilgisajar]
to turn on	açmak	[atʃmak]
to turn off	kapatmak	[kapatmak]
keyboard	klavye	[klavʲæ]
key	tuş	[tuʃ]
mouse	fare	[faræ]
mouse pad	fare altlığı	[faræ altlı:]
button	tuş	[tuʃ]
cursor	fare imleci	[faræ imlædʒi]
monitor	monitör	[monitør]
screen	ekran	[ækran]
hard disk	sabit disk	[sabit disk]
hard disk volume	sabit disk hacmi	[sabit disk hadʒmi]
memory	bellek	[bællæk]
random access memory	RAM belleği	[ram bællæi]
file	dosya	[dosja]
folder	klasör	[klasør]
to open (vt)	açmak	[atʃmak]
to close (vt)	kapatmak	[kapatmak]
to save (vt)	kaydetmek	[kajdætmæk]
to delete (vt)	silmek	[siʎmæk]
to copy (vt)	kopyalamak	[kopjalamak]
to sort (vt)	sıralamak	[sıralamak]
to transfer (copy)	kopyalamak	[kopjalamak]
program	program	[program]
software	yazılım	[jazılım]
programmer	programcı	[programdʒı]
to program (vt)	program yapmak	[program japmak]
hacker	hekır	[hækır]
password	parola	[parola]

virus	virüs	[virys]
to find, to detect	tespit etmek, bulmak	[tæspit ætmæk], [bulmak]

byte	bayt	[bajt]
megabyte	megabayt	[mægabajt]

data	veri, data	[væri], [data]
database	veritabanı	[væritabanı]

cable (USB, etc.)	kablo	[kablo]
to disconnect (vt)	bağlantıyı kesmek	[ba:lantıı kæsmæk]
to connect (sth to sth)	bağlamak	[ba:lamak]

166. Internet. E-mail

Internet	internet	[intærnæt]
browser	gözatıcı	[gøzatidʒı]
search engine	arama motoru	[arama motoru]
provider	Internet sağlayıcı	[intærnæt sa:laidʒi]

web master	Web master	[væb mastær]
website	internet sitesi	[intærnæt sitæsi]
web page	internet sayfası	[intærnæt sajfası]

address	adres	[adræs]
address book	adres defteri	[adræs dæftæri]

mailbox	posta kutusu	[posta kutusu]
mail	posta	[posta]

message	mesaj	[mæsaʒ]
sender	gönderen	[gøndæræn]
to send (vt)	göndermek	[gøndærmæk]
sending (of mail)	gönderme	[gøndærmæ]

receiver	alıcı	[alıdʒı]
to receive (vt)	almak	[almak]

correspondence	yazışma	[jazıʃma]
to correspond (vi)	yazışmak	[jazıʃmak]

file	dosya	[dosja]
to download (vt)	indirmek	[indirmæk]
to create (vt)	oluşturmak	[oluʃturmak]
to delete (vt)	silmek	[siʎmæk]
deleted (adj)	silinmiş	[silinmiʃ]

connection (ADSL, etc.)	bağlantı	[ba:lantı]
speed	hız	[hız]
modem	modem	[modæm]

access	erişim	[ærifim]
port (e.g., input ~)	port, giriş yeri	[port], [girif jæri]
connection (make a ~)	bağlantı	[ba:lantı]
to connect to ... (vi)	... bağlanmak	[ba:lanmak]
to select (vt)	seçmek	[sætʃmæk]
to search (for ...)	aramak	[aramak]

167. Electricity

electricity	elektrik	[ælæktrik]
electrical (adj)	elektrik, elektrikli	[ælæktrik], [ælæktrikli]
electric power station	elektrik istasyonu	[ælæktrik istasˈonu]
energy	enerji	[ænærʒi]
electric power	elektrik enerjisi	[ælæktrik ænærʒisi]
light bulb	ampul	[ampuʎ]
flashlight	fener	[fænær]
street light	sokak lambası	[sokak lambası]
light	ışık	[ıfık]
to turn on	açmak	[atʃmak]
to turn off	kapatmak	[kapatmak]
to turn off the light	ışıkları kapatmak	[ıfıkları kapatmak]
to burn out (vi)	yanıp bitmek	[janip bitmæk]
short circuit	kısa devre	[kısa dævræ]
broken wire	kopuk tel	[kopuk tæl]
contact	kontak	[kontak]
light switch	elektrik düğmesi	[ælæktrik dyjmæsi]
wall socket	priz	[priz]
plug	fiş	[fif]
extension cord	uzatma kablosu	[uzatma kablosu]
fuse	sigorta	[sigorta]
cable, wire	tel	[tæʎ]
wiring	elektrik hatları	[ælæktrik hatları]
ampere	amper	[ampær]
amperage	akim yeginligi	[akim jæginligi]
volt	volt	[voʎt]
voltage	gerilim	[gærilim]
electrical device	elektrikli alet	[ælæktrikli alæt]
indicator	indikatör	[indikatør]
electrician	elektrikçi	[ælæktriktʃi]
to solder (vt)	lehimlemek	[læhimlæmæk]

soldering iron	lehim aleti	[læhim alæti]
electric current	akım, cereyan	[akım], [ʤæræjan]

168. Tools

tool, instrument	alet	[alæt]
tools	aletler	[alætlær]
equipment (factory ~)	ekipman	[ækipman]

hammer	çekiç	[ʧækiʧ]
screwdriver	tornavida	[tornavida]
ax	balta	[balta]

saw	testere	[tæstæræ]
to saw (vt)	testere ile kesmek	[tæstæræ ilæ kæsmæk]
plane (tool)	rende	[rændæ]
to plane (vt)	rendelemek	[rændælæmæk]
soldering iron	lehim aleti	[læhim alæti]
to solder (vt)	lehimlemek	[læhimlæmæk]

file (for metal)	eğe	[æjæ]
carpenter pincers	kerpeten	[kærpætæn]
lineman's pliers	pense	[pænsæ]
chisel	keski	[kæski]

drill bit	matkap ucu	[matkap uʤu]
electric drill	elektrikli matkap	[ælæktrikli matkap]
to drill (vi, vt)	delmek	[dæʌmæk]

knife	bıçak	[bıʧak]
pocket knife	çakı	[ʧakı]
folding (~ knife)	katlanır	[katlanır]
blade	ağız	[aız]

sharp (blade, etc.)	sivri, keskin	[sivri], [kæskin]
blunt (adj)	kör	[kør]
to become blunt	körleşmek	[kørlæʃmæk]
to sharpen (vt)	keskinleştirmek	[kæskinlæʃtirmæk]

bolt	cıvata	[ʤıvata]
nut	somun	[somun]
thread (of a screw)	vida dişi	[vida diʃi]
wood screw	vida	[vida]

nail	çivi	[ʧivi]
nailhead	çivi başı	[ʧivi baʃı]

ruler (for measuring)	cetvel	[ʤætvæʌ]
tape measure	şerit metre	[ʃærit mætræ]
spirit level	su terazisi	[su tærazisi]

magnifying glass	büyüteç	[byjutætʃ]
measuring instrument	ölçme aleti	[øʎtʃmæ alæti]
to measure (vt)	ölçmek	[øʎtʃmæk]
scale	skala, ölçek	[skala], [øʎtʃæk]
(of thermometer, etc.)		
readings	gösterge değeri	[gøstærgæ dæ:ri]
compressor	kompresör	[kompræsør]
microscope	mikroskop	[mikroskop]

pump (e.g., water ~)	pompa	[pompa]
robot	robot	[robot]
laser	lazer	[lazær]

wrench	somun anahtarı	[somun anahtarı]
adhesive tape	koli bantı	[koli bantı]
glue	yapıştırıcı	[japıʃtırıdʒı]

emery paper	zımpara	[zımpara]
spring	yay	[jaj]
magnet	mıknatıs	[mıknatıs]
gloves	eldiven	[æʎdivæn]

rope	ip	[ip]
cord	kordon, ip	[kordon], [ip]
wire (e.g., telephone ~)	tel	[tæʎ]
cable	kablo	[kablo]

sledgehammer	varyos	[varʲos]
crowbar	levye	[lævʲæ]
ladder	merdiven	[mærdivæn]
stepladder	dayama merdiven	[dajama mærdivæn]

to screw (tighten)	sıkıştırmak	[sıkıʃtırmak]
to unscrew, untwist (vt)	sökmek	[søkmæk]
to tighten (vt)	sıkıştırmak	[sıkıʃtırmak]
to glue, to stick	yapıştırmak	[japıʃtırmak]
to cut (vt)	kesmek	[kæsmæk]

malfunction (fault)	arıza	[arıza]
repair (mending)	tamirat	[tamirat]
to repair, to mend (vt)	tamir etmek	[tamir ætmæk]
to adjust (machine, etc.)	ayarlamak	[ajarlamak]

to check (to examine)	kontrol etmek	[kontroʎ ætmæk]
checking	kontrol, deneme	[kontroʎ], [dænæmæ]
readings	gösterge değeri	[gøstærgæ dæ:ri]

reliable (machine)	sağlam	[sa:lam]
complicated (adj)	karmaşık	[karmaʃık]
to rust (get rusted)	paslanmak	[paslanmak]
rusty, rusted (adj)	paslanmış	[paslanmıʃ]
rust	pas	[pas]

Transportation

169. Airplane

airplane	uçak	[utʃak]
air ticket	uçak bileti	[utʃak bilæti]
airline	hava yolları şirketi	[hava jolları ʃirkæti]
airport	havaalanı	[hava:lanı]
supersonic (adj)	sesüstü	[sæsysty]
captain	kaptan pilot	[kaptan pilot]
crew	ekip	[ækip]
pilot	pilot	[pilot]
flight attendant	hostes	[hostæs]
navigator	seyrüseferci	[sæjrysæfærdʒi]
wings	kanatlar	[kanatlar]
tail	kuyruk	[kujruk]
cockpit	kabin	[kabin]
engine	motor	[motor]
undercarriage	iniş takımı	[iniʃ takımı]
turbine	türbin	[tyrbin]
propeller	pervane	[pærvanæ]
black box	kara kutu	[kara kutu]
control column	kumanda kolu	[kumanda kolu]
fuel	yakıt	[jakıt]
safety card	güvenlik kartı	[gyvænlik kartı]
oxygen mask	oksijen maskesi	[oksiʒæn maskæsi]
uniform	üniforma	[juniforma]
life vest	can yeleği	[dʒan jælæi]
parachute	paraşüt	[paraʃyt]
takeoff	kalkış	[kalkıʃ]
to take off (vi)	kalkmak	[kalkmak]
runway	kalkış pisti	[kalkıʃ pisti]
visibility	görüş	[gøryʃ]
flight (act of flying)	uçuş	[utʃuʃ]
altitude	yükseklik	[juksæklik]
air pocket	hava boşluğu	[hava boʃlu:]
seat	yer	[jær]
headphones	kulaklık	[kulaklık]
folding tray	katlanır tepsi	[katlanır tæpsi]

| airplane window | pencere | [pændʒæræ] |
| aisle | koridor | [koridor] |

170. Train

train	tren	[træn]
suburban train	elektrikli tren	[ælæktrikli træn]
express train	hızlı tren	[hızlı træn]
diesel locomotive	dizel lokomotifi	[dizæʎ lokomotifi]
steam engine	lokomotif	[lokomotif]

| passenger car | vagon | [vagon] |
| dining car | vagon restoran | [vagon ræstoran] |

rails	ray	[raj]
railroad	demir yolu	[dæmir jolu]
railway tie	travers	[traværs]

platform (railway ~)	peron	[pæron]
track (~ 1, 2, etc.)	yol	[jol]
semaphore	semafor	[sæmafor]
station	istasyon	[istasʲon]

engineer	makinist	[makinist]
porter (of luggage)	hamal	[hamal]
train steward	kondüktör	[kondyktør]
passenger	yolcu	[joldʒu]
conductor	kondüktör	[kondyktør]

| corridor (in train) | koridor | [koridor] |
| emergency break | imdat freni | [imdat fræni] |

compartment	kompartıman	[kompartıman]
berth	yatak	[jatak]
upper berth	üst yatak	[just jatak]
lower berth	alt yatak	[alt jatak]
bed linen	yatak takımı	[jatak takımı]

ticket	bilet	[bilæt]
schedule	tarife	[tarifæ]
information display	sefer tarifesi	[sæfær tarifæsi]

to leave, to depart	kalkmak	[kalkmak]
departure (of train)	kalkış	[kalkıʃ]
to arrive (ab. train)	varmak	[varmak]
arrival	varış	[varıʃ]

to arrive by train	trenle gelmek	[trænlæ gæʎmæk]
to get on the train	trene binmek	[trænæ binmæk]
to get off the train	trenden inmek	[trændæn inmæk]

steam engine	lokomotif	[lokomotif]
stoker, fireman	ocakçı	[odʒaktʃɪ]
firebox	ocak	[odʒak]
coal	kömür	[kømyr]

171. Ship

| ship | gemi | [gæmi] |
| vessel | tekne | [tæknæ] |

steamship	vapur	[vapur]
riverboat	dizel motorlu gemi	[dizæʎ motorlu gæmi]
ocean liner	büyük gemi	[byjuk gæmi]
cruiser	kruvazör	[kruvazør]

yacht	yat	[jat]
tugboat	römorkör	[rømorkør]
barge	yük dubası	[juk dubasɪ]
ferry	feribot	[færibot]

| sailing ship | yelkenli gemi | [jælkænli gæmi] |
| brigantine | gulet | [gulæt] |

| ice breaker | buzkıran | [buzkɪran] |
| submarine | denizaltı | [dænizaltɪ] |

boat (flat-bottomed ~)	kayık	[kajɪk]
dinghy	filika	[filika]
lifeboat	cankurtaran filikası	[dʒaŋkurtaran filikasɪ]
motorboat	sürat teknesi	[syrat tæknæsi]

captain	kaptan	[kaptan]
seaman	tayfa	[tajfa]
sailor	denizci	[dænizdʒi]
crew	mürettebat	[myrættæbat]

boatswain	lostromo	[lostromo]
ship's boy	miço	[mitʃo]
cook	gemi aşçısı	[gæmi aʃtʃɪsɪ]
ship's doctor	gemi doktoru	[gæmi doktoru]

deck	güverte	[gyværtæ]
mast	direk	[diræk]
sail	yelken	[jæʎkæn]

hold	ambar	[ambar]
bow (prow)	geminin baş tarafı	[gæminin baʃ tarafɪ]
stern	kıç	[kɪtʃ]
oar	kürek	[kyræk]
screw propeller	pervane	[pærvanæ]

cabin	kamara	[kamara]
wardroom	subay yemek salonu	[subaj jæmæk salonu]
engine room	makine dairesi	[makinæ dairæsi]
bridge	kaptan köprüsü	[kaptan køprysy]
radio room	telsiz odası	[tælsiz odası]
wave (radio)	dalga	[dalga]
logbook	gemi jurnali	[gæmi ʒurnalı]

spyglass	tek dürbün	[tæk dyrbyn]
bell	çan	[ʧan]
flag	bayrak	[bajrak]

rope (mooring ~)	halat	[halat]
knot (bowline, etc.)	düğüm	[dyjum]

deckrail	vardavela	[vardavæla]
gangway	iskele	[iskælæ]

anchor	çapa, demir	[ʧapa], [dæmir]
to weigh anchor	demir almak	[dæmir almak]
to drop anchor	demir atmak	[dæmir atmak]
anchor chain	çapa zinciri	[ʧapa zindʒiri]

port (harbor)	liman	[liman]
berth, wharf	iskele, rıhtım	[iskælæ], [rihtim]
to berth (moor)	yanaşmak	[janaʃmak]
to cast off	iskeleden ayrılmak	[iskælædæn ajrılmak]

trip, voyage	seyahat	[sæjahat]
cruise (sea trip)	gemi turu	[gæmi turu]
course (route)	seyir	[sæjır]
route (itinerary)	rota	[rota]

fairway	seyir koridoru	[sæjır koridoru]
shallows (shoal)	sığlık	[sı:lık]
to run aground	karaya oturmak	[karaja oturmak]

storm	fırtına	[fırtına]
signal	sinyal	[sinjaʎ]
to sink (vi)	batmak	[batmak]
SOS	SOS	[æs o æs]
ring buoy	can simidi	[dʒan simidi]

172. Airport

airport	havaalanı	[hava:lanı]
airplane	uçak	[uʧak]
airline	hava yolları şirketi	[hava jolları ʃirkæti]
air-traffic controller	hava trafik kontrolörü	[hava trafik kontroløry]
departure	kalkış	[kalkıʃ]

arrival	varış	[varıʃ]
to arrive (by plane)	varmak	[varmak]

departure time	kalkış saati	[kalkıʃ sa:ti]
arrival time	iniş saati	[iniʃ sa:ti]

to be delayed	gecikmek	[gædʒikmæk]
flight delay	gecikme	[gædʒikmæ]

information board	bilgi panosu	[biʎgi panosu]
information	danışma	[danıʃma]
to announce (vt)	anons etmek	[anons ætmæk]
flight (e.g., next ~)	uçuş, sefer	[utʃuʃ], [sæfær]

customs	gümrük	[gymryk]
customs officer	gümrükçü	[gymryktʃu]

customs declaration	gümrük beyannamesi	[gymryk bæjaŋamæsi]
to fill out the declaration	beyanname doldurmak	[bæjaŋamæ doldurmak]
passport control	pasaport kontrol	[pasaport kontroʎ]

luggage	bagaj	[bagaʒ]
hand luggage	el bagajı	[æʎ bagaʒı]
Lost Luggage Desk	kayıp eşya bürosu	[kajıp æʃja byrosu]
luggage cart	bagaj arabası	[bagaʒ arabası]

landing	iniş	[iniʃ]
landing strip	iniş pisti	[iniʃ pisti]
to land (vi)	inmek	[inmæk]
airstairs	uçak merdiveni	[utʃak mærdivæni]

check-in	check-in	[tʃækin]
check-in desk	kontuar check-in	[kontuar tʃækin]
to check-in (vi)	check-in yapmak	[tʃækin japmak]
boarding pass	biniş kartı	[biniʃ kartı]
departure gate	çıkış kapısı	[tʃıkıʃ kapısı]

transit	transit	[transit]
to wait (vt)	beklemek	[bæklæmæk]
departure lounge	bekleme salonu	[bæklæmæ salonu]
to see off	yolcu etmek	[joldʒu ætmæk]
to say goodbye	vedalaşmak	[vædalaʃmak]

173. Bicycle. Motorcycle

bicycle	bisiklet	[bisiklæt]
scooter	scooter	[skutær]
motorcycle, bike	motosiklet	[motosiklæt]
to go by bicycle	bisikletle gitmek	[bisiklætlæ gitmæk]
handlebars	gidon	[gidon]

pedal	**pedal**	[pædaʎ]
brakes	**fren, frenler**	[fræn], [frænlær]
bicycle seat	**bisiklet selesi**	[bisiklæt sælæsi]

pump	**pompa**	[pompa]
luggage rack	**bisiklet bagajı**	[bisiklæt bagaʒi]
front lamp	**ön lamba**	[øn lamba]
helmet	**kask**	[kask]

wheel	**tekerlek**	[tækærlæk]
fender	**çamurluk**	[ʧamurluk]
rim	**jant**	[ʒant]
spoke	**jant teli**	[ʒant tæli]

Cars

174. Types of cars

automobile, car	araba	[araba]
sports car	spor araba	[spor araba]
limousine	limuzin	[limuzin]
off-road vehicle	arazi aracı	[arazi aradʒi]
convertible	üstü açılabilir araba	[justy atʃilabilir araba]
minibus	minibüs	[minibys]
ambulance	ambulans	[ambulans]
snowplow	kar temizleme aracı	[kar tæmizlæmæ aradʒı]
truck	kamyon	[kamʲon]
tank truck	akaryakıt tankeri	[akarjakıt taŋkæri]
van (small truck)	kamyonet	[kamʲonæt]
tractor (big rig)	tır çekici	[tir tʃækidʒı]
trailer	römork	[rømork]
comfortable (adj)	konforlu	[konforlu]
second hand (adj)	kullanılmış	[kullanılmıʃ]

175. Cars. Bodywork

hood	kaporta	[kaporta]
fender	çamurluk	[tʃamurluk]
roof	çatı	[tʃatı]
windshield	ön cam	[øn dʒam]
rear-view mirror	dikiz aynası	[dikiz ajnası]
windshield washer	ön cam yıkayıcı	[øn dʒam jıkajıdʒi]
windshield wipers	silecek	[silædʒæk]
side window	yan camisi	[jan dʒamisi]
window lift	cam krikosu	[dʒam krikosu]
antenna	anten	[antæn]
sun roof	açılır tavan	[atʃılır tavan]
bumper	tampon	[tampon]
trunk	bagaj	[bagaʒ]
door	kapı	[kapı]
door handle	kapı kolu	[kapı kolu]

door lock	kilit	[kilit]
license plate	plaka	[plaka]
muffler	susturucu	[susturudʒu]
gas tank	benzin deposu	[bænzin dæposu]
tail pipe	egzoz borusu	[ægzoz borusu]

gas, accelerator	gaz	[gaz]
pedal	pedal	[pædaʎ]
gas pedal	gaz pedalı	[gaz pædalı]

brake	fren	[fræn]
brake pedal	fren pedalı	[fræn pædalı]
to slow down (to brake)	yavaşlamak	[javaʃlamak]
parking brake	el freni	[æʎ fræni]

clutch	debriyaj	[dæbrijaʒ]
clutch pedal	debriyaj pedalı	[dæbrijaʒ pædalı]
clutch plate	debriyaj diski	[dæbrijaʒ diski]
shock absorber	amortisör	[amortisør]
wheel	tekerlek	[tækærlæk]
spare tire	istepne	[istæpnæ]
hubcap	jant kapağı	[ʒant kapaı]

driving wheels	çalıştırma dişlisi	[tʃalıʃtırma diʃlisi]
front-wheel drive (as adj)	önden çekişli	[øndæn tʃækiʃli]
rear-wheel drive (as adj)	arkadan çekişli	[arkadan tʃækiʃli]
all-wheel drive (as adj)	dört çeker	[dørt tʃækær]

gearbox	vites kutusu	[vitæs kutusu]
automatic (adj)	otomatik	[otomatik]
mechanical (adj)	mekanik	[mækanik]
gear shift	vites kolu	[vitæs kolu]

| headlight | far | [far] |
| headlights | farlar | [farlar] |

low beam	kısa huzmeli	[kısa huzmæli]
high beam	uzun huzmeli farlar	[uzun hyzmæli farlar]
brake light	fren lambası	[fræn lambası]

parking lights	park lambası	[park lambası]
hazard lights	tehlike uyarı ışığı	[tæhlikæ ujarı iʃı:]
fog lights	sis lambaları	[sis lambaları]
turn signal	dönüş sinyali	[dønyʃ sinjali]
back-up light	geri vites lambası	[gæri vitæs lambası]

176. Cars. Passenger compartment

| car inside | arabanın içi | [arabanın itʃi] |
| leather (as adj) | deri | [dæri] |

| velour (as adj) | velur | [vælyr] |
| upholstery | iç döşeme | [itʃ døʃæmæ] |

instrument (gage)	gösterge	[gøstærgæ]
dashboard	gösterge paneli	[gøstærgæ panæli]
speedometer	hız göstergesi	[hız gøstærgæsi]
needle (pointer)	ibre	[ibræ]

odometer	kilometre sayacı	[kilomætræ sajadʒı]
indicator (sensor)	sensör	[sænsør]
level	seviye	[sævijæ]
warning light	gösterge lambası	[gøstærgæ lambası]

steering wheel	direksiyon	[diræksʲon]
horn	klakson sesi	[klakson sæsi]
button	düğme	[dyjmæ]
switch	şalteri	[ʃaltæri]

seat	koltuk	[koltuk]
backrest	arka koltuk	[arka koltuk]
headrest	koltuk başlığı	[koltuk baʃlı:]
seat belt	emniyet kemeri	[æmnijæt kæmæri]
to fasten the belt	emniyet kemeri takmak	[æmnijæt kæmæri takmak]
adjustment (of seats)	ayarlama	[ajarlama]

| airbag | hava yastığı, airbag | [hava jastı:], [aırbag] |
| air-conditioner | klima | [klima] |

radio	radyo	[radʲo]
CD player	CD çalar	[sidi tʃalar]
to turn on	açmak	[atʃmak]
antenna	anten	[antæn]
glove box	torpido gözü	[torpido gøzly]
ashtray	küllük	[kyllyk]

177. Cars. Engine

engine	makina	[makina]
motor	motor	[motor]
diesel (as adj)	dizel	[dizæl]
gasoline (as adj)	benzinli	[bænzinlı]

engine volume	motor hacmi	[motor hadʒmi]
power	güç	[gytʃ]
horsepower	beygir gücü	[bæjgir gydʒy]
piston	piston	[piston]
cylinder	silindir	[silindir]
valve	supap	[supap]
injector	enjektör	[ænʒæktør]

173

generator	jeneratör	[ʒænæratør]
carburetor	karbüratör	[karbyratør]
engine oil	motor yağı	[motor jaı]
radiator	radyatör	[radjatør]
coolant	soğutucu sıvı	[soutudʒu sıvı]
cooling fan	soğutma fanı	[soutma fanı]
battery (accumulator)	akü	[aky]
starter	marş, starter	[marʃ], [startær]
ignition	ateşleme	[atæʃlæmæ]
spark plug	ateşleme bujisi	[atæʃlæmæ buʒisi]
terminal (of battery)	kutup, terminal	[kytyp], [tærminal]
positive terminal	artı kutup	[artı kutup]
negative terminal	eksi kutup	[æksi kutup]
fuse	sigorta	[sigorta]
air filter	hava filtresi	[hava fiʌtræsi]
oil filter	yağ filtresi	[ja: fiʌtræsi]
fuel filter	yakıt filtresi	[jakıt fiʌtræsi]

178. Cars. Crash. Repair

car accident	kaza	[kaza]
road accident	trafik kazası	[trafik kazası]
to run into ...	bindirmek	[bindirmæk]
to have an accident	kaza yapmak	[kaza japmak]
damage	hasar	[hasar]
intact (adj)	sağlam	[sa:lam]
breakdown	arıza	[arıza]
to break down (vi)	arıza yapmak	[arıza japmak]
towrope	çekme halatı	[tʃækmæ halatı]
puncture	delik	[dælik]
to be flat	sönmek	[sønmæk]
to pump up	hava basmak	[hava basmak]
pressure	basınç	[basıntʃ]
to check (to examine)	kontrol etmek	[kontroʌ ætmæk]
repair	tamirat	[tamirat]
auto repair shop	tamirhane	[tamirhanæ]
spare part	yedek parça	[jædæk partʃa]
part	parça	[partʃa]
bolt (with nut)	cıvata	[dʒıvata]
screw bolt (without nut)	vida	[vida]
nut	somun	[somun]
washer	pul	[pul]

bearing	rulman	[rulman]
tube	hortum, boru	[hortum], [boru]
gasket (head ~)	conta	[dʒonta]
cable, wire	tel	[tæʎ]

jack	kriko	[kriko]
wrench	somun anahtarı	[somun anahtarı]
hammer	çekiç	[tʃækitʃ]
pump	pompa	[pompa]
screwdriver	tornavida	[tornavida]

| fire extinguisher | yangın tüpü | [jaŋın typy] |
| warning triangle | üçgen reflektör | [jutʃgæn ræflæktor] |

to stall (vi)	durmak	[durmak]
stalling	arızalanıp stop etme	[arızalanıp stop ætmæ]
to be broken	bozuk olmak	[bozuk olmak]

to overheat (vi)	aşırı ısınmak	[aʃırı isınmak]
to be clogged up	tıkanmak	[tıkanmak]
to freeze up (pipes, etc.)	donmak	[donmak]
to burst (vi, ab. tube)	patlamak	[patlamak]

pressure	basınç	[basıntʃ]
level	seviye	[sævijæ]
slack (~ belt)	gevşek	[gævʃæk]

dent	ezik, vuruk	[æzik], [vuruk]
abnormal noise (motor)	gürültü	[gyrylty]
crack	çatlak	[tʃatlak]
scratch	çizik	[tʃizik]

179. Cars. Road

road	yol	[jol]
highway	otoban	[otoban]
freeway	şose	[ʃosæ]
direction (way)	istikamet	[istikamæt]
distance	mesafe	[mæsafæ]

bridge	köprü	[køpry]
parking lot	park yeri	[park jæri]
square	meydan	[mæjdan]
interchange	kavşak	[kavʃak]
tunnel	tünel	[tynæʎ]

gas station	yakıt istasyonu	[jakıt istasʲonu]
parking lot	otopark	[otopark]
gas pump	benzin pompası	[bænzin pompası]
auto repair shop	tamirhane	[tamirhanæ]

to get gas	depoyu doldurmak	[dæpoju doldurmak]
fuel	yakıt	[jakıt]
jerrycan	benzin bidonu	[bænzin bidonu]

asphalt	asfalt	[asfaʌt]
road markings	yol çizgileri	[jol tʃizgilæri]
curb	bordür	[bordyr]
guardrail	otoyol korkuluk	[otojol korkylyk]
ditch	hendek	[hændæk]
roadside (shoulder)	yol kenarı	[jol kænarı]
lamppost	direk	[diræk]

to drive (a car)	sürmek	[syrmæk]
to turn (~ to the left)	dönmek	[dønmæk]
to make a U-turn	U dönüşü yapmak	[u dønyʃy japmak]
reverse (~ gear)	geri vites	[gæri vitæs]

to honk (vi)	korna çalmak	[korna tʃalmak]
honk (sound)	korna sesi	[korna sæsi]
to get stuck	saplanmak	[saplanmak]
to spin (in mud)	patinaj yapmak	[patinaʒ japmak]
to cut, to turn off	motoru durdurmak	[motoru durdurmak]

speed	hız	[hız]
to exceed the speed limit	hız limitini aşmak	[hız limitini aʃmak]
to give a ticket	ceza kesmek	[dʒæza kæsmæk]
traffic lights	trafik ışıkları	[trafik iʃıkları]
driver's license	ehliyet	[æhlijæt]

grade crossing	hemzemin geçit	[hæmzæmin gætʃit]
intersection	kavşak	[kavʃak]
crosswalk	yaya geçidi	[jaja gætʃidi]
bend, curve	viraj	[viraʒ]
pedestrian zone	yaya bölgesi	[jaja bølgæsi]

180. Traffic signs

rules of the road	trafik kuralları	[trafik kuralları]
traffic sign	işaret	[iʃaræt]
passing (overtaking)	geçme	[gætʃmæ]
curve	viraj	[viraʒ]
U-turn	u dönüşü	[u dønyʃy]
traffic circle	döner kavşak	[dønær kavʃak]

No entry	taşıt giremez	[taʃit giræmæz]
No vehicles allowed	taşıt trafiğine kapalı	[taʃit trafi:næ kapalı]
No passing	öndeki taşıtı	[øndæki taʃıtı
	geçmek yasaktır	gætʃmæk jasaktır]
No parking	parketmek yasaktır	[parkætmæk jasaktır]
No stopping	duraklamak yasaktır	[duraklamak jasaktır]

dangerous turn	tehlikeli viraj	[tæhlikæli viraʒ]
steep descent	dik yokuş	[dik jokuʃ]
one-way traffic	tek yönlü yol	[tæk jonly jol]
crosswalk	yaya geçidi	[jaja gætʃidi]
slippery road	kaygan yol	[kajgan jol]
YIELD	yol ver	[jol vær]

PEOPLE. LIFE EVENTS

Life events

181. Holidays. Event

celebration, holiday	bayram	[bajram]
national day	ulusal bayram	[ulusal bajram]
public holiday	bayram günü	[bajram gyny]
to commemorate (vt)	onurlandırmak	[onurlandırmak]
event (happening)	olay	[olaj]
event (organized activity)	olay	[olaj]
banquet (party)	ziyafet	[zijafæt]
reception (formal party)	kabul töreni	[kabul tøræni]
feast	şölen	[ʃolæn]
anniversary	yıldönümü	[jıldønymy]
jubilee	jübile	[ʒybilæ]
to celebrate (vt)	kutlamak	[kutlamak]
New Year	Yıl başı	[jıl baʃı]
Happy New Year!	Mutlu yıllar!	[mutlu jıllar]
Christmas	Noel	[noæʎ]
Merry Christmas!	Mutlu Noeller!	[mutlu noællær]
Christmas tree	Yılbaşı ağacı	[jılbaʃı a:dʒı]
fireworks	havai fişek	[havai fiʃæk]
wedding	düğün	[dyjun]
groom	nişanlı	[niʃanlı]
bride	gelin	[gælin]
to invite (vt)	davet etmek	[davæt ætmæk]
invitation card	davetiye	[davætijæ]
guest	davetli	[davætli]
to visit	ziyaret etmek	[zijaræt ætmæk]
(~ your parents, etc.)		
to greet the guests	misafirleri karşılamak	[misafırlæri karʃılamak]
gift, present	hediye	[hædijæ]
to give (sth as present)	vermek	[værmæk]
to receive gifts	hediye almak	[hædijæ almak]
bouquet (of flowers)	demet	[dæmæt]

| congratulations | tebrikler | [tæbriklær] |
| to congratulate (vt) | tebrik etmek | [tæbrik ætmæk] |

greeting card	tebrik kartı	[tæbrik kartı]
to send a postcard	tebrik kartı göndermek	[tæbrik kartı gøndærmæk]
to get a postcard	tebrik kartı almak	[tæbrik kartı almak]

toast	kadeh kaldırma	[kadæh kaldırma]
to offer (a drink, etc.)	ikram etmek	[ikram ætmæk]
champagne	şampanya	[ʃampaɲja]

to have fun	eğlenmek	[æːlænmæk]
fun, merriment	neşe	[næʃæ]
joy (emotion)	neşe, sevinç	[næʃæ], [sævintʃ]

| dance | dans | [dans] |
| to dance (vi, vt) | dans etmek | [dans ætmæk] |

| waltz | vals | [vaʎs] |
| tango | tango | [taŋo] |

182. Funerals. Burial

cemetery	mezarlık	[mæzarlık]
grave, tomb	mezar	[mæzar]
gravestone	mezar taşı	[mæzar taʃı]
fence	çit	[tʃit]
chapel	ibadet yeri	[ibadæt jæri]

death	ölüm	[ølym]
to die (vi)	ölmek	[øʎmæk]
the deceased	ölü	[øly]
mourning	yas	[jas]

to bury (vt)	gömmek	[gømmæk]
funeral home	cenaze evi	[dʒænazæ ævi]
funeral	cenaze	[dʒænazæ]

wreath	çelenk	[tʃælæŋk]
casket	tabut	[tabut]
hearse	cenaze arabası	[dʒænazæ arabası]
shroud	kefen	[kæfæn]

| cremation urn | ölü küllerinin saklandığı kap | [øly kyllærin saklandı: kap] |
| crematory | krematoryum | [kræmatorˈum] |

obituary	anma yazısı	[anma jazısı]
to cry (weep)	ağlamak	[aːlamak]
to sob (vi)	hıçkırarak ağlamak	[hıtʃkırarak aːlamak]

183. War. Soldiers

platoon	takım	[takım]
company	bölük	[bølyk]
regiment	alay	[alaj]
army	ordu	[ordu]
division	tümen	[tymæn]
section, squad	müfreze	[myfræzæ]
host (army)	ordu	[ordu]
soldier	asker	[askær]
officer	subay	[subaj]
private	er	[ær]
sergeant	çavuş	[tʃavuʃ]
lieutenant	teğmen	[tæ:mæn]
captain	yüzbaşı	[juzbaʃi]
major	binbaşı	[binbaʃi]
colonel	albay	[albaj]
general	general	[gænæraʎ]
sailor	denizci	[dænizdʒi]
captain	yüzbaşı	[juzbaʃi]
boatswain	lostromo	[lostromo]
artilleryman	topçu askeri	[toptʃu askæri]
pilot	pilot	[pilot]
navigator	seyrüseferci	[sæjrysæfærdʒi]
mechanic	mekanik teknisyen	[mækanik tæknisˈæn]
pioneer (sapper)	istihkam eri	[istihkam æri]
parachutist	paraşütçü	[paraʃytʃy]
reconnaissance scout	keşif eri	[kæʃif æri]
sniper	keskin nişancı	[kæskin niʃandʒi]
patrol (group)	devriye	[dævrijæ]
to patrol (vt)	devriye gezmek	[dævrijæ gæzmæk]
sentry, guard	nöbetçi	[nøbætʃi]
warrior	savaşçı	[savaʃtʃi]
hero	kahraman	[kahraman]
heroine	kadın kahraman	[kadın kahraman]
patriot	vatansever	[vatansævær]
traitor	hain	[hain]
deserter	asker kaçağı	[askær katʃaı]
to desert (vi)	askerlikten kaçmak	[askærliktan katʃmak]
mercenary	paralı asker	[paralı askær]
recruit	acemi er	[adʒæmi ær]

volunteer	gönüllü	[gønylly]
dead (n)	ölü	[øly]
wounded (n)	yaralı	[jaralı]
prisoner of war	savaş esiri	[savaʃ æsiri]

184. War. Military actions. Part 1

war	savaş	[savaʃ]
to be at war	savaşmak	[savaʃmak]
civil war	iç savaş	[itʃ savaʃ]

treacherously (adv)	haince	[haindʒæ]
declaration of war	savaş ilanı	[savaʃ iʎanı]
to declare (~ war)	ilan etmek	[iʎan ætmæk]
aggression	saldırı	[saldırı]
to attack (invade)	saldırmak	[saldırmak]

to invade (vt)	işgal etmek	[iʃgaʎ ætmæk]
invader	işgalci	[iʃgaʎdʒi]
conqueror	fatih	[fatiɦ]

defense	savunma	[savunma]
to defend (a country, etc.)	savunmak	[savunmak]
to defend oneself	kendini savunmak	[kændini savunmak]

enemy, hostile	düşman	[dyʃman]
enemy (as adj)	düşman	[dyʃman]

strategy	strateji	[stratæʒi]
tactics	taktik	[taktik]

order	emir	[æmir]
command (order)	komut	[komut]
to order (vt)	emretmek	[æmrætmæk]
mission	görev	[gøræv]
secret (adj)	gizli	[gizli]

battle	muharebe	[muharæbæ]
combat	savaş	[savaʃ]

attack	saldırı	[saldırı]
storming (assault)	hücum	[hydʒum]
to storm (vt)	hücum etmek	[hydʒum ætmæk]
siege (to be under ~)	kuşatma	[kuʃatma]

offensive (n)	taarruz	[ta:rruz]
to go on the offensive	taarruz etmek	[ta:rruz ætmæk]

retreat	çekilme	[tʃækiʎmæ]
to retreat (vi)	çekilmek	[tʃækiʎmæk]

| encirclement | çembere alma | [tʃæmbæræ alma] |
| to encircle (vt) | çember içine almak | [tʃæmbær itʃinæ almak] |

bombing (by aircraft)	bombardıman	[bombardıman]
to drop a bomb	bomba atmak	[bomba atmak]
to bomb (vt)	bombalamak	[bombalamak]
explosion	patlama	[patlama]

shot	atış	[atıʃ]
to fire a shot	atış yapmak	[atıʃ japmak]
firing (burst of ~)	ateşleme	[atæʃlæmæ]

to take aim (at ...)	... nişan almak	[niʃan almak]
to point (a gun)	doğrultmak	[do:rultmak]
to hit (the target)	isabet etmek	[isabæt ætmæk]

to sink (~ a ship)	batırmak	[batırmak]
hole (in a ship)	delik	[dælik]
to founder, to sink (vi)	batmak	[batmak]

front (war ~)	cephe	[dʒæphæ]
rear (homefront)	cephe gerisi	[dʒæphæ gærisi]
evacuation	tahliye	[tahlijæ]
to evacuate (vt)	tahliye etmek	[tahlijæ ætmæk]

trench	siper	[sipær]
barbwire	dikenli tel	[dikænli tæʎ]
barrier (anti tank ~)	bariyer	[barijær]
watchtower	kule	[kulæ]

hospital	askeri hastane	[askæri hastanæ]
to wound (vt)	yaralamak	[jaralamak]
wound	yara	[jara]
wounded (n)	yaralı	[jaralı]
to be wounded	yara almak	[jara almak]
serious (wound)	ciddi	[dʒiddi]

185. War. Military actions. Part 2

captivity	esaret	[æsaræt]
to take captive	esir almak	[æsir almak]
to be in captivity	esir olmak	[æsir olmak]
to be taken prisoner	esir düşmek	[æsir dyʃmæk]

concentration camp	toplanma kampı	[toplanma kampı]
prisoner of war	savaş esiri	[savaʃ æsiri]
to escape (vi)	kaçmak	[katʃmak]

| to betray (vt) | ihanet etmek | [ihanæt ætmæk] |
| betrayer | ihanet eden | [ihanæt ædæn] |

betrayal	ihanet	[ihanæt]
to execute (shoot)	kurşuna dizmek	[kurʃuna dizmæk]
execution (by firing squad)	idam	[idam]

equipment (military gear)	askeri elbise	[askæri æʌbisæ]
shoulder board	apolet	[apolæt]
gas mask	gaz maskesi	[gaz maskæsi]

radio transmitter	telsiz	[tæʌsiz]
cipher, code	şifre	[ʃifræ]
secrecy	gizlilik	[gizlilik]
password	parola	[parola]

land mine	mayın	[majɪn]
to mine (road, etc.)	mayınlamak	[majɪnlamak]
minefield	mayın tarlası	[majɪn tarlası]

air-raid warning	hava tehlike işareti	[hava tæhlikæ iʃaræti]
alarm (warning)	alarm	[aʌarm]
signal	işaret	[iʃaræt]
signal flare	işaret fişeği	[iʃaræt fiʃæi]

headquarters	karargah	[karargah]
reconnaissance	keşif	[kæʃif]
situation	durum	[durum]
report	rapor	[rapor]
ambush	pusu	[pusu]
reinforcement (of army)	takviye	[takvijæ]

target	hedef	[hædæf]
proving ground	poligon	[poligon]
military exercise	manevralar	[manævralar]

panic	panik	[panik]
devastation	yıkım	[jɪkɪm]
destruction, ruins	harabe	[harabæ]
to destroy (vt)	yıkmak	[jɪkmak]

to survive (vi, vt)	hayatta kalmak	[hajatta kalmak]
to disarm (vt)	silahsızlandırmak	[siʌah sızlandırmak]
to handle (~ a gun)	kullanmak	[kullanmak]

| Attention! | Hazır ol! | [hazır ol] |
| At ease! | Rahat! | [rahat] |

feat (of courage)	kahramanlık	[kahramanlık]
oath (vow)	yemin	[jæmin]
to swear (an oath)	yemin etmek	[jæmin ætmæk]

decoration (medal, etc.)	ödül	[ødyʌ]
to award (give medal to)	ödül vermek	[ødyʌ værmæk]
medal	madalya	[madaʌja]

order (e.g., ~ of Merit)	**nişan**	[niʃan]
victory	**zafer**	[zafær]
defeat	**yenilgi**	[jæniʌgi]
armistice	**ateşkes**	[atæʃkæs]

banner (standard)	**bayrak**	[bajrak]
glory (honor, fame)	**şan**	[ʃan]
parade	**geçit töreni**	[gætʃit tøræni]
to march (on parade)	**yürümek**	[jurymæk]

186. Weapons

weapons	**silahlar**	[silahlar]
firearm	**ateşli silah**	[atæʃli siʌah]
cold weapons (knives, etc.)	**çelik kılıç**	[ʧælik kılıʧ]

chemical weapons	**kimyasal silah**	[kimjasal siʌah]
nuclear (adj)	**nükleer**	[nyklæjær]
nuclear weapons	**nükleer silah**	[nyklæjær siʌah]

bomb	**bomba**	[bomba]
atomic bomb	**atom bombası**	[atom bombası]

pistol (gun)	**tabanca**	[tabandʒa]
rifle	**tüfek**	[tyfæk]
submachine gun	**hafif makineli tüfek**	[hafif makinæli tyfæk]
machine gun	**makineli tüfek**	[makinæli tyfæk]

muzzle	**namlu ağzı**	[namlu a:zı]
barrel	**namlu**	[namlu]
caliber	**çap**	[ʧap]

trigger	**tetik**	[tætik]
sight (aiming device)	**nişangah**	[niʃaŋah]
magazine	**şarjör**	[ʃarʒør]
butt (of rifle)	**dipçik**	[diptʃik]

hand grenade	**el bombası**	[æʌ bombası]
explosive	**patlayıcı**	[patlajıdʒı]

bullet	**kurşun**	[kurʃun]
cartridge	**fişek**	[fiʃæk]
charge	**şarj**	[ʃarʒ]
ammunition	**cephane**	[dʒæphanæ]

bomber (aircraft)	**bombardıman uçağı**	[bombardıman utʃaı]
fighter	**avcı uçağı**	[avdʒı utʃaı]
helicopter	**helikopter**	[hælikoptær]
anti-aircraft gun	**uçaksavar**	[utʃaksavar]

tank	tank	[taŋk]
tank gun	tank topu	[taŋk topu]

artillery	topçu	[toptʃu]
to lay (a gun)	doğrultmak	[do:rultmak]

shell (projectile)	mermi	[mærmi]
mortar bomb	havan mermisi	[havan mærmisı]
mortar	havan topu	[havan topu]
splinter (shell fragment)	kıymık	[kıjmık]

submarine	denizaltı	[dænizaltı]
torpedo	torpil	[torpiʎ]
missile	füze	[fyzæ]

to load (gun)	doldurmak	[doldurmak]
to shoot (vi)	ateş etmek	[atæʃ ætmæk]
to point at (the cannon)	... nişan almak	[niʃan almak]
bayonet	süngü	[syŋju]

epee	epe	[æpæ]
saber (e.g., cavalry ~)	kılıç	[kılıtʃ]
spear (weapon)	mızrak	[mızrak]
bow	yay	[jaj]
arrow	ok	[ok]
musket	misket tüfeği	[miskæt tyfæi]
crossbow	tatar yayı	[tatar jajı]

187. Ancient people

primitive (prehistoric)	ilkel	[iʎkæl]
prehistoric (adj)	tarih öncesi	[tarih øndʒæsi]
ancient (~ civilization)	antik, eski	[antik], [æski]

Stone Age	Taş Çağı	[taʃ tʃaı]
Bronze Age	Bronz Çağı	[bronz tʃaı]
Ice Age	Buzul Çağı	[buzuʎ tʃaı]

tribe	kabile	[kabilæ]
cannibal	yamyam	[jam jam]
hunter	avcı	[avdʒı]
to hunt (vi, vt)	avlamak	[avlamak]
mammoth	mamut	[mamut]

cave	mağara	[ma:ra]
fire	ateş	[atæʃ]
campfire	kamp ateşi	[kamp atæʃi]
rock painting	kaya resmi	[kaja ræsmi]
tool (e.g., stone ax)	aletler	[alætlær]
spear	mızrak	[mızrak]

stone ax	taş balta	[taʃ balta]
to be at war	savaşmak	[savaʃmak]
to domesticate (vt)	evcilleştirmek	[ævdʒillæʃtirmæk]

idol	put	[put]
to worship (vt)	tapmak	[tapmak]
superstition	batıl inanç	[batıl inantʃ]

evolution	evrim	[ævrim]
development	gelişme	[gæliʃmæ]
disappearance (extinction)	kaybolma, yok olma	[kajbolma], [jok olma]
to adapt oneself	adapte olmak	[adaptæ olmak]

archeology	arkeoloji	[arkæoloʒi]
archeologist	arkeolog	[arkæolog]
archeological (adj)	arkeolojik	[arkæoloʒik]

excavation site	kazı yeri	[kazı jæri]
excavations	kazı	[kazı]
find (object)	buluntu	[buluntu]
fragment	parça	[partʃa]

188. Middle Ages

people (ethnic group)	millet, halk	[millæt], [halk]
peoples	milletler	[millætlær]
tribe	kabile	[kabilæ]
tribes	kabileler	[kabilælær]

barbarians	barbarlar	[barbarlar]
Gauls	Galyalılar	[gaʎjalılar]
Goths	Gotlar	[gotlar]
Slavs	Slavlar	[slavlar]
Vikings	Vikingler	[vikiŋlær]

| Romans | Romalılar | [romalılar] |
| Roman (adj) | Romen | [romæn] |

Byzantines	Bizanslılar	[bizanslılar]
Byzantium	Bizans	[bizans]
Byzantine (adj)	Bizanslı	[bizanslı]

emperor	imparator	[imparator]
leader, chief	lider	[lidær]
powerful (~ king)	kudretli	[kudrætli]
king	kral	[kral]
ruler (sovereign)	ülkenin yöneticisi	[juʎkænin jonætidʒisi]

| knight | şövalye | [ʃovaʎʲæ] |
| feudal lord | derebeyi | [dæræbæjı] |

| feudal (adj) | feodal | [fæodal] |
| vassal | vasal | [vasal] |

duke	dük	[dyk]
earl	kont	[kont]
baron	baron	[baron]
bishop	piskopos	[piskopos]

armor	zırh	[zırh]
shield	kalkan	[kalkan]
sword	kılıç	[kılıtʃ]
visor	vizör	[vizør]
chainmail	zincir zırh	[zindʒir zırh]

| crusade | haçlı seferi | [hatʃlı sæfæri] |
| crusader | haçlı | [hatʃlı] |

territory	toprak	[toprak]
to attack (invade)	saldırmak	[saldırmak]
to conquer (vt)	fethetmek	[fæthætmæk]
to occupy (invade)	işgal etmek	[iʃgaʎ ætmæk]

siege (to be under ~)	kuşatma	[kuʃatma]
besieged (adj)	kuşatılmış	[kuʃatılmıʃ]
to besiege (vt)	kuşatmak	[kuʃatmak]

inquisition	engizisyon	[æŋizisʲon]
inquisitor	engizisyon mahkemesi üyesi	[æŋizisʲon mahkæmæsi jujæsi]
torture	işkence	[iʃkændʒæ]
cruel (adj)	amansız	[amansız]

| heretic | kâfir | [kʲafir] |
| heresy | sapkınlık | [sapkınlık] |

seafaring	denizcilik	[dænizdʒilik]
pirate	korsan	[korsan]
piracy	korsanlık	[korsanlık]
boarding (attack)	mürettebatın yerini alması	[myrættæbatın jærini alması]

| loot, booty | ganimet | [ganimæt] |
| treasures | hazine | [hazinæ] |

discovery	keşif	[kæʃif]
to discover (new land, etc.)	keşfetmek	[kæʃfætmæk]
expedition	bilimsel gezisi	[bilimzæl gæzisi]

musketeer	silahşor	[silahʃor]
cardinal	kardinal	[kardinal]
heraldry	armacılık	[armadʒılık]
heraldic (adj)	hanedan armasına ait	[hanædan armasına ait]

189. Leader. Chief. Authorities

king	kral	[kral]
queen	kraliçe	[kralitʃæ]
royal (adj)	kraliyet	[kralijæt]
kingdom	krallık	[krallık]

prince	prens	[præns]
princess	prenses	[prænsæs]

president	başkan	[baʃkan]
vice-president	ikinci başkan	[ikindʒi baʃkan]
senator	senatör	[sænatør]

monarch	hükümdar	[hykymdar]
ruler (sovereign)	ülkenin yöneticisi	[juʎkænin jonætidʒisi]
dictator	diktatör	[diktatør]
tyrant	tiran	[tiran]
magnate	magnat	[magnat]

director	müdür	[mydyr]
chief	şef	[ʃæf]
manager (director)	yönetici	[jonætidʒi]
boss	patron	[patron]
owner	sahip	[sahip]

leader	lider	[lidær]
head (~ of delegation)	başkan	[baʃkan]
authorities	yetkililer	[jætkililær]
superiors	şefler	[ʃæflær]

governor	vali	[vali]
consul	konsolos	[konsolos]
diplomat	diplomat	[diplomat]
mayor	belediye başkanı	[bælædijæ baʃkanı]
sheriff	şerif	[ʃærif]

emperor	imparator	[imparator]
tsar, czar	çar	[tʃar]
pharaoh	firavun	[firavun]
khan	han	[han]

190. Road. Way. Directions

road	yol	[jol]
way (direction)	yön	[jon]

freeway	şose	[ʃosæ]
highway	otoban	[otoban]

interstate	eyaletler arası	[æjalætlær arası]
main road	ana yol	[ana jol]
dirt road	toprak yol	[toprak jol]

| pathway | patika | [patika] |
| footpath (troddenpath) | keçi yolu | [kætʃi jolu] |

Where?	Nerede?	[næræd̃æ]
Where (to)?	Nereye?	[næræjæ]
Where ... from?	Nereden?	[nærædæn]

| direction (way) | istikamet | [istikamæt] |
| to point (~ the way) | göstermek | [gøstærmæk] |

to the left	sola	[sola]
to the right	sağa	[sa:]
straight ahead (adv)	dosdoğru	[dosdo:ru]
back (e.g., to turn ~)	geri	[gæri]

bend, curve	viraj	[viraʒ]
to turn (~ to the left)	dönmek	[dønmæk]
to make a U-turn	U dönüşü yapmak	[u dønyʃy japmak]

| to be visible | görünmek | [gørynmæk] |
| to appear (come into view) | gözükmek | [gøzykmæk] |

stop, halt (in journey)	mola	[mola]
to rest, to halt (vi)	istirahat etmek	[istirahat ætmæk]
rest (pause)	istirahat	[istirahat]

to lose one's way	yolunu kaybetmek	[jolunu kajbætmæk]
to lead to ... (ab. road)	... gitmek	[gitmæk]
to arrive at ...	... varmak	[varmak]
stretch (of road)	yolun bir parçası	[jolun bir partʃası]

asphalt	asfalt	[asfaʎt]
curb	bordür	[bordyr]
ditch	hendek	[hændæk]
manhole	rögar	[røgar]

| roadside (shoulder) | yol kenarı | [jol kænarı] |
| pit, pothole | çukur | [tʃukur] |

| to go (on foot) | yürümek, gitmek | [jurymæk], [gitmæk] |
| to pass (overtake) | sollamak | [sollamak] |

| step (footstep) | adım | [adım] |
| on foot (adv) | yürüyerek | [juryjæræk] |

to block (road)	engellemek	[æŋællæmæk]
boom barrier	kollu bariyer	[kollu barijær]
dead end	çıkmaz sokak	[tʃıkmaz sokak]

191. Breaking the law. Criminals. Part 1

bandit	**haydut**	[hajdut]
crime	**suç**	[suʧ]
criminal (person)	**suçlu**	[suʧlu]

thief	**hırsız**	[hırsız]
to steal (vi, vt)	**hırsızlık yapmak**	[hırsızlık japmak]
stealing (larceny)	**hırsızlık**	[hırsızlık]
theft	**çalma, soyma**	[ʧalma], [sojma]

to kidnap (vt)	**kaçırmak**	[kaʧirmak]
kidnapping	**adam kaçırma**	[adam kaʧirma]
kidnapper	**adam kaçıran**	[adam kaʧiran]

ransom	**fidye**	[fidʲæ]
to demand ransom	**fidye istemek**	[fidʲæ istæmæk]

to rob (vt)	**soymak**	[sojmak]
robber	**soyguncu**	[sojgundʒu]

to extort (vt)	**şantaj yapmak**	[ʃantaʒ japmak]
extortionist	**şantajcı**	[ʃantaʒdʒı]
extortion	**şantaj**	[ʃantaʒ]

to murder, to kill	**öldürmek**	[øldyrmæk]
murder	**öldürme**	[øldyrmæ]
murderer	**katil**	[katiʎ]

gunshot	**atış**	[atıʃ]
to fire a shot	**atış yapmak**	[atıʃ japmak]
to shoot to death	**vurmak**	[vurmak]
to shoot (vi)	**ateş etmek**	[atæʃ ætmæk]
shooting	**ateş etme**	[atæʃ ætmæ]

incident (fight, etc.)	**olay**	[olaj]
fight, brawl	**kavga**	[kavga]
Help!	**İmdat!**	[imdat]
victim	**kurban**	[kurban]

to damage (vt)	**zarar vermek**	[zarar værmæk]
damage	**zarar**	[zarar]
dead body	**ceset**	[dʒæsæt]
grave (~ crime)	**ağır**	[aır]

to attack (vt)	**saldırmak**	[saldırmak]
to beat (dog, person)	**vurmak**	[vurmak]
to beat up	**dövmek**	[døvmæk]
to take (rob of sth)	**zorla almak**	[zorla almak]
to stab to death	**bıçakla öldürmek**	[bıʧakla øʎdyrmæk]
to maim (vt)	**sakatlamak**	[sakatlamak]

to wound (vt)	yaralamak	[jaralamak]
blackmail	şantaj	[ʃantaʒ]
to blackmail (vt)	şantaj yapmak	[ʃantaʒ japmak]
blackmailer	şantajcı	[ʃantaʒdʒı]
protection racket	haraç	[haratʃ]
racketeer	haraççı	[haratʃi]
gangster	gangster	[gaŋstær]
mafia, Mob	mafya	[mafja]
pickpocket	yankesici	[jaŋkæsidʒi]
burglar	hırsız	[hırsız]
smuggling	kaçakçılık	[katʃaktʃılık]
smuggler	kaçakçı	[katʃaktʃı]
forgery	taklit	[taklit]
to forge (counterfeit)	taklit etmek	[taklit ætmæk]
fake (forged)	sahte	[sahtæ]

192. Breaking the law. Criminals. Part 2

rape	ırza geçme	[ırza gætʃmæ]
to rape (vt)	ırzına geçmek	[ırzına gætʃmæk]
rapist	zorba	[zorba]
maniac	manyak	[maɲjak]
prostitute (fem.)	hayat kadını	[hajat kadını]
prostitution	hayat kadınlığı	[hajat kadınlı:]
pimp	kadın tüccarı	[kadın tydʒarı]
drug addict	uyuşturucu bağımlısı	[ujuʃturudʒu baımlısı]
drug dealer	uyuşturucu taciri	[ujuʃturudʒu tadʒiri]
to blow up (bomb)	patlatmak	[patlamak]
explosion	patlama	[patlama]
to set fire	yangın çıkarmak	[jaŋın tʃıkarmak]
incendiary (arsonist)	kundakçı	[kundaktʃı]
terrorism	terörizm	[tærørizm]
terrorist	terörist	[tærørist]
hostage	tutak, rehine	[tutak], [ræhinæ]
to swindle (vt)	dolandırmak	[dolandırmak]
swindle	dolandırma	[dolandırma]
swindler	dolandırıcı	[dolandırıdʒı]
to bribe (vt)	rüşvet vermek	[ryʃvæt værmæk]
bribery	rüşvet verme	[ryʃvæt værmæ]
bribe	rüşvet	[ryʃvæt]
poison	zehir	[zæhir]

to poison (vt)	zehirlemek	[zæhirlæmæk]
to poison oneself	birisini zehirlemek	[birisini zæhirlæmæk]
suicide (act)	intihar	[intihar]
suicide (person)	intihar eden kimse	[intihar ædæn kimsæ]
to threaten (vt)	tehdit etmek	[tæhdit ætmæk]
threat	tehdit	[tæhdit]
to make an attempt	öldürmeye çalışmak	[øldyrmæjæ tʃalıʃmak]
attempt (attack)	suikast	[syitkast]
to steal (a car)	çalmak	[tʃalmak]
to hijack (a plane)	kaçırmak	[katʃirmak]
revenge	intikam	[intikam]
to revenge (vt)	intikam almak	[intikam almak]
to torture (vt)	işkence etmek	[iʃkændʒæ ætmæk]
torture	işkence	[iʃkændʒæ]
to torment (vt)	acı çektirmek	[adʒı tʃæktirmæk]
pirate	korsan	[korsan]
hooligan	holigan	[holigan]
armed (adj)	silâhlı	[siʎahlı]
violence	şiddet olayları	[ʃiddæt olajarı]
spying (n)	casusluk	[dʒasusluk]
to spy (vi)	casusluk yapmak	[dʒasusluk japmak]

193. Police. Law. Part 1

justice	adalet	[adalæt]
court (court room)	mahkeme	[mahkæmæ]
judge	yargıç	[jargıtʃ]
jurors	jüri üyesi	[ʒyri jujæsi]
jury trial	jürili yargılama	[ʒyrili jargılama]
to judge (vt)	yargılamak	[jargılamak]
lawyer, attorney	avukat	[avukat]
accused	sanık	[sanık]
dock	sanık sandalyesi	[sanık sandaʎæsi]
charge	suçlama	[sutʃlama]
accused	sanık	[sanık]
sentence	ceza, hüküm	[dʒæza], [hykym]
to sentence (vt)	mahkum etmek	[mahkym ætmæk]
guilty (culprit)	suçlu	[sutʃlu]
to punish (vt)	cezalandırmak	[dʒæzalandırmak]

punishment	ceza	[dʒæza]
fine (penalty)	ceza	[dʒæza]
life imprisonment	ömür boyu hapis	[ømyr boju hapis]
death penalty	ölüm cezası	[ølym dʒæzasɪ]
electric chair	elektrikli sandalye	[ælæktrikli sandaʎæ]
gallows	darağacı	[dara:dʒɪ]

to execute (vt)	idam etmek	[idam ætmæk]
execution	idam	[idam]

prison, jail	hapishane	[hapishanæ]
cell	hücre, koğuş	[hydʒræ], [kouʃ]

escort	muhafız takımı	[muhafɪz takɪmɪ]
prison guard	gardiyan	[gardijan]
prisoner	tutuklu	[tutuklu]

handcuffs	kelepçe	[kælæptʃæ]
to handcuff (vt)	kelepçelemek	[kælæptʃælæmæk]

prison break	kaçma	[katʃma]
to break out (vi)	kaçmak	[katʃmak]
to disappear (vi)	kaybolmak	[kajbolmak]
to release (from prison)	tahliye etmek	[tahlijæ ætmæk]
amnesty	af	[af]

police	polis	[polis]
police officer	erkek polis	[ærkæk polis]
police station	polis karakolu	[polis karakolu]
billy club	cop	[dʒop]
bullhorn	megafon	[mægafon]

patrol car	devriye arabası	[dævrijæ arabasɪ]
siren	siren	[siræn]
to turn on the siren	sireni açmak	[siræni atʃmak]
siren call	siren sesi	[siræn sæsi]

crime scene	olay yeri	[olaj jæri]
witness	şahit	[ʃahit]
freedom	hürriyet	[hyrrijæt]
accomplice	suç ortağı	[sutʃ ortaɪ]
to flee (vi)	kaçmak	[katʃmak]
trace (to leave a ~)	iz	[iz]

194. Police. Law. Part 2

search (investigation)	arama	[arama]
to look for ...	aramak	[aramak]
suspicion	şüphe	[ʃyphæ]
suspicious (suspect)	şüpheli	[ʃyphæli]

to stop (cause to halt)	**durdurmak**	[durdurmak]
to detain (keep in custody)	**tutuklamak**	[tutuklamak]
case (lawsuit)	**dava**	[dava]
investigation	**soruşturma**	[soruʃturma]
detective	**dedektif**	[dædæktif]
investigator	**sorgu yargıcı**	[sorgu jargıdʒı]
hypothesis	**versiyon**	[værsion]
motive	**gerekçe**	[gæræktʃæ]
interrogation	**sorgu**	[sorgu]
to interrogate (vt)	**sorgulamak**	[sorgulamak]
to question (vt)	**soruşturmak**	[soruʃturmak]
check (identity ~)	**yoklama**	[joklama]
round-up	**tarama**	[tarama]
search (~ warrant)	**arama**	[arama]
chase (pursuit)	**kovalama**	[kovalama]
to pursue, to chase	**takip etmek**	[takip ætmæk]
to track (a criminal)	**izlemek**	[izlæmæk]
arrest	**tutuklama**	[tutuklama]
to arrest (sb)	**tutuklamak**	[tutuklamak]
to catch (thief, etc.)	**yakalamak**	[jakalamak]
capture	**yakalama**	[jakalama]
document	**belge**	[bæʎgæ]
proof (evidence)	**kanıt, ispat**	[kanıt], [ispat]
to prove (vt)	**ispat etmek**	[ispat ætmæk]
footprint	**ayak izi**	[ajak izı]
fingerprints	**parmak izleri**	[parmak izlæri]
piece of evidence	**delil**	[dæliʎ]
alibi	**mazeret**	[mazæræt]
innocent (not guilty)	**suçsuz**	[sutʃsuz]
injustice	**haksızlık**	[haksızlık]
unjust, unfair (adj)	**haksız**	[haksız]
criminal (adj)	**cinayet**	[dʒinajæt]
to confiscate (vt)	**el koymak**	[æʎ kojmak]
drug (illegal substance)	**uyuşturucu**	[ujuʃturudʒu]
weapon, gun	**silah**	[siʎah]
to disarm (vt)	**silahsızlandırmak**	[siʎah sızlandırmak]
to order (command)	**emretmek**	[æmrætmæk]
to disappear (vi)	**kaybolmak**	[kajbolmak]
law	**kanun**	[kanun]
legal, lawful (adj)	**kanuni**	[kanuni]
illegal, illicit (adj)	**kanuna aykırı**	[kanuna ajkırı]
responsibility (blame)	**sorumluluk**	[sorumluluk]
responsible (adj)	**sorumlu**	[sorumlu]

NATURE

The Earth. Part 1

195. Outer space

cosmos	uzay, evren	[uzaj], [ævræn]
space (as adj)	uzay	[uzaj]
outer space	feza	[fæza]
world	kainat	[kajnat]
universe	evren	[ævræn]
galaxy	galaksi	[galaksi]
star	yıldız	[jıldız]
constellation	takımyıldız	[takımjıldız]
planet	gezegen	[gæzægæn]
satellite	uydu	[ujdu]
meteorite	göktaşı	[gøktaʃı]
comet	kuyruklu yıldız	[kujruklu jıldız]
asteroid	asteroit	[astæroit]
orbit	yörünge	[joryŋæ]
to revolve	dönmek	[dønmæk]
(~ around the Earth)		
atmosphere	atmosfer	[atmosfær]
the Sun	Güneş	[gynæʃ]
solar system	Güneş sistemi	[gynæʃ sistæmi]
solar eclipse	Güneş tutulması	[gynæʃ tutulması]
the Earth	Dünya	[dyŋja]
the Moon	Ay	[aj]
Mars	Mars	[mars]
Venus	Venüs	[vænys]
Jupiter	Jüpiter	[ʒupitær]
Saturn	Satürn	[satyrn]
Mercury	Merkür	[mærkyr]
Uranus	Uranüs	[uranys]
Neptune	Neptün	[næptyn]
Pluto	Plüton	[plyton]
Milky Way	Samanyolu	[samaɲʲolu]
Great Bear	Büyükayı	[byjuk ajı]

North Star	Kutup yıldızı	[kutup jıldızı]
Martian	Merihli	[mærihli]
extraterrestrial (n)	uzaylı	[uzajlı]
alien	uzaylı	[uzajlı]
flying saucer	uçan daire	[uʧan dairæ]

spaceship	uzay gemisi	[uzaj gæmisi]
space station	yörünge istasyonu	[jorynæ istasʲonu]
blast-off	uzaya fırlatma	[uzaja fırlatma]

engine	motor	[motor]
nozzle	roket meme	[rokæt mæmæ]
fuel	yakıt	[jakıt]

cockpit, flight deck	kabin	[kabin]
antenna	anten	[antæn]
porthole	lombar	[lombar]
solar battery	güneş pili	[gynæʃ pili]
spacesuit	uzay elbisesi	[uzaj æʎbisæsi]

| weightlessness | ağırlıksızlık | [aırlıksızlık] |
| oxygen | oksijen | [oksiʒæn] |

| docking (in space) | uzayda kenetlenme | [uzajda kænætlænmæ] |
| to dock (vi, vt) | kenetlenmek | [kænætlænmæk] |

observatory	gözlemevi	[gøzlæmævi]
telescope	teleskop	[tælæskop]
to observe (vt)	gözlemlemek	[gøzlæmlæmæk]
to explore (vt)	araştırmak	[araʃtırmak]

196. The Earth

the Earth	Dünya	[dynja]
globe (the Earth)	yerküre	[jærkyræ]
planet	gezegen	[gæzægæn]

atmosphere	atmosfer	[atmosfær]
geography	coğrafya	[dʒorafja]
nature	doğa	[doa]

globe (table ~)	yerküre	[jærkyræ]
map	harita	[harita]
atlas	atlas	[atlas]

Europe	Avrupa	[avrupa]
Asia	Asya	[asja]
Africa	Afrika	[afrika]
Australia	Avustralya	[avustraʎja]
America	Amerika	[amærika]

| North America | Kuzey Amerika | [kuzæj amærika] |
| South America | Güney Amerika | [gynæj amærika] |

| Antarctica | Antarktik | [antarktik] |
| the Arctic | Arktik | [arktik] |

197. Cardinal directions

north	kuzey	[kuzæj]
to the north	kuzeye	[kuzæjæ]
in the north	kuzeyde	[kuzæjdæ]
northern (adj)	kuzey	[kuzæj]

south	güney	[gynæj]
to the south	güneye	[gynæjæ]
in the south	güneyde	[gynæjdæ]
southern (adj)	güney	[gynæj]

west	batı	[batı]
to the west	batıya	[batıja]
in the west	batıda	[batıda]
western (adj)	batı	[batı]

east	doğu	[dou]
to the east	doğuya	[douja]
in the east	doğuda	[douda]
eastern (adj)	doğu	[dou]

198. Sea. Ocean

sea	deniz	[dæniz]
ocean	okyanus	[okjanus]
gulf (bay)	körfez	[kørfæz]
straits	boğaz	[boaz]

continent (mainland)	kıta	[kıta]
island	ada	[ada]
peninsula	yarımada	[jarımada]
archipelago	takımada	[takımada]

bay, cove	koy	[koj]
harbor	liman	[liman]
lagoon	deniz kulağı	[dæniz kulaı]
cape	burun	[burun]

atoll	atol	[atol]
reef	resif	[ræsif]
coral	mercan	[mærdʒan]

coral reef	mercan kayalığı	[mærdʒan kajalı:]
deep (adj)	derin	[dærin]
depth (deep water)	derinlik	[dærinlik]
abyss	uçurum	[utʃurum]
trench (e.g., Mariana ~)	çukur	[tʃukur]
current, stream	akıntı	[akıntı]
to surround (bathe)	çevrelemek	[tʃævrælæmæk]
shore	kıyı	[kıjı]
coast	kıyı, sahil	[kıjı], [sahil]
high tide	kabarma	[kabarma]
low tide	cezir	[dʒæzir]
sandbank	sığlık	[sı:lık]
bottom	dip	[dip]
wave	dalga	[dalga]
crest (~ of a wave)	dağ sırtı	[daı sırtı]
froth (foam)	köpük	[køpyk]
storm	fırtına	[fırtına]
hurricane	kasırga	[kasırga]
tsunami	tsunami	[tsunami]
calm (dead ~)	limanlık	[limanlık]
quiet, calm (adj)	sakin	[sakin]
pole	kutup	[kutup]
polar (adj)	kutuplu	[kutuplu]
latitude	enlem	[ænlæm]
longitude	boylam	[bojlam]
parallel	paralel	[paralæʎ]
equator	ekvator	[ækvator]
sky	gök	[gøk]
horizon	ufuk	[ufuk]
air	hava	[hava]
lighthouse	deniz feneri	[dæniz fænæri]
to dive (vi)	dalmak	[dalmak]
to sink (ab. boat)	batmak	[batmak]
treasures	hazine	[hazinæ]

199. Seas' and Oceans' names

Atlantic Ocean	Atlas Okyanusu	[atlas okjanusu]
Indian Ocean	Hint Okyanusu	[hint okjanusu]
Pacific Ocean	Pasifik Okyanusu	[pasifik okjanusu]
Arctic Ocean	Kuzey Buz Denizi	[kuzæj buz dænizi]

Black Sea	Karadeniz	[karadæniz]
Red Sea	Kızıldeniz	[kızıldæniz]
Yellow Sea	Sarı Deniz	[sarı dæniz]
White Sea	Beyaz Deniz	[bæjaz dæniz]

Caspian Sea	Hazar Denizi	[hazar dænizi]
Dead Sea	Ölüdeniz	[ølydæniz]
Mediterranean Sea	Akdeniz	[akdæniz]

| Aegean Sea | Ege Denizi | [ægæ dænizi] |
| Adriatic Sea | Adriyatik Denizi | [adrijatik dænizi] |

Arabian Sea	Umman Denizi	[umman dænizi]
Sea of Japan	Japon Denizi	[ʒapon dænizi]
Bering Sea	Bering Denizi	[bæriŋ dænizi]
South China Sea	Güney Çin Denizi	[gynæj tʃin dænizi]

Coral Sea	Mercan Denizi	[mærdʒan dænizi]
Tasman Sea	Tasman Denizi	[tasman dænizi]
Caribbean Sea	Karayip Denizi	[karaip dænizi]

| Barents Sea | Barents Denizi | [barænts dænizi] |
| Kara Sea | Kara Denizi | [kara dænizi] |

North Sea	Kuzey Denizi	[kuzæj dænizi]
Baltic Sea	Baltık Denizi	[baltık dænizi]
Norwegian Sea	Norveç Denizi	[norvætʃ dænizi]

200. Mountains

mountain	dağ	[da:]
mountain range	dağ silsilesi	[da: silsilæsi]
mountain ridge	sıradağlar	[sırada:lar]

summit, top	zirve	[zirvæ]
peak	doruk, zirve	[doruk], [zirvæ]
foot (of mountain)	etek	[ætæk]
slope (mountainside)	yamaç	[jamatʃ]

volcano	yanardağ	[janarda:]
active volcano	faal yanardağ	[fa:ʎ janarda:]
dormant volcano	sönmüş yanardağ	[sønmyʃ janarda:]

eruption	püskürme	[pyskyrmæ]
crater	yanardağ ağzı	[janarda: a:zı]
magma	magma	[magma]
lava	lav	[lav]
molten (~ lava)	kızgın	[kızgın]
canyon	kanyon	[kaɲʲon]
gorge	boğaz	[boaz]

| crevice | dere | [dæræ] |
| abyss (chasm) | uçurum | [utʃurum] |

pass, col	dağ geçidi	[da: gætʃidi]
plateau	yayla	[jajla]
cliff	kaya	[kaja]
hill	tepe	[tæpæ]

glacier	buzluk	[buzluk]
waterfall	şelâle	[ʃælalæ]
geyser	gayzer	[gajzær]
lake	göl	[gøʎ]

plain	ova	[ova]
landscape	manzara	[manzara]
echo	yankı	[jaŋkı]

alpinist	dağcı, alpinist	[da:dʒı], [alpinist]
rock climber	dağcı	[da:dʒı]
to conquer (in climbing)	fethetmek	[fæthætmæk]
climb (an easy ~)	tırmanma	[tırmanma]

201. Mountains names

Alps	Alp Dağları	[aʎp da:ları]
Mont Blanc	Mont Blanc	[mont blan]
Pyrenees	Pireneler	[pirinælær]

Carpathians	Karpatlar	[karpatlar]
Ural Mountains	Ural Dağları	[ural da:ları]
Caucasus	Kafkasya	[kafkasja]
Elbrus	Elbruz Dağı	[ælbrus da:ı]

Altai	Altay	[altaj]
Tien Shan	Tien-şan	[tʲæn ʃan]
Pamir Mountains	Pamir	[pamir]
Himalayas	Himalaya Dağları	[himalaja da:ları]
Everest	Everest Dağı	[æværæst da:ı]

| Andes | And Dağları | [and da:ları] |
| Kilimanjaro | Kilimanjaro | [kilimandʒaro] |

202. Rivers

river	nehir, ırmak	[næhir], [ırmak]
spring (natural source)	kaynak	[kajnak]
riverbed	nehir yatağı	[næhir jataı]
basin	havza	[havza]

to flow into ...	... dökülmek	[døkyʎmæk]
tributary	kol	[kol]
bank (of river)	sahil	[sahiʎ]

current, stream	akıntı	[akıntı]
downstream (adv)	nehir boyunca	[næhir bojundʒa]
upstream (adv)	nehirden yukarı	[næhirdæn jukarı]

inundation	taşkın	[taʃkın]
flooding	nehrin taşması	[næhrin taʃması]
to overflow (vi)	taşmak	[taʃmak]
to flood (vt)	su basmak	[su basmak]

| shallows (shoal) | sığlık | [sıːlık] |
| rapids | nehrin akıntılı yeri | [næhrin akıntılı jæri] |

dam	baraj	[baraʒ]
canal	kanal	[kanal]
artificial lake	baraj gölü	[baraʒ gøly]
sluice, lock	alavere havuzu	[alaværæ havuzu]

water body (pond, etc.)	su birikintisi	[su birikintisi]
swamp, bog	bataklık	[bataklık]
marsh	bataklık arazi	[bataklık arazi]
whirlpool	girdap	[girdap]

stream (brook)	dere	[dæræ]
drinking (ab. water)	içilir	[itʃilir]
fresh (~ water)	tatlı	[tatlı]

| ice | buz | [buz] |
| to freeze (ab. river, etc.) | buz tutmak | [buz tutmak] |

203. Rivers' names

| Seine | Sen nehri | [sæn næhri] |
| Loire | Loire nehri | [luara næhri] |

Thames	Thames nehri	[tæmz næhri]
Rhine	Ren nehri	[ræn næhri]
Danube	Tuna nehri	[tuna næhri]

Volga	Volga nehri	[volga næhri]
Don	Don nehri	[don næhri]
Lena	Lena nehri	[læna næhri]

Yellow River	Sarı Irmak	[sarı ırmak]
Yangtze	Yangçe nehri	[jaɲtʃæ næhri]
Mekong	Mekong nehri	[mækoɲ næhri]
Ganges	Ganj nehri	[ganʒ næhri]

Nile River	Nil nehri	[nil næhri]
Congo	Kongo nehri	[koŋo næhri]
Okavango	Okavango nehri	[okavaŋo næhri]
Zambezi	Zambezi nehri	[zambæzi næhri]
Limpopo	Limpopo nehri	[limpopo næhri]
Mississippi River	Mississippi nehri	[misisipi næhri]

204. Forest

forest	orman	[orman]
forest (as adj)	orman	[orman]

thick forest	kesif orman	[kæsif orman]
grove	koru, ağaçlık	[koru], [a:tʃlık]
forest clearing	ormanda açıklığı	[ormanda atʃıklı:]

thicket	sık ağaçlık	[ʃık a:tʃlık]
scrubland	çalılık	[tʃalılık]

footpath (troddenpath)	keçi yolu	[kætʃi jolu]
gully	sel yatağı	[sæl jataı]

tree	ağaç	[a:tʃ]
leaf	yaprak	[japrak]
leaves	yapraklar	[japraklar]

fall of leaves	yaprak dökümü	[japrak døkymy]
to fall (ab. leaves)	dökülmek	[døkyʌmæk]
top (of the tree)	ağacın tepesi	[a:dʒin tæpæsi]

branch	dal	[dal]
bough	ağaç dalı	[a:tʃ dalı]
bud (on shrub, tree)	tomurcuk	[tomurdʒuk]
needle (of pine tree)	iğne yaprak	[i:næ japrak]
pine cone	kozalak	[kozalak]

hollow (in a tree)	kovuk	[kovuk]
nest	yuva	[juva]
burrow (animal hole)	in	[in]

trunk	gövde	[gøvdæ]
root	kök	[køk]
bark	kabuk	[kabuk]
moss	yosun	[josun]

to uproot (vt)	kökünden sökmek	[køkyndæn søkmæk]
to chop down	kesmek	[kæsmæk]
to deforest (vt)	ağaçları yok etmek	[a:tʃları jok ætmæk]
tree stump	kütük	[kytyk]
campfire	kamp ateşi	[kamp atæʃi]

| forest fire | yangın | [jaŋın] |
| to extinguish (vt) | söndürmek | [søndyrmæk] |

forest ranger	orman bekçisi	[orman bæktʃisi]
protection	koruma	[koruma]
to protect (~ nature)	korumak	[korumak]
poacher	kaçak avcı	[katʃak avdʒı]
trap (e.g., bear ~)	kapan	[kapan]

| to gather, to pick (vt) | toplamak | [toplamak] |
| to lose one's way | yolunu kaybetmek | [jolunu kajbætmæk] |

205. Natural resources

natural resources	doğal kaynaklar	[doal kajnaklar]
minerals	madensel maddeler	[madænsæl maddælær]
deposits	katman	[katman]
field (e.g., oilfield)	yatak	[jatak]

to mine (extract)	çıkarmak	[tʃıkarmak]
mining (extraction)	maden çıkarma	[madæn tʃikarma]
ore	filiz	[filiz]
mine (e.g., for coal)	maden ocağı	[madæn odʒaı]
mine shaft, pit	kuyu	[kuju]
miner	maden işçisi	[madæn iʃtʃisi]

| gas | gaz | [gaz] |
| gas pipeline | gaz boru hattı | [gaz boru hattı] |

oil (petroleum)	petrol	[pætrol]
oil pipeline	petrol boru hattı	[pætrol boru hattı]
oil well	petrol kulesi	[pætrol kulæsi]
derrick	sondaj kulesi	[sondaʒ kulæsi]
tanker	tanker	[taŋkær]

sand	kum	[kum]
limestone	kireçtaşı	[kirætʃtaʃi]
gravel	çakıl	[tʃakılı]
peat	turba	[turba]
clay	kil	[kiʎ]
coal	kömür	[kømyr]

iron	demir	[dæmir]
gold	altın	[altın]
silver	gümüş	[gymyʃ]
nickel	nikel	[nikæʎ]
copper	bakır	[bakır]

| zinc | çinko | [tʃiŋko] |
| manganese | manganez | [maŋanæz] |

mercury	cıva	[ʤɪva]
lead	kurşun	[kurʃun]
mineral	mineral	[minæral]
crystal	billur	[billyr]
marble	mermer	[mærmær]
uranium	uranyum	[uraɲʲum]

The Earth. Part 2

206. Weather

weather	hava	[hava]
weather forecast	hava tahmini	[hava tahmini]
temperature	sıcaklık	[sɪdʒaklık]
thermometer	termometre	[tærmomætræ]
barometer	barometre	[baromætræ]
humidity	nem	[næm]
heat (extreme ~)	sıcaklık	[sɪdʒaklık]
hot (torrid)	sıcak	[sɪdʒak]
it's hot	hava sıcak	[hava sɪdʒak]
it's warm	hava ılık	[hava ılık]
warm (moderately hot)	ılık	[ılık]
it's cold	hava soğuk	[hava souk]
cold (adj)	soğuk	[souk]
sun	güneş	[gynæʃ]
to shine (vi)	ışık vermek	[ıʃık værmæk]
sunny (day)	güneşli	[gynæʃli]
to come up (vi)	doğmak	[do:mak]
to set (vi)	batmak	[batmak]
cloud	bulut	[bulut]
cloudy (adj)	bulutlu	[bulutlu]
rain cloud	yağmur bulutu	[ja:mur bulutu]
somber (gloomy)	kapalı	[kapalı]
rain	yağmur	[ja:mur]
it's raining	yağmur yağıyor	[ja:mur jaıjor]
rainy (day)	yağmurlu	[ja:murlu]
to drizzle (vi)	çiselemek	[tʃisælæmæk]
pouring rain	sağanak	[sa:nak]
downpour	şiddetli yağmur	[ʃiddætli ja:mur]
heavy (e.g., ~ rain)	şiddetli, zorlu	[ʃiddætli], [zorlu]
puddle	su birikintisi	[su birikintisi]
to get wet (in rain)	ıslanmak	[ıslanmak]
fog (mist)	sis, duman	[sis], [duman]
foggy	sisli	[sisli]
snow	kar	[kar]
it's snowing	kar yağıyor	[kar jaıjor]

207. Severe weather. Natural disasters

thunderstorm	fırtına	[fırtına]
lightning (~ strike)	şimşek	[ʃimʃæk]
to flash (vi)	çakmak	[ʧakmak]
thunder	gök gürültüsü	[gøk gyryltysy]
to thunder (vi)	gürlemek	[gyrlæmæk]
it's thundering	gök gürlüyor	[gøk gyrlyjor]
hail	dolu	[dolu]
it's hailing	dolu yağıyor	[dolu jaıjor]
to flood (vt)	su basmak	[su basmak]
flood, inundation	taşkın	[taʃkın]
earthquake	deprem	[dæpræm]
tremor, quake	sarsıntı	[sarsıntı]
epicenter	deprem merkezi	[dæpræm mærkæzi]
eruption	püskürme	[pyskyrmæ]
lava	lav	[lav]
twister	hortum	[hortum]
tornado	kasırga	[kasırga]
typhoon	tayfun	[tajfun]
hurricane	kasırga	[kasırga]
storm	fırtına	[fırtına]
tsunami	tsunami	[tsunami]
cyclone	siklon	[siklon]
bad weather	kötü hava	[køty hava]
fire (accident)	yangın	[jaŋın]
disaster	felaket	[fæʎakæt]
meteorite	göktaşı	[gøktaʃı]
avalanche	çığ	[ʧı:]
snowslide	çığ	[ʧı:]
blizzard	tipi	[tipi]
snowstorm	kar fırtınası	[kar fırtınası]

208. Noises. Sounds

silence (quiet)	sessizlik	[sæssizlik]
sound	ses	[sæs]
noise	gürültü	[gyrylty]
to make noise	gürültü etmek	[gyrylty ætmæk]
noisy (adj)	gürültülü	[gyryltyly]

loudly (to speak, etc.)	yüksek sesle	[juksæk sæslæ]
loud (voice, etc.)	yüksek	[juksæk]
constant (continuous)	sürekli	[syrækli]

shout (n)	bağırtı	[baırtı]
to shout (vi)	bağırmak	[baırmak]
whisper	fısıltı	[fısıltı]
to whisper (vi, vt)	fısıldamak	[fısıldamak]

| barking (of dog) | havlama | [havlama] |
| to bark (vi) | havlamak | [havlamak] |

groan (of pain)	inleme, sızlanma	[inlæmæ], [sızlama]
to groan (vi)	inlemek	[inlæmæk]
cough	öksürük	[øksyryk]
to cough (vi)	öksürmek	[øksyrmæk]

whistle	ıslık	[ıslık]
to whistle (vi)	ıslık çalmak	[ıslık tʃalmak]
knock (at the door)	kapıyı çalma	[kapıjı tʃalma]
to knock (at the door)	kapıyı çalmak	[kapıjı tʃalmak]

| to crack (vi) | çatırdamak | [tʃatırdamak] |
| crack (plank, etc.) | çatırtı | [tʃatırtı] |

siren	siren	[siræn]
whistle (factory ~)	düdük	[dydyk]
to whistle (ship, train)	çalmak	[tʃalmak]
honk (signal)	klakson sesi	[klakson sæsi]
to honk (vi)	korna çalmak	[korna tʃalmak]

209. Winter

winter (n)	kış	[kıʃ]
winter (as adj)	kış, kışlık	[kıʃ], [kıʃlık]
in winter	kışın	[kıʃın]

snow	kar	[kar]
it's snowing	kar yağıyor	[kar jaıjor]
snowfall	kar yağışı	[kar jaıʃısı]
snowdrift	kürtün	[kyrtyn]

snowflake	kar tanesi	[kar tanæsi]
snowball	kar topu	[kar topu]
snowman	kardan adam	[kardan adam]
icicle	saçak buzu	[satʃak buzu]

December	aralık	[aralık]
January	ocak	[odʒak]
February	şubat	[ʃubat]

| severe frost | ayaz | [ajaz] |
| frosty (weather, air) | ayazlı | [ajazlı] |

below zero (adv)	sıfırın altında	[sıfırın altında]
first frost	donlar	[donlar]
hoarfrost	kırağı	[kıraı]

| cold (cold weather) | soğuk | [souk] |
| it's cold | hava soğuk | [hava souk] |

| fur coat | kürk manto | [kyrk manto] |
| mittens | eldivenler | [æʌdivænlær] |

to get sick	hastalanmak	[hastalanmak]
cold (illness)	soğuk algınlığı	[souk algınlı:]
to catch a cold	soğuk almak	[souk almak]

ice	buz	[buz]
black ice	parlak buz	[parlak buz]
to freeze (ab. river, etc.)	buz tutmak	[buz tutmak]
ice floe	buz parçası	[buz partʃası]

skis	kayak	[kajak]
skier	kayakçı	[kajaktʃı]
to ski (vi)	kayak yapmak	[kajak japmak]
to skate (vi)	paten kaymak	[patæn kajmak]

Fauna

210. Mammals. Predators

predator	yırtıcı hayvan	[jırtıdʒı hajvan]
tiger	kaplan	[kaplan]
lion	aslan	[aslan]
wolf	kurt	[kurt]
fox	tilki	[tiʎki]
jaguar	jagar, jaguar	[ʒagar]
leopard	leopar	[læopar]
cheetah	çita	[ʧita]
black panther	panter	[pantær]
puma	puma	[puma]
snow leopard	kar leoparı	[kar læoparı]
lynx	vaşak	[vaʃak]
coyote	kır kurdu	[kır kurdu]
jackal	çakal	[ʧakal]
hyena	sırtlan	[sırtlan]

211. Wild animals

animal	hayvan	[hajvan]
beast (animal)	vahşi hayvan	[vahʃi hajvan]
squirrel	sincap	[sindʒap]
hedgehog	kirpi	[kirpi]
hare	yabani tavşan	[jabani tavʃan]
rabbit	tavşan	[tavʃan]
badger	porsuk	[porsuk]
raccoon	rakun	[rakun]
hamster	cırlak sıçan	[dʒirlak sıʧan]
marmot	dağ sıçanı	[da: sıʧanı]
mole	köstebek	[køstæbæk]
mouse	fare	[faræ]
rat	sıçan	[sıʧan]
bat	yarasa	[jarasa]
ermine	kakım	[kakım]
sable	samur	[samur]

marten	ağaç sansarı	[a:tʃ sansarı]
weasel	gelincik	[gælindʒik]
mink	vizon	[vizon]

| beaver | kunduz | [kunduz] |
| otter | su samuru | [su samuru] |

horse	at	[at]
moose	Avrupa musu	[avrupa musu]
deer	geyik	[gæjık]
camel	deve	[dævæ]

bison	bizon	[bizon]
aurochs	Avrupa bizonu	[avrupa bizonu]
buffalo	manda	[manda]

zebra	zebra	[zæbra]
antelope	antilop	[antilop]
roe deer	karaca	[karadʒa]
fallow deer	alageyik	[alagæjık]
chamois	dağ keçisi	[da: kætʃisi]
wild boar	yaban domuzu	[jaban domuzu]

whale	balina	[balina]
seal	fok	[fok]
walrus	mors	[mors]
fur seal	kürklü fok balığı	[kyrkly fok balı:]
dolphin	yunus	[junus]

bear	ayı	[ajı]
polar bear	beyaz ayı	[bæjaz ajı]
panda	panda	[panda]

monkey	maymun	[majmun]
chimpanzee	şempanze	[ʃæmpanzæ]
orangutan	orangutan	[oraŋutan]
gorilla	goril	[goriʎ]
macaque	makak	[makak]
gibbon	jibon	[ʒibon]

elephant	fil	[fiʎ]
rhinoceros	gergedan	[gærgædan]
giraffe	zürafa	[zyrafa]
hippopotamus	su aygırı	[su ajgırı]

| kangaroo | kanguru | [kaŋuru] |
| koala (bear) | koala | [koala] |

mongoose	firavunfaresi	[fıravunfaræsi]
chinchilla	şinşilla	[ʃinʃilla]
skunk	kokarca	[kokardʒa]
porcupine	oklukirpi	[oklukirpi]

212. Domestic animals

cat	kedi	[kædi]
tomcat	erkek kedi	[ærkæk kædi]
horse	at	[at]
stallion	aygır	[ajgır]
mare	kısrak	[kısrak]
cow	inek	[inæk]
bull	boğa	[boa]
ox	öküz	[økyz]
sheep	koyun	[kojun]
ram	koç	[kotʃ]
goat	keçi	[kætʃi]
billy goat, he-goat	teke	[tækæ]
donkey	eşek	[æʃæk]
mule	katır	[katır]
pig	domuz	[domuz]
piglet	domuz yavrusu	[domuz javrusu]
rabbit	tavşan	[tavʃan]
hen (chicken)	tavuk	[tavuk]
rooster	horoz	[horoz]
duck	ördek	[ørdæk]
drake	suna	[suna]
goose	kaz	[kaz]
tom turkey	erkek hindi	[ærkæk hindi]
turkey (hen)	dişi hindi	[diʃi hindi]
domestic animals	evcil hayvanlar	[ævdʒiʎ hajvanlar]
tame (e.g., ~ hamster)	evcil	[ævdʒiʎ]
to tame (vt)	evcilleştirmek	[ævdʒillæʃtirmæk]
to breed (vt)	yetiştirmek	[jætiʃtirmæk]
farm	çiftlik	[tʃiftlik]
poultry	kümse hayvanları	[kymsæ hajvanları]
cattle	çiftlik hayvanları	[tʃiftlik hajvanları]
herd (cattle)	sürü	[syry]
stable	ahır	[ahır]
pigsty	domuz ahırı	[domuz ahırı]
cowshed	inek ahırı	[inæk ahırı]
rabbit hutch	tavşan kafesi	[tavʃan kafæsi]
hen house	tavuk kümesi	[tavuk kymæsi]

213. Dogs. Dog breeds

dog	köpek	[køpæk]
sheepdog	çoban köpeği	[ʧoban køpæi]
poodle	kaniş	[kaniʃ]
dachshund	mastı	[mastı]
bulldog	buldok	[buʌdok]
boxer	boksör köpek	[boksør køpæk]
mastiff	mastı	[mastı]
rottweiler	rottweiler	[rotvæjlær]
Doberman	doberman	[dobærman]
basset	basset av köpeği	[bassæt av køpæi]
bobtail	bobtail	[bobtæjl]
Dalmatian	dalmaçyalı	[daʌmatʃjalı]
cocker spaniel	cocker	[kokær]
Newfoundland	Ternöv köpeği	[tærnøv kopæi]
Saint Bernard	senbernar	[sænbærnar]
husky	haski	[haski]
Chow Chow	chow chow, Çin Aslanı	[ʧau ʧau], [ʧin aslanı]
spitz	Spitz	[ʃpits]
pug	pug	[pag]

214. Sounds made by animals

barking (n)	havlama	[havlama]
to bark (vi)	havlamak	[havlamak]
to meow (vi)	miyavlamak	[mijavlamak]
to purr (vi)	mırlamak	[mırlamak]
to moo (vi)	böğürmek	[bøjurmæk]
to bellow (bull)	böğürmek	[bøjurmæk]
to growl (vi)	uğuldamak	[u:ldamak]
howl (n)	uluma	[uluma]
to howl (vi)	ulumak	[ulumak]
to whine (vi)	çenilemek	[ʧænilæmæk]
to bleat (sheep)	melemek	[mælæmæk]
to oink, to grunt (pig)	domuz homurtusu	[domuz homurtusu]
to squeal (vi)	acıyla havlamak	[adʒijla havlamak]
to croak (vi)	vakvak etmek	[vak vak ætmæk]
to buzz (insect)	vızıldamak	[vızıldamak]
to stridulate (vi)	çekirge sesi çıkarmak	[ʧækirgæ sæsi ʧıkarmak]

215. Young animals

cub	yavru	[javru]
kitten	kedi yavrusu	[kædi javrusu]
baby mouse	fare yavrusu	[faræ javrusu]
pup, puppy	köpek yavrusu	[køpæk javrusu]

leveret	tavşan yavrusu	[tavʃan javrusu]
baby rabbit	yavru tavşan	[javru tavʃan]
wolf cub	kurt yavrusu	[kurt javrusu]
fox cub	tilki yavrusu	[tiʎki javrusu]
bear cub	ayı yavrusu	[ajı javrusu]

lion cub	aslan yavrusu	[aslan javrusu]
tiger cub	kaplan yavrusu	[kaplan javrusu]
elephant calf	fil yavrusu	[fiʎ javrusu]

piglet	domuz yavrusu	[domuz javrusu]
calf (young cow, bull)	dana	[dana]
kid (young goat)	oğlak	[o:lak]
lamb	kuzu	[kuzu]
fawn (young deer)	geyik yavrusu	[gæjık javrusu]
young camel	deve yavrusu	[dævæ javrusu]

| baby snake | yılan yavrusu | [jılan javrusu] |
| baby frog | kurbağacık | [kurba:dʒık] |

nestling	kuş yavrusu	[kuʃ javrusu]
chick (of chicken)	civciv, piliç	[dʒiv dʒiv], [piliʧ]
duckling	ördek yavrusu	[ørdæk javrusu]

216. Birds

bird	kuş	[kuʃ]
pigeon	güvercin	[gyværdʒin]
sparrow	serçe	[særʧæ]
tit	baştankara	[baʃtaŋkara]
magpie	saksağan	[saksa:n]

raven	kara karga, kuzgun	[kara karga], [kuzgun]
crow	karga	[karga]
jackdaw	küçük karga	[kyʧuk karga]
rook	ekin kargası	[ækin kargası]

duck	ördek	[ørdæk]
goose	kaz	[kaz]
pheasant	sülün	[sylyn]
eagle	kartal	[kartal]
hawk	atmaca	[atmadʒa]

falcon	doğan	[doan]
vulture	akbaba	[akbaba]
condor (Andean ~)	kondor	[kondor]

swan	kuğu	[ku:]
crane	turna	[turna]
stork	leylek	[læjlæk]

parrot	papağan	[papa:n]
hummingbird	sinekkuşu	[sinæk kuʃu]
peacock	tavus	[tavus]

ostrich	deve kuşu	[dævæ kuʃu]
heron	balıkçıl	[balıkʧil]
flamingo	flamingo	[flamiŋo]
pelican	pelikan	[pælikan]

| nightingale | bülbül | [byʎbyʎ] |
| swallow | kırlangıç | [kırlaŋıʧ] |

thrush	ardıç kuşu	[ardıʧ kuʃu]
song thrush	öter ardıç kuşu	[øtær ardıʧ kuʃu]
blackbird	karatavuk	[kara tavuk]

swift	sağan	[sa:n]
lark	toygar	[tojgar]
quail	bıldırcın	[bıldırdʒın]

woodpecker	ağaçkakan	[a:ʧkakan]
cuckoo	guguk	[guguk]
owl	baykuş	[bajkuʃ]
eagle owl	puhu kuşu	[puhu kuʃu]
wood grouse	çalıhorozu	[ʧalı horozu]
black grouse	kayın tavuğu	[kajın tavu:]
partridge	keklik	[kæklik]

starling	sığırcık	[sıjırdʒık]
canary	kanarya	[kanarja]
hazel grouse	çil	[ʧiʎ]
chaffinch	ispinoz	[ispinoz]
bullfinch	şakrak kuşu	[ʃakrak kuʃu]

seagull	martı	[martı]
albatross	albatros	[aʎbatros]
penguin	penguen	[pæŋuæn]

217. Birds. Singing and sounds

| to sing (vi) | ötmek | [øtmæk] |
| to call (animal, bird) | bağırmak | [baırmak] |

cock-a-doodle-doo	kukuriku	[kukuriku]
to cluck (hen)	gıdaklamak	[gıdaklamak]
to caw (vi)	gaklamak	[gaklamak]
to quack (duck)	vakvak etmek	[vak vak ætmæk]
to cheep (vi)	cıvıldamak	[dʒivıldamak]
to chirp, to twitter	cıvıldamak	[dʒivıldamak]

218. Fish. Marine animals

bream	çapak balığı	[tʃapak balı:]
carp	sazan	[sazan]
perch	tatlı su levreği	[tatlı su lævræi]
catfish	yayın	[jajın]
pike	turna balığı	[turna balı:]

salmon	som balığı	[som balı:]
sturgeon	mersin balığı	[mærsin balı:]

herring	ringa	[riŋa]
Atlantic salmon	som, somon	[som], [somon]
mackerel	uskumru	[uskumru]
flatfish	kalkan	[kalkan]

zander, pike perch	uzunlevrek	[uzunlævræk]
cod	morina balığı	[morina balı:]
tuna	ton balığı	[ton balı:]
trout	alabalık	[alabalık]

eel	yılan balığı	[jılan balı:]
electric ray	torpilbalığı	[torpil balı:]

moray eel	murana	[murana]
piranha	pirana	[pirana]

shark	köpek balığı	[køpæk balı:]
dolphin	yunus	[junus]
whale	balina	[balina]

crab	yengeç	[jæŋætʃ]
jellyfish	denizanası	[dæniz anası]
octopus	ahtapot	[ahtapot]

starfish	deniz yıldızı	[dæniz jıldızı]
sea urchin	deniz kirpisi	[dæniz kirpisi]
seahorse	denizatı	[dænizatı]

oyster	istiridye	[istiridʲæ]
shrimp	karides	[karidæs]
lobster	ıstakoz	[ıstakoz]
spiny lobster	langust	[laŋust]

219. Amphibians. Reptiles

snake	yılan	[jılan]
venomous (snake)	zehirli	[zæhirli]
viper	engerek	[æŋiræk]
cobra	kobra	[kobra]
python	piton	[piton]
boa	boa yılanı	[boa jılanı]
grass snake	çayır yılanı	[ʧajır jılanı]
rattle snake	çıngıraklı yılan	[ʧırgıraklı jılan]
anaconda	anakonda	[anakonda]
lizard	kertenkele	[kærtæŋkælæ]
iguana	iguana	[iguana]
monitor lizard	varan	[varan]
salamander	salamandra	[salamandra]
chameleon	bukalemun	[bukalæmun]
scorpion	akrep	[akræp]
turtle	kaplumbağa	[kaplumba:]
frog	kurbağa	[kurba:]
toad	kara kurbağa	[kara kurba:]
crocodile	timsah	[timsah]

220. Insects

insect, bug	böcek, haşere	[bødʒæk], [haʃæræ]
butterfly	kelebek	[kælæbæk]
ant	karınca	[karındʒa]
fly	sinek	[sinæk]
mosquito	sivri sinek	[sivri sinæk]
beetle	böcek	[bødʒæk]
wasp	eşek arısı	[æʃæk arısı]
bee	arı	[arı]
bumblebee	toprak yabanarısı	[toprak jabanarası]
gadfly	at sineği	[at sinæi]
spider	örümcek	[ørymdʒæk]
spider's web	örümcek ağı	[ørymdʒæk aı]
dragonfly	kız böceği	[kız bødʒæi]
grasshopper	çekirge	[ʧækirgæ]
moth (night butterfly)	pervane	[pærvanæ]
cockroach	hamam böceği	[hamam bødʒæi]
tick	kene, sakırga	[kænæ], [sakırga]

flea	pire	[piræ]
midge	tatarcık	[tatardʒık]

locust	çekirge	[tʃækirgæ]
snail	sümüklü böcek	[symykly bødʒæk]
cricket	cırcırböceği	[dʒırdʒır bødʒæi]
lightning bug	ateş böceği	[atæʃ bødʒæi]
ladybug	uğur böceği	[u:r bødʒæi]
cockchafer	mayıs böceği	[majıs bødʒæi]

leech	sülük	[sylyk]
caterpillar	tırtıl	[tırtıl]
earthworm	solucan	[soludʒan]
larva	kurtçuk	[kurtʃuk]

221. Animals. Body parts

beak	gaga	[gaga]
wings	kanatlar	[kanatlar]
foot (of bird)	ayak	[ajak]

feathering	tüyler	[tyjlær]
feather	tüy	[tyj]
crest	sorguç	[sorgutʃ]

gill	solungaç	[soluŋatʃ]
spawn	yumurta	[jumurta]
larva	kurtçuk	[kurtʃuk]

fin	yüzgeç	[juzgætʃ]
scales (of fish, reptile)	pul, deri	[pul], [dæri]

fang (canine)	köpekdişi	[køpækdiʃi]
paw (e.g., cat's ~)	ayak	[ajak]
muzzle (snout)	hayvan burnu	[hajvan burnu]
mouth (of cat, dog)	ağız	[aız]

tail	kuyruk	[kujruk]
whiskers	bıyık	[bıjık]

hoof	toynak	[tojnak]
horn	boynuz	[bojnuz]

carapace	kaplumbağa kabuğu	[kaplumba: kabu:]
shell (of mollusk)	kabuk	[kabuk]
eggshell	yumurta kabuğu	[jumurta kabu:]

animal's hair (pelage)	tüy	[tyj]

pelt (hide)	deri	[dæri]

222. Actions of animals

to fly (vi)	uçmak	[utʃmak]
to make circles	dönüp durmak	[dønyp durmak]
to fly away	uçup gitmek	[utʃup gitmæk]
to flap (~ the wings)	sallamak	[sallamak]
to peck (vi)	gagalamak	[gagalamak]
to sit on eggs	kuluçkaya yatmak	[kulutʃkaja jatmak]
to hatch out (vi)	yumurtadan çıkmak	[jumurtadan tʃikmak]
to build the nest	yuva yapmak	[juva japmak]
to slither, to crawl	sürünmek	[syrynmæk]
to sting, to bite (insect)	sokmak	[sokmak]
to bite (ab. animal)	ısırmak	[ısırmak]
to sniff (vt)	koklamak	[koklamak]
to bark (vi)	havlamak	[havlamak]
to hiss (snake)	tıslamak	[tıslamak]
to scare (vt)	korkutmak	[korkutmak]
to attack (vt)	saldırmak	[saldırmak]
to gnaw (bone, etc.)	kemirmek	[kæmirmæk]
to scratch (with claws)	tırmalamak	[tırmalamak]
to hide (vi)	saklanmak	[saklanmak]
to play (kittens, etc.)	oynamak	[ojnamak]
to hunt (vi, vt)	avlamak	[avlamak]
to hibernate (vi)	kış uykusuna yatmak	[kıʃ ujkusuna jatmak]
to become extinct	nesli tükenmek	[næsli tykænmæk]

223. Animals. Habitats

habitat	doğal ortam	[doal ortam]
migration	göç	[gøtʃ]
mountain	dağ	[da:]
reef	resif	[ræsif]
cliff	kaya	[kaja]
forest	orman	[orman]
jungle	cengel	[dʒæŋæʎ]
savanna	savana	[savana]
tundra	tundura, tundra	[tundura], [tundra]
steppe	bozkır	[bozkır]
desert	çöl	[tʃoʎ]
oasis	vaha	[vaha]
sea	deniz	[dæniz]

| lake | göl | [gøʎ] |
| ocean | okyanus | [okjanus] |

swamp	bataklık	[bataklık]
freshwater (adj)	tatlı su	[tatlı su]
pond	gölet	[gølæt]
river	nehir, ırmak	[næhir], [ırmak]

den	ayı ini	[ajı inı]
nest	yuva	[juva]
hollow (in a tree)	kovuk	[kovuk]
burrow (animal hole)	in	[in]
anthill	karınca yuvası	[karındʒa juvası]

224. Animal care

| zoo | hayvanat bahçesi | [hajvanat bahtʃæsi] |
| nature preserve | doğa koruma alanı | [doa koruma alanı] |

breeder, breed club	hayvan yetiştiricisi	[hajvan jætiʃtiridʒisi]
open-air cage	açık hava kafesi	[atʃık hava kafæsi]
cage	kafes	[kafæs]
kennel	köpek kulübesi	[køpæk kylybæsi]

dovecot	güvercinlik	[gyværdʒinlik]
aquarium	akvaryum	[akvarjym]
dolphinarium	yunus akvaryumu	[junus akvariumu]

to breed (animals)	beslemek	[bæslæmæk]
brood, litter	yavru, nesil	[javru], [næsiʎ]
to tame (vt)	evcilleştirmek	[ævdʒillæʃtirmæk]
feed (fodder, etc.)	yem	[jæm]
to feed (vt)	beslemek	[bæslæmæk]
to train (animals)	terbiye etmek	[tærbijæ ætmæk]

pet store	evcil hayvan dükkanı	[ævdʒiʎ hajvan dykkanı]
muzzle (for dog)	ağızlık	[aızlık]
collar	tasma	[tasma]
name (of animal)	ad	[ad]
pedigree (of dog)	cins hayvan	[dʒins hajvan]

225. Animals. Miscellaneous

pack (wolves)	sürü	[syry]
flock (birds)	kuş sürüsü	[kuʃ syrysy]
shoal (fish)	balık sürüsü	[balık syrysy]
herd of horses	at sürüsü	[at syrysy]
male (n)	erkek	[ærkæk]

female	dişi	[diʃi]
hungry (adj)	aç	[atʃ]
wild (adj)	vahşi	[vahʃi]
dangerous (adj)	tehlikeli	[tæhlikæli]

226. Horses

horse	at	[at]
breed (race)	cins, ırk	[dʒins], [ırk]

foal, colt	tay	[taj]
mare	kısrak	[kısrak]

mustang	yabani at	[jabani at]
pony	midilli	[midilli]
draft horse	beygir	[bæjgir]

mane	yele	[jælæ]
tail	kuyruk	[kujruk]

hoof	toynak	[tojnak]
horseshoe	nal	[nal]
to shoe (vt)	nallamak	[nallamak]
blacksmith	nalbant	[nalbant]

saddle	eyer	[æjær]
stirrup	üzengi	[juzæŋi]
bridle	dizgin	[dizgin]
reins	dizginler	[dizginlær]
whip (for riding)	kırbaç	[kırbatʃ]

rider	binici	[binidʒi]
to break in (horse)	eğitmek, terbiye etmek	[æitmæk, tærbijæ ætmæk]
to saddle (vt)	eyerlemek	[æjærlæmæk]
to mount a horse	ata binmek	[ata binmæk]

gallop	dört nal	[dørt nal]
to gallop (vi)	dörtnala gitmek	[dørtnala gitmæk]
trot (n)	tırıs	[tırıs]
at a trot (adv)	tırısta	[tırısta]

racehorse	yarış atı	[jarıʃ atı]
horse racing	at yarışı	[æt jarıʃı]

stable	ahır	[ahır]
to feed (vt)	beslemek	[bæslæmæk]
hay	saman, kuru ot	[saman], [kuru ot]
to water (animals)	sulamak	[sulamak]
to wash (horse)	tımarlamak	[tımarlamak]

to hobble (tether)	**kösteklemek**	[køstæklæmæk]
to graze (vi)	**otlanmak**	[otlanmak]
to neigh (vi)	**kişnemek**	[kiʃnæmæk]
to kick (horse)	**tepmek**	[tæpmæk]

Flora

227. Trees

tree	ağaç	[a:tʃ]
deciduous (adj)	geniş yapraklı	[gæniʃ japraklı]
coniferous (adj)	iğne yapraklı	[i:næ japraklı]
evergreen (adj)	her dem taze	[hær dæm tazæ]

apple tree	elma ağacı	[æʎma a:dʒı]
pear tree	armut ağacı	[armut a:dʒı]
sweet cherry tree	kiraz ağacı	[kiraz a:dʒı]
sour cherry tree	vişne ağacı	[viʃnæ a:dʒı]
plum tree	erik ağacı	[ærik a:dʒı]

birch	huş ağacı	[huʃ a:dʒı]
oak	meşe	[mæʃæ]
linden tree	ıhlamur	[ıhlamur]
aspen	titrek kavak	[titræk kavak]
maple	akça ağaç	[aktʃa a:tʃ]

spruce	ladin ağacı	[ladin a:dʒı]
pine	çam ağacı	[tʃam a:dʒı]
larch	melez ağacı	[mælæz a:dʒı]
fir tree	köknar	[køknar]
cedar	sedir	[sædir]

| poplar | kavak | [kavak] |
| rowan | üvez ağacı | [juvæz a:dʒı] |

| willow | söğüt | [søjut] |
| alder | kızılağaç | [kızıla:tʃ] |

| beech | kayın | [kajın] |
| elm | karaağaç | [kara a:tʃ] |

| ash (tree) | dişbudak ağacı | [diʃbudak a:dʒı] |
| chestnut | kestane | [kæstanæ] |

magnolia	manolya	[manoʎja]
palm tree	palmiye	[paʎmijæ]
cypress	servi	[særvi]

baobab	baobab ağacı	[baobab a:dʒı]
eucalyptus	okaliptüs	[okaliptys]
sequoia	sekoya	[sækoja]

228. Shrubs

bush	çalı	[tʃalı]
shrub	çalılık	[tʃalılık]
grapevine	üzüm	[juzym]
vineyard	bağ	[ba:]
raspberry bush	ahududu	[ahududu]
redcurrant bush	kırmızı frenk üzümü	[kırmızı fræŋk juzymy]
gooseberry bush	bektaşi üzümü	[bæktaʃi juzymy]
acacia	akasya	[akasja]
barberry	diken üzümü	[dikæn juzymy]
jasmine	yasemin	[jasæmin]
juniper	ardıç	[ardıtʃ]
rosebush	gül ağacı	[gyʎ a:dʒı]
dog rose	yaban gülü	[jaban gyly]

229. Mushrooms

mushroom	mantar	[mantar]
edible mushroom	yenir mantar	[jænir mantar]
toadstool	zehirli mantar	[zæhirli mantar]
cap (of mushroom)	baş	[baʃ]
stipe (of mushroom)	ayak	[ajak]
cep (Boletus edulis)	bir mantar türü	[bir mantar tyry]
orange-cap boletus	kavak mantarı	[kavak mantarı]
birch bolete	ak ağaç mantarı	[ak a:tʃ mantarı]
chanterelle	horozmantarı	[horoz mantarı]
russula	çiğ yenen mantar	[tʃi: jænæn mantar]
morel	kuzu mantarı	[kuzu mantarı]
fly agaric	sinek mantarı	[sinæk mantarı]
death cap	köygöçüren mantarı	[køjgytʃuræn mantarı]

230. Fruits. Berries

fruit	meyve	[mæjvæ]
fruits	meyveler	[mæjvælær]
apple	elma	[æʎma]
pear	armut	[armut]
plum	erik	[ærik]
strawberry	çilek	[tʃilæk]
sour cherry	vişne	[viʃnæ]

sweet cherry	**kiraz**	[kiraz]
grape	**üzüm**	[juzym]
raspberry	**ahududu**	[ahududu]
blackcurrant	**siyah frenküzümü**	[sijah fræŋkjuzymy]
redcurrant	**kırmızı frenk üzümü**	[kırmızı fræŋk juzymy]
gooseeberry	**bektaşi üzümü**	[bæktaʃi juzymy]
cranberry	**kızılcık**	[kızıldʒık]
orange	**portakal**	[portakal]
mandarin	**mandalina**	[mandalina]
pineapple	**ananas**	[ananas]
banana	**muz**	[muz]
date	**hurma**	[hurma]
lemon	**limon**	[limon]
apricot	**kayısı**	[kajısı]
peach	**şeftali**	[ʃæftali]
kiwi	**kivi**	[kivi]
grapefruit	**greypfrut**	[græjpfrut]
berry	**meyve, yemiş**	[mæjvæ], [jæmiʃ]
berries	**yemişler**	[jæmiʃler]
cowberry	**kırmızı yabanmersini**	[kırmızı jaban mærsini]
field strawberry	**yabani çilek**	[jabani tʃilæk]
bilberry	**yaban mersini**	[jaban mærsini]

231. Flowers. Plants

flower	**çiçek**	[tʃitʃæk]
bouquet (of flowers)	**demet**	[dæmæt]
rose (flower)	**gül**	[gyʎ]
tulip	**lale**	[ʎalæ]
carnation	**karanfil**	[karanfiʎ]
gladiolus	**glayöl**	[glajoʎ]
cornflower	**peygamber çiçeği**	[pæjgambær tʃitʃæi]
bluebell	**çançiçeği**	[tʃantʃitʃæi]
dandelion	**hindiba**	[hindiba]
camomile	**papatya**	[papatja]
aloe	**sarısabır**	[sarısabır]
cactus	**kaktüs**	[kaktys]
rubber plant, ficus	**kauçuk ağacı**	[kautʃuk a:dʒı]
lily	**zambak**	[zambak]
geranium	**sardunya**	[sardunija]
hyacinth	**sümbül**	[symbyʎ]
mimosa	**mimoza**	[mimoza]

| narcissus | nergis | [nærgis] |
| nasturtium | latinçiçeği | [latin ʧiʧæi] |

orchid	orkide	[orkidæ]
peony	şakayık	[ʃakajɪk]
violet	menekşe	[mænækʃæ]

pansy	hercai menekşe	[hærʤai mænækʃæ]
forget-me-not	unutmabeni	[unutmabæni]
daisy	papatya	[papatja]

poppy	haşhaş	[haʃhaʃ]
hemp	kendir	[kændir]
mint	nane	[nanæ]

| lily of the valley | inci çiçeği | [inʤi ʧiʧæi] |
| snowdrop | kardelen | [kardælæn] |

nettle	ısırgan otu	[ɪsɪrgan otu]
sorrel	kuzukulağı	[kuzukulaɪ]
water lily	beyaz nilüfer	[bæjaz nilyfær]
fern	eğreltiotu	[ægrælti̇otu]
lichen	liken	[likæn]

tropical greenhouse	limonluk	[limonlyk]
grass lawn	çimen	[ʧimæn]
flowerbed	çiçek tarhı	[ʧiʧæk tarhɪ]

plant	bitki	[bitki]
grass, herb	ot	[ot]
blade of grass	ot çöpü	[ot ʧopy]

leaf	yaprak	[japrak]
petal	taçyaprağı	[tatʃjapraɪ]
stem	sap	[sap]
tuber	yumru	[jumru]

| young plant (shoot) | filiz | [filiz] |
| thorn | diken | [dikæn] |

to blossom (vi)	çiçeklenmek	[ʧiʧæklænmæk]
to fade, to wither	solmak	[solmak]
smell (odor)	koku	[koku]
to cut (flowers)	kesmek	[kæsmæk]
to pick (a flower)	koparmak	[koparmak]

232. Cereals, grains

| grain | tahıl, tane | [tahɪl], [tanæ] |
| cereal crops | tahıllar | [tahɪllar] |

ear (of barley, etc.)	başak	[baʃak]
wheat	buğday	[bu:daj]
rye	çavdar	[ʧavdar]
oats	yulaf	[julaf]
millet	darı	[darı]
barley	arpa	[arpa]

corn	mısır	[mısır]
rice	pirinç	[pirinʧ]
buckwheat	karabuğday	[karabu:daj]

pea plant	bezelye	[bæzæʎæ]
kidney bean	fasulye	[fasuʎæ]
soy	soya	[soja]
lentil	mercimek	[mærʤimæk]
beans (pulse crops)	bakla	[bakla]

233. Vegetables. Greens

| vegetables | sebze | [sæbzæ] |
| greens | yeşillik | [jæʃiʎik] |

tomato	domates	[domatæs]
cucumber	salatalık	[salatalık]
carrot	havuç	[havuʧ]
potato	patates	[patatæs]
onion	soğan	[soan]
garlic	sarımsak	[sarımsak]

cabbage	lahana	[ʎahana]
cauliflower	karnabahar	[karnabahar]
Brussels sprouts	Brüksel lâhanası	[bryksæʎ ʎahanası]

beetroot	pancar	[panʤar]
eggplant	patlıcan	[patlıʤan]
zucchini	sakız kabağı	[sakız kabaı]
pumpkin	kabak	[kabak]
turnip	şalgam	[ʃalgam]

parsley	maydanoz	[majdanoz]
dill	dereotu	[dæræotu]
lettuce	yeşil salata	[jæʃiʎ salata]
celery	kereviz	[kæræviz]
asparagus	kuşkonmaz	[kuʃkonmaz]
spinach	ıspanak	[ıspanak]

pea	bezelye	[bæzæʎæ]
beans	fasulye	[fasuʎæ]
corn (maize)	mısır	[mısır]
kidney bean	fasulye	[fasuʎæ]

pepper	**biber**	[bibær]
radish	**turp**	[turp]
artichoke	**enginar**	[æŋinar]

REGIONAL GEOGRAPHY

Countries. Nationalities

234. Western Europe

Europe	Avrupa	[avrupa]
European Union	Avrupa Birliği	[avrupa birli:]
European (n)	Avrupalı	[avrupalı]
European (adj)	Avrupa	[avrupa]
Austria	Avusturya	[avusturja]
Austrian (masc.)	Avusturyalı	[avusturjalı]
Austrian (fem.)	Avusturyalı	[avusturjalı]
Austrian (adj)	Avusturya	[avusturja]
Great Britain	Büyük Britanya	[byjuk britaŋja]
England	İngiltere	[iŋiʌtæræ]
British (masc.)	İngiliz	[iŋiliz]
British (fem.)	İngiliz	[iŋiliz]
English, British (adj)	İngiliz	[iŋiliz]
Belgium	Belçika	[bæʌtʃika]
Belgian (masc.)	Belçikalı	[bæʌtʃikalı]
Belgian (fem.)	Belçikalı	[bæʌtʃikalı]
Belgian (adj)	Belçika	[bæʌtʃika]
Germany	Almanya	[almaŋja]
German (masc.)	Alman	[alman]
German (fem.)	Alman	[alman]
German (adj)	Alman	[alman]
Netherlands	Hollanda	[hollanda]
Holland	Hollanda	[hollanda]
Dutchman	Hollandalı	[hollandalı]
Dutchwoman	Hollandalı	[hollandalı]
Dutch (adj)	Hollanda	[hollanda]
Greece	Yunanistan	[junanistan]
Greek (masc.)	Yunan	[junan]
Greek (fem.)	Yunan	[junan]
Greek (adj)	Yunan	[junan]
Denmark	Danimarka	[danimarka]
Dane (masc.)	Danimarkalı	[danimarkalı]

| Dane (fem.) | Danimarkalı | [danimarkalı] |
| Danish (adj) | Danimarka | [danimarka] |

Ireland	İrlanda	[irlanda]
Irishman	İrlandalı	[irlandalı]
Irishwoman	İrlandalı	[irlandalı]
Irish (adj)	İrlanda	[irlanda]

Iceland	İzlanda	[izlanda]
Icelander (masc.)	İzlandalı	[izlandalı]
Icelander (fem.)	İzlandalı	[izlandalı]
Icelandic (adj)	İzlanda	[izlanda]

Spain	İspanya	[ispaɲja]
Spaniard (masc.)	İspanyol	[ispaɲjol]
Spaniard (fem.)	İspanyol	[ispaɲjol]
Spanish (adj)	İspanyol	[ispaɲjol]

Italy	İtalya	[itaʎja]
Italian (masc.)	İtalyan	[itaʎjan]
Italian (fem.)	İtalyan	[itaʎjan]
Italian (adj)	İtalyan	[itaʎjan]

Cyprus	Kıbrıs	[kıbrıs]
Cypriot (masc.)	Kıbrıslı	[kıbrıslı]
Cypriot (fem.)	Kıbrıslı	[kıbrıslı]
Cypriot (adj)	Kıbrıs	[kıbrıs]

Malta	Malta	[maʎta]
Maltese (masc.)	Maltalı	[maʎtalı]
Maltese (fem.)	Maltalı	[maʎtalı]
Maltese (adj)	Malta	[maʎta]

Norway	Norveç	[norvætʃ]
Norwegian (masc.)	Norveçli	[norvætʃli]
Norwegian (fem.)	Norveçli	[norvætʃli]
Norwegian (adj)	Norveç	[norvætʃ]

Portugal	Portekiz	[portækiz]
Portuguese (masc.)	Portekizli	[portækizli]
Portuguese (fem.)	Portekizli	[portækizli]
Portuguese (adj)	Portekiz	[portækiz]

Finland	Finlandiya	[finʎandja]
Finn (masc.)	Fin	[fin]
Finn (fem.)	Fin	[fin]
Finnish (adj)	Fin	[fin]

France	Fransa	[fransa]
Frenchman	Fransız	[fransız]
Frenchwoman	Fransız	[fransız]
French (adj)	Fransız	[fransız]

Sweden	İsveç	[isvæt͡ʃ]
Swede (masc.)	İsveçli	[isvæt͡ʃli]
Swede (fem.)	İsveçli	[isvæt͡ʃli]
Swedish (adj)	İsveç	[isvæt͡ʃ]

Switzerland	İsviçre	[isvit͡ʃræ]
Swiss (masc.)	İsviçreli	[isvit͡ʃræli]
Swiss (fem.)	İsviçreli	[isvit͡ʃræli]
Swiss (adj)	İsviçre	[isvit͡ʃræ]

Scotland	İskoçya	[iskot͡ʃja]
Scottish (masc.)	İskoçyalı	[iskot͡ʃjalı]
Scottish (fem.)	İskoçyalı	[iskot͡ʃjalı]
Scottish (adj)	İskoç	[iskot͡ʃ]

Vatican	Vatikan	[vatikan]
Liechtenstein	Lihtenştayn	[lihtænʃtajn]
Luxembourg	Lüksemburg	[lyksæmburg]
Monaco	Monako	[monako]

235. Central and Eastern Europe

Albania	Arnavutluk	[arnavutluk]
Albanian (masc.)	Arnavut	[arnavut]
Albanian (fem.)	Arnavut	[arnavut]
Albanian (adj)	Arnavut	[arnavut]

Bulgaria	Bulgaristan	[bulgaristan]
Bulgarian (masc.)	Bulgar	[bulgar]
Bulgarian (fem.)	Bulgar	[bulgar]
Bulgarian (adj)	Bulgar	[bulgar]

Hungary	Macaristan	[madʒaristan]
Hungarian (masc.)	Macar	[madʒar]
Hungarian (fem.)	Macar	[madʒar]
Hungarian (adj)	Macar	[madʒar]

Latvia	Letonya	[lætoɲja]
Latvian (masc.)	Letonyalı	[lætoɲjalı]
Latvian (fem.)	Letonyalı	[lætoɲjalı]
Latvian (adj)	Letonya	[lætoɲja]

Lithuania	Litvanya	[litvaɲja]
Lithuanian (masc.)	Litvanyalı	[litvaɲjalı]
Lithuanian (fem.)	Litvanyalı	[litvaɲjalı]
Lithuanian (adj)	Litvanya	[litvaɲja]

Poland	Polonya	[poloɲja]
Pole (masc.)	Leh	[læh]
Pole (fem.)	Leh	[læh]

Polish (adj)	Leh	[læh]
Romania	Romanya	[romaɲja]
Romanian (masc.)	Romanyalı	[romaɲjalı]
Romanian (fem.)	Romanyalı	[romaɲjalı]
Romanian (adj)	Rumen	[rumæn]

Serbia	Sırbistan	[sırbistan]
Serbian (masc.)	Sırp	[sırp]
Serbian (fem.)	Sırp	[sırp]
Serbian (adj)	Sırp	[sırp]

Slovakia	Slovakya	[slovakja]
Slovak (masc.)	Slovak	[slovak]
Slovak (fem.)	Slovak	[slovak]
Slovak (adj)	Slovak	[slovak]

Croatia	Hırvatistan	[hırvatistan]
Croatian (masc.)	Hırvat	[hırvat]
Croatian (fem.)	Hırvat	[hırvat]
Croatian (adj)	Hırvat	[hırvat]

Czech Republic	Çek Cumhuriyeti	[ʧæk ʤumhurijæti]
Czech (masc.)	Çek	[ʧæk]
Czech (fem.)	Çek	[ʧæk]
Czech (adj)	Çek	[ʧæk]

Estonia	Estonya	[æstoɲja]
Estonian (masc.)	Estonyalı	[æstoɲjalı]
Estonian (fem.)	Estonyalı	[æstoɲjalı]
Estonian (adj)	Estonya	[æstoɲja]

Bosnia-Herzegovina	Bosna-Hersek	[bosna hærtsæk]
Macedonia	Makedonya	[makædoɲja]
Slovenia	Slovenya	[slovæɲja]
Montenegro	Karadağ	[karada:]

236. Former USSR countries

Azerbaijan	Azerbaycan	[azærbajʤan]
Azerbaijani (masc.)	Azerbaycanlı	[azærbajʤanlı]
Azerbaijani (fem.)	Azerbaycanlı	[azærbajʤanlı]
Azerbaijani (adj)	Azerbaycan	[azærbajʤan]

Armenia	Ermenistan	[ærmænistan]
Armenian (masc.)	Ermeni	[ærmæni]
Armenian (fem.)	Ermeni	[ærmæni]
Armenian (adj)	Ermeni	[ærmæni]

Belarus	Beyaz Rusya	[bæjaz rusja]
Belarusian (masc.)	Beyaz Rusyalı	[bæjaz rusjalı]

Belarusian (fem.)	**Beyaz Rusyalı**	[bæjaz rusjalı]
Belarusian (adj)	**Beyaz Rusça**	[bæjaz rustʃa]
Georgia	**Gürcistan**	[gyrdʒistan]
Georgian (masc.)	**Gürcü**	[gyrdʒy]
Georgian (fem.)	**Gürcü**	[gyrdʒy]
Georgian (adj)	**Gürcü**	[gyrdʒy]
Kazakhstan	**Kazakistan**	[kazakistan]
Kazakh (masc.)	**Kazak**	[kazak]
Kazakh (fem.)	**Kazak**	[kazak]
Kazakh (adj)	**Kazak**	[kazak]
Kirghizia	**Kırgızistan**	[kırgızistan]
Kirghiz (masc.)	**Kırgız**	[kırgız]
Kirghiz (fem.)	**Kırgız**	[kırgız]
Kirghiz (adj)	**Kırgız**	[kırgız]
Moldavia	**Moldova**	[moldova]
Moldavian (masc.)	**Moldovalı**	[moldovalı]
Moldavian (fem.)	**Moldovalı**	[moldovalı]
Moldavian (adj)	**Moldovalı**	[moldovalı]
Russia	**Rusya**	[rusja]
Russian (masc.)	**Rus**	[rus]
Russian (fem.)	**Rus**	[rus]
Russian (adj)	**Rus**	[rus]
Tajikistan	**Tacikistan**	[tadʒikistan]
Tajik (masc.)	**Tacik**	[tadʒik]
Tajik (fem.)	**Tacik**	[tadʒik]
Tajik (adj)	**Tacik**	[tadʒik]
Turkmenistan	**Türkmenistan**	[tyrkmænistan]
Turkmen (masc.)	**Türkmen**	[tyrkmæn]
Turkmen (fem.)	**Türkmen**	[tyrkmæn]
Turkmenian (adj)	**Türkmen**	[tyrkmæn]
Uzbekistan	**Özbekistan**	[øzbækistan]
Uzbek (masc.)	**Özbek**	[øzbæk]
Uzbek (fem.)	**Özbek**	[øzbæk]
Uzbek (adj)	**Özbek**	[øzbæk]
Ukraine	**Ukrayna**	[ukrajna]
Ukrainian (masc.)	**Ukraynalı**	[ukrajnalı]
Ukrainian (fem.)	**Ukraynalı**	[ukrajnalı]
Ukrainian (adj)	**Ukrayna**	[ukrajna]

237. Asia

Asia	**Asya**	[asja]
Asian (adj)	**Asya**	[asja]

Vietnam	Vietnam	[vʲætnam]
Vietnamese (masc.)	Vietnamlı	[vʲætnamlı]
Vietnamese (fem.)	Vietnamlı	[vʲætnamlı]
Vietnamese (adj)	Vietnam	[vʲætnam]

India	Hindistan	[hindistan]
Indian (masc.)	Hintli	[hintli]
Indian (fem.)	Hintli	[hintli]
Indian (adj)	Hintli	[hintli]

Israel	İsrail	[israiʎ]
Israeli (masc.)	İsrailli	[israiʎi]
Israeli (fem.)	İsrailli	[israiʎi]
Israeli (adj)	İsrail	[israiʎ]

Jew (n)	Yahudi	[jahudi]
Jewess (n)	Yahudi	[jahudi]
Jewish (adj)	Yahudi	[jahudi]

China	Çin	[tʃin]
Chinese (masc.)	Çinli	[tʃinli]
Chinese (fem.)	Çinli	[tʃinli]
Chinese (adj)	Çin	[tʃin]

Korean (masc.)	Koreli	[koræli]
Korean (fem.)	Koreli	[koræli]
Korean (adj)	Kore	[koræ]

Lebanon	Lübnan	[lybnan]
Lebanese (masc.)	Lübnanlı	[lybnanlı]
Lebanese (fem.)	Lübnanlı	[lybnanlı]
Lebanese (adj)	Lübnanlı	[lybnanlı]

Mongolia	Moğolistan	[mo:listan]
Mongolian (masc.)	Moğol	[mo:l]
Mongolian (fem.)	Moğol	[mo:l]
Mongolian (adj)	Moğol	[mo:l]

Malaysia	Malezya	[malæzja]
Malaysian (masc.)	Malay	[malaj]
Malaysian (fem.)	Malay	[malaj]
Malaysian (adj)	Malay	[malaj]

Pakistan	Pakistan	[pakistan]
Pakistani (masc.)	Pakistanlı	[pakistanlı]
Pakistani (fem.)	Pakistanlı	[pakistanlı]
Pakistani (adj)	Pakistan	[pakistan]

Saudi Arabia	Suudi Arabistan	[su:di arabistan]
Arab (masc.)	Arap	[arap]
Arab (fem.)	Arap	[arap]
Arabian (adj)	Arap	[arap]

Thailand	Tayland	[tailand]
Thai (masc.)	Taylandlı	[tajlandlı]
Thai (fem.)	Taylandlı	[tajlandlı]
Thai (adj)	Taylandlı	[tajlandlı]

Taiwan	Tayvan	[tajvan]
Taiwanese (masc.)	Tayvanlı	[tajvanlı]
Taiwanese (fem.)	Tayvanlı	[tajvanlı]
Taiwanese (adj)	Tayvanlı	[tajvanlı]

Turkey	Türkiye	[tyrkijæ]
Turk (masc.)	Türk	[tyrk]
Turk (fem.)	Türk	[tyrk]
Turkish (adj)	Türk, Türkçe	[tyrk], [tyrktʃæ]

Japan	Japonya	[ʒapoŋja]
Japanese (masc.)	Japon	[ʒapon]
Japanese (fem.)	Japon	[ʒapon]
Japanese (adj)	Japon	[ʒapon]

Afghanistan	Afganistan	[afganistan]
Bangladesh	Bangladeş	[baŋladæʃ]
Indonesia	Endonezya	[ændonæzja]
Jordan	Ürdün	[urdyn]

Iraq	Irak	[ırak]
Iran	İran	[iran]

Cambodia	Kamboçya	[kambotʃja]
Kuwait	Kuveyt	[kuvæjt]

Laos	Laos	[laos]
Myanmar	Myanmar	[mjanmar]
Nepal	Nepal	[næpal]
United Arab Emirates	Birleşik Arap Emirlikleri	[birlæʃik arap æmirliklæri]

Syria	Suriye	[surijæ]
South Korea	Güney Kore	[gynæj koræ]
North Korea	Kuzey Kore	[kuzæj koræ]

238. North America

United States of America	Amerika Birleşik Devletleri	[amærika birlæʃik dævlætlæri]
American (masc.)	Amerikalı	[amærikalı]
American (fem.)	Amerikalı	[amærikalı]
American (adj)	Amerikan	[amærikan]

Canada	Kanada	[kanada]
Canadian (masc.)	Kanadalı	[kanadalı]

Canadian (fem.)	Kanadalı	[kanadalı]
Canadian (adj)	Kanada	[kanada]
Mexico	Meksika	[mæksika]
Mexican (masc.)	Meksikalı	[mæksikalı]
Mexican (fem.)	Meksikalı	[mæksikalı]
Mexican (adj)	Meksika	[mæksika]

239. Central and South America

Argentina	Arjantin	[arʒantin]
Argentinian (masc.)	Arjantinli	[arʒantinli]
Argentinian (fem.)	Arjantinli	[arʒantinli]
Argentinian (adj)	Arjantin	[arʒantin]

Brazil	Brezilya	[bræziʎja]
Brazilian (masc.)	Brezilyalı	[bræziʎjalı]
Brazilian (fem.)	Brezilyalı	[bræziʎjalı]
Brazilian (adj)	Brezilya	[bræziʎja]

Colombia	Kolombiya	[kolombija]
Colombian (masc.)	Kolombiyalı	[kolombijalı]
Colombian (fem.)	Kolombiyalı	[kolombijalı]
Colombian (adj)	Kolombiyalı	[kolombijalı]

Cuba	Küba	[kyba]
Cuban (masc.)	Kübalı	[kybalı]
Cuban (fem.)	Kübalı	[kybalı]
Cuban (adj)	Küba	[kyba]

Chile	Şili	[ʃili]
Chilean (masc.)	Şilili	[ʃilili]
Chilean (fem.)	Şilili	[ʃilili]
Chilean (adj)	Şili	[ʃili]

Bolivia	Bolivya	[bolivja]
Venezuela	Venezuela	[vænæzuæla]

Paraguay	Paraguay	[paraguaj]
Peru	Peru	[pæru]

Suriname	Surinam	[surinam]
Uruguay	Uruguay	[urugvaj]
Ecuador	Ekvator	[ækvator]

The Bahamas	Bahama adaları	[bahama adaları]
Haiti	Haiti	[haiti]
Dominican Republic	Dominik Cumhuriyeti	[dominik dʒumhurijæti]

Panama	Panama	[panama]
Jamaica	Jamaika	[ʒamajka]

240. Africa

Egypt	Mısır	[mɪsɪr]
Egyptian (masc.)	Mısırlı	[mɪsɪrlɪ]
Egyptian (fem.)	Mısırlı	[mɪsɪrlɪ]
Egyptian (adj)	Mısır	[mɪsɪr]
Morocco	Fas	[fas]
Moroccan (masc.)	Faslı	[faslɪ]
Moroccan (fem.)	Faslı	[faslɪ]
Moroccan (adj)	Fas	[fas]
Tunisia	Tunus	[tunus]
Tunisian (masc.)	Tunuslu	[tunuslu]
Tunisian (fem.)	Tunuslu	[tunuslu]
Tunisian (adj)	Tunus	[tunus]
Ghana	Gana	[gana]
Zanzibar	Zanzibar	[zanzibar]
Kenya	Kenya	[kæɲja]
Libya	Libya	[libja]
Madagascar	Madagaskar	[madagaskar]
Namibia	Namibya	[namibja]
Senegal	Senegal	[sænægal]
Tanzania	Tanzanya	[tanzaɲja]
South Africa	Güney Afrika Cumhuriyeti	[gynæj afrika dʒumhurijæti]
African (masc.)	Afrikalı	[afrikalɪ]
African (fem.)	Afrikalı	[afrikalɪ]
African (adj)	Afrika	[afrika]

241. Australia. Oceania

Australia	Avustralya	[avustraʎja]
Australian (masc.)	Avustralyalı	[avustraʎjalɪ]
Australian (fem.)	Avustralyalı	[avustraʎjalɪ]
Australian (adj)	Avustralya	[avustraʎja]
New Zealand	Yeni Zelanda	[jæni zælanda]
New Zealander (masc.)	Yeni Zelandalı	[jæni zælandalɪ]
New Zealander (fem.)	Yeni Zelandalı	[jæni zælandalɪ]
New Zealand (as adj)	Yeni Zelandalı	[jæni zælandalɪ]
Tasmania	Tazmanya	[tazmanija]
French Polynesia	Fransız Polinezisi	[fransɪz polinæzisi]

242. Cities

Amsterdam	Amsterdam	[amstærdam]
Ankara	Ankara	[aŋkara]
Athens	Atina	[atina]
Baghdad	Bağdat	[ba:dat]
Bangkok	Bangkok	[baŋkok]
Barcelona	Barselona	[barsælona]
Beijing	Pekin	[pækin]
Beirut	Beyrut	[bæjrut]
Berlin	Berlin	[bærlin]
Bombay, Mumbai	Bombay	[bombaj]
Bonn	Bonn	[boŋ]
Bordeaux	Bordo	[bordo]
Bratislava	Bratislava	[bratislava]
Brussels	Brüksel	[bryksæʎ]
Bucharest	Bükreş	[bykræʃ]
Budapest	Budapeşte	[budapæʃtæ]
Cairo	Kahire	[kahiræ]
Calcutta	Kalküta	[kaʎkyta]
Chicago	Chicago	[tʃikago]
Copenhagen	Kopenhag	[kopænhag]
Dar-es-Salaam	Darüsselam	[daryssæʎam]
Delhi	Delhi	[dælhi]
Dubai	Dubai	[dubai]
Dublin	Dublin	[dublin]
Düsseldorf	Düsseldorf	[dyssæʎdorʃ]
Florence	Floransa	[floransa]
Frankfurt	Frankfurt	[fraŋkfurt]
Geneva	Cenevre	[dʒænævræ]
The Hague	Lahey	[lahæj]
Hamburg	Hamburg	[hamburg]
Hanoi	Hanoi	[hanoj]
Havana	Havana	[havana]
Helsinki	Helsinki	[hæʎsiŋki]
Hiroshima	Hiroşima	[hiroʃima]
Hong Kong	Hong Kong	[hoŋkoŋ]
Istanbul	İstanbul	[istanbul]
Jerusalem	Kudüs	[kudys]
Kiev	Kiev	[kiæv]
Kuala Lumpur	Kuala Lumpur	[kuala lumpur]
Lisbon	Lizbon	[lizbon]
London	Londra	[londra]
Los Angeles	Los Angeles	[los andʒælæs]

Lyons	**Lyon**	[ʎon]
Madrid	**Madrid**	[madrid]
Marseille	**Marsilya**	[marsiʎja]
Mexico City	**Meksiko**	[mæksiko]
Miami	**Miami**	[majami]
Montreal	**Montreal**	[montræaʎ]
Moscow	**Moskova**	[moskova]
Munich	**Münih**	[mynih]
Nairobi	**Nairobi**	[nairobi]
Naples	**Napoli**	[napoli]
New York	**New York**	[njyjork]
Nice	**Nice**	[nis]
Oslo	**Oslo**	[oslo]
Ottawa	**Ottava**	[ottava]
Paris	**Paris**	[paris]
Prague	**Prag**	[prag]
Rio de Janeiro	**Rio de Janeiro**	[rio dæ ʒanæjro]
Rome	**Roma**	[roma]
Saint Petersburg	**Saint Petersburg**	[sant pætærburg]
Seoul	**Seul**	[sæul]
Shanghai	**Şanghay**	[ʃaŋhaj]
Singapore	**Singapur**	[siŋapur]
Stockholm	**Stokholm**	[stokholm]
Sydney	**Sydney**	[sidnæj]
Taipei	**Taipei**	[tajpæj]
Tokyo	**Tokyo**	[tokʲo]
Toronto	**Toronto**	[toronto]
Venice	**Venedik**	[vænædik]
Vienna	**Viyana**	[vijana]
Warsaw	**Varşova**	[varʃova]
Washington	**Washington**	[vaʃiŋton]

243. Politics. Government. Part 1

politics	**siyaset**	[sijasæt]
political (adj)	**siyasi**	[sijasi]
politician	**siyasetçi**	[sijasætʃi]
state (country)	**devlet**	[dævlæt]
citizen	**vatandaş**	[vatandaʃ]
citizenship	**vatandaşlık**	[vatandaʃlık]
national emblem	**ulusal sembol**	[ulusal sæmbol]
national anthem	**milli marş**	[milli marʃ]
government	**hükümet**	[hykymæt]

head of state	devlet başkanı	[dævlæt baʃkanı]
parliament	meclis, parlamento	[mædʒlis], [parlamænto]
party	parti	[parti]
capitalism	kapitalizm	[kapitalizm]
capitalist (adj)	kapitalist	[kapitalist]
socialism	sosyalizm	[sosjalizm]
socialist (adj)	sosyalist	[sosjalist]
communism	komünizm	[komynizm]
communist (adj)	komünist	[komynist]
communist (n)	komünist	[komynist]
democracy	demokrasi	[dæmokrasi]
democrat	demokrat	[dæmokrat]
democratic (adj)	demokratik	[dæmokratik]
Democratic party	demokratik parti	[dæmokratik parti]
liberal (n)	liberal	[libæral]
liberal (adj)	liberal	[libæral]
conservative (n)	tutucu	[tutudʒu]
conservative (adj)	tutucu	[tutudʒu]
republic (n)	cumhuriyet	[dʒumhurijæt]
republican (n)	cumhuriyetçi	[dʒumhurijætʃi]
Republican party	cumhuriyet partisi	[dʒumhurijæt partisi]
poll, elections	seçim	[sætʃim]
to elect (vt)	seçmek	[sætʃmæk]
elector, voter	seçmen	[sætʃmæn]
election campaign	seçim kampanyası	[sætʃim kampaɲjası]
voting (n)	oy verme	[oj værmæ]
to vote (vi)	oy vermek	[oj værmæk]
suffrage, right to vote	oy hakkı	[oj hakkı]
candidate	aday	[adaj]
to be a candidate	aday olmak	[adaj olmak]
campaign	kampanya	[kampaɲja]
opposition (as adj)	muhalif	[muhalif]
opposition (n)	muhalefet	[muhalæfæt]
visit	ziyaret	[zijaræt]
official visit	resmi ziyaret	[ræsmi zijaræt]
international (adj)	uluslararası	[uluslar arası]
negotiations	görüşmeler	[gøryʃmælær]
to negotiate (vi)	görüşmek	[gøryʃmæk]

244. Politics. Government. Part 2

society	toplum	[toplum]
constitution	anayasa	[anajasa]
power (political control)	iktidar	[iktidar]
corruption	rüşvetçilik	[ryʃvætʃilik]

law (justice)	kanun	[kanun]
legal (legitimate)	kanuni	[kanuni]

justice (fairness)	adalet	[adalæt]
just (fair)	adil	[adiʎ]

committee	komite, kurul	[komitæ], [kurul]
bill (draft law)	kanun tasarısı	[kanun tasarısı]
budget	bütçe	[bytʃæ]
policy	politika	[politika]
reform	reform	[ræform]
radical (adj)	radikal	[radikal]

power (strength, force)	güç	[gytʃ]
powerful (adj)	güçlü	[gytʃly]
supporter	taraftar, yandaş	[taraflar], [jandaʃ]
influence	etki	[ætki]

regime (e.g., military ~)	rejim	[ræʒim]
conflict	tartışma, çatışma	[tartıʃma], [tʃatıʃma]
conspiracy (plot)	komplo	[komplo]
provocation	tahrik	[tahrik]

to overthrow (regime, etc.)	devirmek	[dævirmæk]
overthrow (of government)	devirme	[dævirmæ]
revolution	devrim	[dævrim]

coup d'état	darbe	[darbæ]
military coup	askeri darbe	[askæri darbæ]

crisis	kriz	[kriz]
economic recession	ekonomik gerileme	[ækonomik gærilæmæ]
demonstrator (protester)	gösterici	[gøstæridʒi]
demonstration	gösteri	[gøstæri]
martial law	sıkıyönetim	[sikijonætim]
military base	askeri üs	[askæri jus]

stability	istikrar	[istikrar]
stable (adj)	istikrarlı	[istikrarlı]

exploitation	sömürme	[sømyrmæ]
to exploit (workers)	sömürmek	[sømyrmæk]
racism	ırkçılık	[ırktʃılık]
racist	ırkçı	[ırktʃı]

fascism	faşizm	[faʃizm]
fascist	faşist	[faʃist]

245. Countries. Miscellaneous

foreigner	yabancı	[jabandʒɪ]
foreign (adj)	yabancı	[jabandʒɪ]
abroad (adv)	yurt dışında	[jurt dɪʃɪnda]

emigrant	göçmen	[gøtʃmæn]
emigration	göç	[gøtʃ]
to emigrate (vi)	göç etmek	[gøtʃ ætmæk]

the West	Batı	[batɪ]
the East	Doğu	[dou]
the Far East	Uzak Doğu	[uzak dou]

civilization	uygarlık	[ujgarlɪk]
humanity (mankind)	insanlık	[insanlɪk]

world (earth)	dünya	[dyɲja]
peace	huzur, barış	[huzur], [barɪʃ]
worldwide (adj)	dünya	[dyɲja]

homeland	anayurt, vatan	[anajurt], [vatan]
people (population)	millet, halk	[millæt], [halk]
population	nüfus	[nyfus]
people (a lot of ~)	halk, insanlar	[halk], [insanlar]

nation (people)	millet, ulus	[millæt], [ulus]
generation	nesil	[næsiʎ]

territory (area)	toprak	[toprak]
region	bölge	[bøʎgæ]
state (part of a country)	eyalet	[æjaːlæt]

tradition	gelenek	[gælænæk]
custom (tradition)	adet, gelenek	[adæt], [gælænæk]
ecology	ekoloji	[ækoloʒi]

Indian (Native American)	kızılderili	[kɪzɪl dærili]
Gipsy (masc.)	çingene	[tʃiɲænæ]
Gipsy (fem.)	çingene	[tʃiɲænæ]
Gipsy (adj)	çingene	[tʃiɲænæ]

empire	imparatorluk	[imparatorluk]
colony	koloni	[koloni]
slavery	kölelik	[kølælik]
invasion	salgın	[salgɪn]
famine	açlık	[atʃlɪk]

241

246. Major religious groups. Confessions

religion	din	[din]
religious (adj)	dini	[dini]
faith, belief	inanç	[inantʃ]
to believe (in God)	inanmak	[inanmak]
believer	inançlı	[inantʃlı]
atheism	ateizm	[atæizm]
atheist	ateist	[atæist]
Christianity	Hıristiyanlık	[hiristijanlık]
Christian (n)	hıristiyan	[hiristijan]
Christian (adj)	hıristiyan	[hiristijan]
Catholicism	Katoliklik	[katoliklik]
Catholic (n)	katolik	[katolik]
Catholic (adj)	katolik	[katolik]
Protestantism	Protestanlık	[protæstanlık]
Protestant Church	Protestan kilisesi	[protæstan kilisæsi]
Protestant	protestan	[protæstan]
Orthodoxy	Ortodoksluk	[ortodoksluk]
Orthodox Church	Ortodoks kilisesi	[ortodoks kilisæsi]
Orthodox	ortodoks	[ortodoks]
Presbyterianism	Presbiteryenlik	[præsbitærʲænlik]
Presbyterian Church	Presbiteryen kilisesi	[præsbitærʲæn kilisæsi]
Presbyterian (n)	presbiteryen	[præsbitærʲæn]
Lutheranism	Lüteriyen kilisesi	[lytærʲæn kilisæsi]
Lutheran (n)	lüteriyen	[lytærʲæn]
Baptist Church	Vaftiz Kilisesi	[vaftiz kilisæsi]
Baptist (n)	vaftiz eden	[vaftiz ædæn]
Anglican Church	Anglikan kilisesi	[aŋlikan kilisæsi]
Anglican (n)	anglikan	[aŋlikan]
Mormonism	Mormonluk	[mormonluk]
Mormon (n)	mormon	[mormon]
Judaism	Yahudilik	[jahudilik]
Jew (n)	Yahudi	[jahudi]
Buddhism	Budizm	[budizm]
Buddhist (n)	budist	[budist]
Hinduism	Hinduizm	[hinduizm]
Hindu (n)	Hindu	[hindu]

Islam	İslam	[islam]
Muslim (n)	müslüman	[myslyman]
Muslim (adj)	müslüman	[myslyman]
Shiah Islam	Şiilik	[ʃi:lik]
Shiite (n)	Şii	[ʃi:]
Sunni Islam	Sünnilik	[suɳilik]
Sunnite (n)	Sünni	[suɳi]

247. Religions. Priests

priest	papaz	[papaz]
the Pope	Papa	[papa]
monk, friar	rahip	[rahip]
nun	rahibe	[rahibæ]
pastor	Protestan papazı	[protæstan papazı]
abbot	başrahip	[baʃrahip]
vicar (parish priest)	bölge papazı	[bøʎgæ papazı]
bishop	piskopos	[piskopos]
cardinal	kardinal	[kardinal]
preacher	hatip, vaiz	[hatip], [vaiz]
preaching	vaaz	[va:z]
parishioners	cemaat	[dʒæma:t]
believer	inançlı	[inantʃlı]
atheist	ateist	[atæist]

248. Faith. Christianity. Islam

Adam	Âdem	[adæm]
Eve	Hava	[hava]
God	Allah	[allah]
the Lord	Tanrı	[tanrı]
the Almighty	Her şeye kadir	[hær ʃæjæ kadir]
sin	günah	[gynah]
to sin (vi)	günah işlemek	[gynah iʃlæmæk]
sinner (masc.)	günahkâr	[gynahkʲar]
sinner (fem.)	günahkâr	[gynahkʲar]
hell	cehennem	[dʒæhæɳæm]
paradise	cennet	[dʒæɳæt]
Jesus	İsa	[isa]
Jesus Christ	İsa Mesih	[isa mæsi]

the Holy Spirit	**Kutsal Ruh**	[kuʦal ruh]
the Savior	**Kurtarıcı**	[kurtarıdʒı]
the Virgin Mary	**Meryem Ana**	[mærʲæm ana]
the Devil	**Şeytan**	[ʃæjtan]
devil's (adj)	**şeytani, şeytanın**	[ʃæjtani], [ʃæjtanın]
Satan	**Şeytan**	[ʃæjtan]
satanic (adj)	**şeytani, şeytanca**	[ʃæjtani], [ʃæjtandʒa]
angel	**melek**	[mælæk]
guardian angel	**koruyucu melek**	[korujudʒu mælæk]
angelic (adj)	**melek gibi**	[mælæk gibi]
apostle	**havari**	[havari]
archangel	**baş melek**	[baʃ mælæk]
the Antichrist	**deccal**	[dædʒal]
Church	**Kilise**	[kilisæ]
Bible	**İncil**	[indʒiʎ]
biblical (adj)	**İncile ait**	[indʒilæ ait]
Old Testament	**Eski Ahit**	[æski ahit]
New Testament	**Yeni Ahit**	[jæni ahit]
Gospel	**İncil**	[indʒiʎ]
Holy Scripture	**Kitabı Mukaddes**	[kitabı mukaddæs]
heaven	**Cennet**	[dʒæŋæt]
Commandment	**buyruk**	[bujruk]
prophet	**peygamber**	[pæjgambær]
prophecy	**peygamberlik**	[pæjgambærlik]
Allah	**Allah**	[allah]
Mohammed	**Muhammed**	[muhammæd]
the Koran	**Kuran**	[kuran]
mosque	**cami**	[dʒami]
mullah	**molla**	[molla]
prayer	**dua**	[dua]
to pray (vi, vt)	**dua etmek**	[dua ætmæk]
pilgrimage	**hacılık**	[hadʒılık]
pilgrim	**hacı**	[hadʒı]
Mecca	**Mekke**	[mækkæ]
church	**kilise**	[kilisæ]
temple	**ibadethane**	[ibadæthanæ]
cathedral	**katedral**	[katædral]
Gothic (adj)	**gotik**	[gotik]
synagogue	**sinagog**	[sinagog]
mosque	**cami**	[dʒami]
chapel	**ibadet yeri**	[ibadæt jæri]
abbey	**manastır**	[manastır]

| convent | rahibe manastırı | [rahibæ manastırı] |
| monastery | manastır | [manastır] |

bell (in church)	çan	[tʃan]
bell tower	çan kulesi	[tʃan kulæsi]
to ring (ab. bells)	çalmak	[tʃalmak]

cross	haç	[hatʃ]
cupola (roof)	kubbe	[kubbæ]
icon	ikon	[ikon]

soul	ruh	[ruh]
fate (destiny)	kader	[kadær]
evil (n)	kötülük	[køtylyk]
good (n)	iyilik	[ijɪlik]

vampire	vampir	[vampir]
witch (sorceress)	cadı	[dʒadı]
demon	iblis	[iblis]
devil	şeytan	[ʃæjtan]
spirit	ruh	[ruh]

| redemption (giving us ~) | kefaretini ödeme | [kæfaraetini ødæmæ] |
| to redeem (vt) | kefaretini ödemek | [kæfaraetini ødæmæk] |

church service, mass	hizmet	[hizmæt]
to say mass	vaaz vermek	[vaːz værmæk]
confession	günah çıkartma	[gynah tʃıkartma]
to confess (vi)	günah çıkartmak	[gynah tʃıkartmak]

saint (n)	aziz	[aziz]
sacred (holy)	kutsal	[kutsal]
holy water	kutsal su	[kutsal su]

ritual (n)	tören, ritüel	[tøræn], [rityæʎ]
ritual (adj)	kuttören	[kyttøræn]
sacrifice	kurban	[kurban]

superstition	batıl inanç	[batıl inantʃ]
superstitious (adj)	batıl inancı olan	[batıl inandʒı olan]
afterlife	ölüm sonrası hayat	[ølym sonrası hajat]
eternal life	ebedi hayat	[æbædi hajat]

MISCELLANEOUS

249. Various useful words

background (green ~)	fon	[fon]
balance (of situation)	denge	[dæŋæ]
barrier (obstacle)	engel	[æŋæʎ]
base (basis)	temel	[tæmæʎ]
beginning	başlangıç	[baʃlaŋɪʧ]
category	kategori	[katægori]
cause (reason)	neden	[nædæn]
choice	seçme	[sæʧmæ]
coincidence	tesadüf	[tæsadyf]
comfortable (~ chair)	rahat	[rahat]
comparison	karşılaştırma	[karʃılaʃtırma]
compensation	tazmin	[tazmin]
degree (extent, amount)	derece	[dærædʒæ]
development	gelişme	[gæliʃmæ]
difference	farklılık	[farklılık]
effect (e.g., of drugs)	tesir	[tæsir]
effort (exertion)	çaba	[ʧaba]
element	eleman	[ælæman]
end (finish)	son	[son]
example (illustration)	örnek	[ørnæk]
fact	gerçek	[gærʧæk]
frequent (adj)	sık	[sɪk]
growth (development)	büyüme	[byjumæ]
help	yardım	[jardım]
ideal	ideal	[idæal]
kind (sort, type)	çeşit	[ʧæʃit]
labyrinth	labirent	[labiрænt]
mistake, error	hata	[hata]
moment	an	[an]
object (thing)	nesne	[næsnæ]
obstacle	engel	[æŋæʎ]
original (original copy)	asıl	[asıl]
part (~ of sth)	kısım	[kısım]
particle, small part	küçük bir parça	[kyʧuk bir parʧa]
pause (break)	ara	[ara]

position	vaziyet	[vazijæt]
principle	prensip	[prænsip]
problem	problem	[problæm]

process	süreç	[syrætʃ]
progress	ilerleme	[ilærlæmæ]
property (quality)	özellik	[øzællik]
reaction	tepki	[tæpki]
risk	risk	[risk]

secret	sır	[sır]
section (sector)	seksiyon	[sæksʲon]
series	seri	[særi]
shape (outer form)	şekil	[ʃækiʎ]
situation	durum	[durum]

solution	çözüm	[tʃozym]
standard (adj)	standart	[standart]
standard (level of quality)	standart	[standart]
stop (pause)	ara	[ara]
style	tarz	[tarz]
system	sistem	[sistæm]

table (chart)	tablo	[tablo]
tempo, rate	tempo	[tæmpo]
term (word, expression)	terim	[tærim]
thing (object, item)	eşya	[æʃʲa]
truth	hakikat	[hakikat]
turn (please wait your ~)	sıra	[sıra]
type (sort, kind)	tip	[tip]

urgent (adj)	acil	[adʒiʎ]
urgently (adv)	acele	[adʒælæ]
utility (usefulness)	fayda	[fajda]

variant (alternative)	versiyon	[værsʲon]
way (means, method)	usul	[usuʎ]
zone	bölge	[bøʎgæ]

250. Modifiers. Adjectives. Part 1

additional (adj)	ek	[æk]
ancient (~ civilization)	antik, eski	[antik], [æski]
artificial (adj)	suni	[suni]
back, rear (adj)	arka	[arka]
bad (adj)	kötü	[køty]

beautiful (~ palace)	çok güzel	[tʃok gyzæʎ]
beautiful (person)	güzel	[gyzæʎ]
big (in size)	büyük	[byjuk]

bitter (taste)	acı	[adʒı]
blind (sightless)	kör	[kør]
calm, quiet (adj)	sakin	[sakin]
careless (negligent)	özensiz	[øzænsiz]
caring (~ father)	dikkatli	[dikkatli]
central (adj)	merkez	[mærkæz]

cheap (adj)	ucuz	[udʒuz]
cheerful (adj)	neşeli	[næʃæli]
children's (adj)	çocuklar için	[tʃodʒuklar itʃin]
civil (~ law)	sivil	[siviʎ]

clandestine (secret)	yeraltı	[jæraltı]
clean (free from dirt)	temiz	[tæmiz]
clear (explanation, etc.)	anlaşılan	[anlaʃılan]
clever (smart)	zeki	[zæki]
close (near in space)	yakın olan	[jakın olan]

closed (adj)	kapalı	[kapalı]
cloudless (sky)	bulutsuz	[bulutsuz]
cold (drink, weather)	soğuk	[souk]
compatible (adj)	uyumlu	[ujumlu]

contented (adj)	memnun	[mæmnun]
continuous (adj)	uzatılmış	[uzatılmıʃ]
continuous (incessant)	kesintisiz	[kæsintisiz]
convenient (adj)	uygun	[ujgun]
cool (weather)	serin	[særin]

dangerous (adj)	tehlikeli	[tæhlikæli]
dark (room)	karanlık	[karanlık]
dead (not alive)	ölü	[øly]
dense (fog, smoke)	yoğun	[joun]

different (adj)	farklı	[farklı]
difficult (decision)	zor	[zor]
difficult (problem, task)	karmaşık	[karmaʃık]
dim, faint (light)	kör	[kør]
dirty (not clean)	kirli	[kirli]

distant (faraway)	uzak	[uzak]
distant (in space)	uzak	[uzak]
dry (clothes, etc.)	kuru	[kuru]
easy (not difficult)	kolay	[kolaj]

empty (glass, room)	boş	[boʃ]
exact (amount)	tam, kesin	[tam], [kæsin]
excellent (adj)	pek iyi	[pæk ijı]
excessive (adj)	fazla, aşırı	[fazla], [aʃırı]
expensive (adj)	pahalı	[pahalı]
exterior (adj)	dış	[dıʃ]
fast (quick)	hızlı	[hızlı]

| fatty (food) | yağlı | [ja:lı] |
| fertile (land, soil) | verimli | [værimli] |

flat (~ panel display)	yassı	[jassı]
even (e.g., ~ surface)	düz	[dyz]
foreign (adj)	yabancı	[jabandʒı]
fragile (china, glass)	kırılgan	[kırılgan]
free (at no cost)	bedava	[bædava]

free (unrestricted)	özgür	[øzgyr]
fresh (~ water)	tatlı	[tatlı]
fresh (e.g., ~ bread)	taze	[tazæ]
frozen (food)	dondurulmuş	[dondurulmuʃ]
full (completely filled)	dolu	[dolu]

good (book, etc.)	iyi	[ijı]
good (kindhearted)	iyi kalpli	[ijı kalpli]
grateful (adj)	müteşekkir	[mytæʃækkir]
happy (adj)	mutlu	[mutlu]
hard (not soft)	katı	[katı]
heavy (in weight)	ağır	[aır]
hostile (adj)	düşman	[dyʃman]
hot (adj)	sıcak	[sıdʒak]

huge (adj)	kocaman	[kodʒaman]
humid (adj)	nemli	[næmli]
hungry (adj)	aç	[atʃ]
ill (sick, unwell)	hasta	[hasta]
immobile (adj)	hareketsiz	[haræketsiz]

important (adj)	önemli	[ønæmli]
impossible (adj)	imkansız	[imkansız]
incomprehensible	anlaşılmaz	[anlaʃılmaz]
indispensable (adj)	gerekli	[gærækli]

inexperienced (adj)	tecrübesiz	[tædʒrybæsiz]
insignificant (adj)	önemsiz	[ønæmsiz]
interior (adj)	iç	[itʃ]
joint (~ decision)	ortak	[ortak]
last (e.g., ~ week)	geçen	[gætʃæn]

last (final)	en son	[æn son]
left (e.g., ~ side)	sol	[sol]
legal (legitimate)	kanuni	[kanuni]
light (in weight)	hafif	[hafif]
light (pale color)	açık	[atʃık]

limited (adj)	sınırlı	[sınırlı]
liquid (fluid)	sıvı	[sıvı]
long (e.g., ~ way)	uzun	[uzun]
loud (voice, etc.)	yüksek	[juksæk]
low (voice)	alçak	[altʃak]

251. Modifiers. Adjectives. Part 2

main (principal)	ana, baş	[ana], [baʃ]
matt (paint)	mat	[mat]
meticulous (job)	doğru, kesin	[do:ru], [kæsin]
mysterious (adj)	esrarengiz	[æsraræɳiz]
narrow (street, etc.)	dar	[dar]
native (of country)	yerli	[jærli]
nearby (adj)	en yakın	[æn jakın]
near-sighted (adj)	miyop	[mijop]
necessary (adj)	gerekli	[gærækli]
negative (~ response)	olumsuz	[olumsuz]
neighboring (adj)	komşu	[komʃu]
nervous (adj)	sinirli	[sinirli]
new (adj)	yeni	[jæni]
next (e.g., ~ week)	sonraki	[sonraki]
nice (kind)	düşünceli	[dyʃyndʒæli]
nice (voice)	hoş	[hoʃ]
normal (adj)	normal	[normaʎ]
not big (adj)	önemli olmayan	[ønæmli olmajan]
unclear (adj)	donuk	[donuk]
not difficult (adj)	zor olmayan	[zor olmajan]
obligatory (adj)	zorunlu	[zorunlu]
old (house)	eski	[æski]
open (adj)	açık	[atʃık]
opposite (adj)	zıt	[zıt]
ordinary (usual)	sıradan	[sıradan]
original (unusual)	orijinal	[oriʒinal]
past (recent)	geçmiş	[gætʃmiʃ]
permanent (adj)	sürekli	[syrækli]
personal (adj)	özel	[øzæʎ]
polite (adj)	nazik	[nazik]
poor (not rich)	fakir	[fakir]
possible (adj)	mümkün	[mymkyn]
destitute (extremely poor)	çok yoksul	[tʃok joksul]
present (current)	şimdiki	[ʃimdiki]
principal (main)	esas	[æsas]
private (~ jet)	şahsi	[ʃahsi]
probable (adj)	olası	[olası]
public (open to all)	kamu	[kamu]
punctual (person)	dakik	[dakik]
quiet (tranquil)	sakin	[sakin]
rare (adj)	nadir	[nadir]

raw (uncooked)	çiğ	[tʃi:]
right (not left)	sağ	[sa:]
right, correct (adj)	sağ taraf	[sa: taraf]
ripe (fruit)	olgun	[olgun]
risky (adj)	riskli	[riskli]
sad (~ look)	kederli	[kædæerli]
sad (depressing)	üzgün	[juzgyn]
safe (not dangerous)	güvenli	[gyvæenli]
salty (food)	tuzlu	[tuzlu]
satisfied (customer)	tatmin olmuş	[tatmin olmuʃ]
second hand (adj)	kullanılmış	[kullanılmıʃ]
shallow (water)	sığ	[sı:]
sharp (blade, etc.)	sivri, keskin	[sivri], [kæeskin]
short (in length)	kısa	[kısa]
short, short-lived (adj)	kısa	[kısa]
significant (notable)	hatırı sayılır	[hatırı sajılır]
similar (adj)	benzer	[bæenzæer]
simple (easy)	basit	[basit]
skinny	çok zayıf	[tʃok zajıf]
thin (person)	zayıf	[zajıf]
small (in size)	küçük	[kytʃuk]
smooth (surface)	düz	[dyz]
soft (to touch)	yumuşak	[jumuʃak]
solid (~ wall)	dayanıklı	[dajanıklı]
somber, gloomy (adj)	karanlık	[karanlık]
sour (flavor, taste)	ekşi	[ækʃi]
spacious (house, etc.)	geniş	[gæeniʃ]
special (adj)	özel	[øzæeʎ]
straight (line, road)	düz	[dyz]
strong (person)	güçlü	[gytʃly]
stupid (foolish)	aptal	[aptal]
sunny (day)	güneşli	[gynæeʃli]
superb, perfect (adj)	çok güzel, süper	[tʃok gyzæeʎ], [supæer]
swarthy (adj)	esmer	[æesmæer]
sweet (sugary)	tatlı	[tatlı]
tan (adj)	bronzlaşmış	[bronzlaʃmıʃ]
tasty (adj)	tatlı, lezzetli	[tatlı], [læezzæetli]
tender (affectionate)	şefkatli	[ʃæefkatli]
the highest (adj)	en yüksek	[æen juksæek]
the most important	en önemli	[æen ønæemli]
the nearest	en yakın	[æen jakın]
the same, equal (adj)	aynı	[ajnı]
thick (e.g., ~ fog)	kalın	[kalın]

thick (wall, slice)	kalın	[kalın]
tight (~ shoes)	dar	[dar]
tired (exhausted)	yorgun	[jorgun]
tiring (adj)	yorucu	[joruʤu]
transparent (adj)	saydam	[sajdam]

unique (exceptional)	tek olan	[tæk olan]
various (adj)	çeşitli	[ʧæʃitli]
warm (moderately hot)	ılık	[ılık]
wet (e.g., ~ clothes)	ıslak	[ıslak]
whole (entire, complete)	tüm, bütün	[tym], [bytyn]
wide (e.g., ~ road)	geniş	[gæniʃ]
young (adj)	genç	[gænʧ]

MAIN 500 VERBS

252. Verbs A-C

to accompany (vt)	refakat etmek	[ræfakat ætmæk]
to accuse (vt)	suçlamak	[sutʃlamak]
to acknowledge (admit)	itiraf etmek	[itiraf ætmæk]
to act (take action)	davranmak	[davranmak]
to add (supplement)	katmak, eklemek	[katmak], [æklæmæk]
to address (speak to)	hitap etmek	[hitap ætmæk]
to admire (vi)	hayran olmak	[hajran olmak]
to advertise (vt)	reklam yapmak	[ræklam japmak]
to advise (vt)	tavsiye etmek	[tavsijæ ætmæk]
to affirm (insist)	ısrar etmek	[ısrar ætmæk]
to agree (say yes)	razı olmak	[razı olmak]
to allow (sb to do sth)	müsaade etmek	[mysa:dæ ætmæk]
to allude (vi)	ima etmek	[ima ætmæk]
to amputate (vt)	ameliyatla almak	[amælijatla almak]
to answer (vi, vt)	cevap vermek	[dʒævap værmæk]
to apologize (vi)	özür dilemek	[øzyr dilæmæk]
to appear (come into view)	gözükmek	[gøzykmæk]
to applaud (vi, vt)	alkışlamak	[alkıʃlamak]
to appoint (assign)	atamak	[atamak]
to approach (come closer)	yaklaşmak	[jaklaʃmak]
to arrive (ab. train)	varmak	[varmak]
to ask (~ sb to do sth)	rica etmek	[ridʒa ætmæk]
to aspire to ...	hedeflemek	[hædæflæmæk]
to assist (help)	yardım etmek	[jardım ætmæk]
to attack (mil.)	hücum etmek	[hydʒum ætmæk]
to attain (objectives)	erişmek	[æriʃmæk]
to revenge (vt)	intikam almak	[intikam almak]
to avoid (danger, task)	sakınmak	[sakınmak]
to award (give medal to)	ödül vermek	[ødyʎ værmæk]
to battle (vi)	mücadele etmek	[mydʒadælæ ætmæk]
to be (~ on the table)	bulunmak	[bulunmak]
to be (vi)	olmak	[olmak]
to be afraid	korkmak	[korkmak]
to be angry (with ...)	... kızgın olmak	[kızgın olmak]

to be at war	savaşmak	[savaʃmak]
to be based (on …)	dayanmak	[dajanmak]
to be bored	sıkılmak	[sıkılmak]
to be convinced	ikna olmak	[ikna olmak]
to be enough	yeterli olmak	[jætærli olmak]
to be envious	kıskanmak	[kıskanmak]
to be indignant	öfkelenmek	[øfkælænmæk]
to be interested in …	ilgilenmek	[iʎgilænmæk]
to be lying down	yatmak	[jatmak]
to be needed	gerekmek	[gærækmæk]
to be perplexed	şaşmak	[ʃaʃmak]
to be required	gerekli olmak	[gærækli olmak]
to be surprised	şaşırmak	[ʃaʃırmak]
to be worried	endişelenmek	[ændiʃælænmæk]
to beat (dog, person)	vurmak, dövmek	[vurmak], [døvmæk]
to become (e.g., ~ old)	olmak	[olmak]
to become pensive	düşünceye dalmak	[dyʃyndʒæjæ dalmak]
to behave (vi)	davranmak	[davranmak]
to believe (think)	inanmak	[inanmak]
to belong to …	… ait olmak	[ait olmak]
to berth (moor)	yanaşmak	[janaʃmak]
to blind (other drivers)	kör etmek	[kør ætmæk]
to blow (wind)	üflemek	[juflæmæk]
to blush (vi)	kızarmak	[kızarmak]
to boast (vi)	övünmek	[øvynmæk]
to borrow (money)	borç almak	[bortʃ almak]
to break (branch, toy, etc.)	kırmak	[kırmak]
to breathe (vi)	nefes almak	[næfæs almak]
to bring (sth)	getirmek	[gætirmæk]
to burn (paper, logs)	yakmak	[jakmak]
to buy (purchase)	satın almak	[satın almak]
to call (for help)	çağırmak	[tʃaırmak]
to call (with one's voice)	çağırmak	[tʃaırmak]
to calm down (vt)	yatıştırmak	[jatıʃtırmak]
can (v aux)	yapabilmek	[japabiʎmæk]
to cancel (call off)	iptal etmek	[iptaʎ ætmæk]
to cast off	iskeleden ayrılmak	[iskælædæn ajrılmak]
to catch (e.g., ~ a ball)	tutmak	[tutmak]
to catch sight (of …)	görmek	[gørmæk]
to cause …	… sebep olmak	[sæbæp olmak]
to change (~ one's opinion)	değiştirmek	[dæiʃtirmæk]
to change (exchange)	değiştirmek	[dæiʃtirmæk]

to charm (vt)	hayran etmek	[hajran ætmæk]
to choose (select)	seçmek	[sæt͡ʃmæk]
to chop off (with an ax)	kesmek	[kæsmæk]
to clean (from dirt)	temizlemek	[tæmizlæmæk]
to clean (shoes, etc.)	temizlemek	[tæmizlæmæk]

to clean (tidy)	toplamak	[toplamak]
to close (vt)	kapatmak	[kapatmak]
to comb one's hair	taranmak	[taranmak]
to come down (the stairs)	aşağı inmek	[aʃaɪ inmæk]

to come in (enter)	girmek	[girmæk]
to come out (book)	çıkmak	[t͡ʃɪkmak]
to compare (vt)	karşılaştırmak	[karʃilaʃtɪrmak]
to compensate (vt)	tazmin etmek	[tazmin ætmæk]

to compete (vi)	rekabet etmek	[rækabæt ætmæk]
to compile (~ a list)	düzenlemek	[dyzænlæmæk]
to complain (vi, vt)	şikayet etmek	[ʃikajæt ætmæk]
to complicate (vt)	güçleştirmek	[gyt͡ʃlæʃtirmæk]

to compose (music, etc.)	bestelemek	[bæstælæmæk]
to compromise (reputation)	tehlikeye sokmak	[tæhlikæjæ sokmak]
to concentrate (vi)	konsantre olmak	[konsantræ olmak]
to confess (criminal)	itiraf etmek	[itiraf ætmæk]

to confuse (mix up)	ayırt edememek	[ajɪrt ædæmæmæk]
to congratulate (vt)	tebrik etmek	[tæbrik ætmæk]
to consult (doctor, expert)	danışmak	[danɪʃmak]
to continue (~ to do sth)	devam etmek	[dævam ætmæk]

to control (vt)	kontrol etmek	[kontroʎ ætmæk]
to convince (vt)	ikna etmek	[ikna ætmæk]
to cooperate (vi)	işbirliği etmek	[iʃbirli: ætmæk]
to coordinate (vt)	koordine etmek	[ko:rdinæ ætmæk]

to correct (an error)	düzeltmek	[dyzæʎtmæk]
to cost (vt)	değerinde olmak	[dæ:rindæ olmak]
to count (money, etc.)	saymak	[sajmak]
to count on ...	... güvenmek	[gyvænmæk]

to crack (ceiling, wall)	çatlamak	[t͡ʃatlamak]
to create (vt)	oluşturmak	[oluʃturmak]
to cry (weep)	ağlamak	[a:lamak]
to cut off (with a knife)	kesmek	[kæsmæk]

253. Verbs D-G

to dare (~ to do sth)	cesaret etmek	[d͡ʒæsaræt ætmæk]
to deceive (vi, vt)	aldatmak	[aldatmak]

to decide (~ to do sth)	karar vermek	[karar værmæk]
to decorate (tree, street)	süslemek	[syslæmæk]
to dedicate (book, etc.)	ithaf etmek	[ithaf ætmæk]
to defend (a country, etc.)	savunmak	[savunmak]
to defend oneself	kendini savunmak	[kændini savunmak]
to demand (request firmly)	talep etmek	[talæp ætmæk]

to denounce (vt)	ihbar etmek	[ihbar ætmæk]
to deny (vt)	inkar etmek	[iŋkjar ætmæk]
to depend on ...	... bağlı olmak	[ba:lı olmak]
to deprive (vt)	mahrum etmek	[mahrum ætmæk]

to deserve (vt)	hak etmek	[hak ætmæk]
to design (machine, etc.)	proje yapmak	[proʒæ japmak]
to desire (want, wish)	istemek	[istæmæk]
to despise (vt)	hor görmek	[hor gørmæk]
to destroy (documents, etc.)	yok etmek	[jok ætmæk]

to differ (from sth)	farklı olmak	[farklı olmak]
to dig (tunnel, etc.)	kazmak	[kazmak]
to direct (point the way)	yönlendirmek	[jonlændirmæk]
to disappear (vi)	kaybolmak	[kajbolmak]

to discover (new land, etc.)	keşfetmek	[kæʃfætmæk]
to discuss (vt)	görüşmek	[gøryʃmæk]
to distribute (leaflets, etc.)	dağıtmak	[daıtmak]
to disturb (vt)	rahatsız etmek	[rahatsız ætmæk]
to dive (vi)	dalmak	[dalmak]

to divide (math)	bölmek	[bøʎmæk]
to do (vt)	yapmak, etmek	[japmak], [ætmæk]
to do the laundry	yıkamak	[jıkamak]
to double (increase)	iki katına çıkmak	[iki katına tʃikmak]

to doubt (have doubts)	tereddüt emek	[tæræddyt ætmæk]
to draw a conclusion	sonuç vermek	[sonutʃ værmæk]
to dream (daydream)	hayal kurmak	[hajaʎ kurmak]
to dream (in sleep)	rüya görmek	[ruja gørmæk]
to drink (vi, vt)	içmek	[itʃmæk]

to drive a car	arabayı sürmek	[arabajı syrmæk]
to drive away (scare away)	kovmak	[kovmak]
to drop (let fall)	düşürmek	[dyʃyrmæk]
to drown (ab. person)	suda boğulmak	[suda boulmak]

to dry (clothes, hair)	kurutmak	[kurutmak]
to eat (vi, vt)	yemek	[jæmæk]
to eavesdrop (vi)	gizlice dinlemek	[gizlidʒæ dinlæmæk]
to emit (give out - odor, etc.)	yaymak	[jajmak]
to enter (on the list)	yazmak	[jazmak]

to entertain (amuse)	eğlendirmek	[æ:lændirmæk]
to equip (fit out)	donatmak	[donatmak]
to examine (proposal)	gözden geçirmek	[gøzdæn gætʃirmæk]
to exchange (sth)	değişmek	[dæiʃmæk]

to exclude, to expel	çıkarmak	[tʃıkarmak]
to excuse (forgive)	affetmek	[afætmæk]
to exist (vi)	var olmak	[var olmak]
to expect (anticipate)	beklemek	[bæklæmæk]
to expect (foresee)	önceden görmek	[øndʒædæn gørmæk]

to explain (vt)	izah etmek	[izah ætmæk]
to express (vt)	ifade etmek	[ifadæ ætmæk]
to extinguish (a fire)	söndürmek	[søndyrmæk]
to fall in love (with …)	âşık olmak	[aʃık olmak]

to feed (provide food)	beslemek	[bæslæmæk]
to fight (against the enemy)	savaşmak	[savaʃmak]
to fight (vi)	dövüşmek	[døvyʃmæk]
to fill (glass, bottle)	doldurmak	[doldurmak]
to find (~ lost items)	bulmak	[bulmak]

to finish (vt)	bitirmek	[bitirmæk]
to fish (angle)	balık tutmak	[balık tutmak]
to fit (ab. dress, etc.)	uymak	[ujmak]
to flatter (vt)	pohpohlamak	[pohpohlakmak]

to fly (bird, plane)	uçmak	[utʃmak]
to follow … (come after)	… takip etmek	[takip ætmæk]
to forbid (vt)	yasaklamak	[jasaklamak]
to force (compel)	zorlamak	[zorlamak]
to forget (vi, vt)	unutmak	[unutmak]

to forgive (pardon)	affetmek	[afætmæk]
to form (constitute)	teşkil etmek	[tæʃkil ætmæk]
to get dirty (vi)	kirlenmek	[kirlænmæk]
to get infected (with …)	bulaşmak	[bulaʃmak]

to get irritated	sinirlenmek	[sinirlænmæk]
to get married	evlenmek	[ævlænmæk]
to get rid of …	… dan kurtulmak	[dan kurtulmak]
to get tired	yorulmak	[jorulmak]
to get up (arise from bed)	kalkmak	[kalkmak]

to give a bath	yıkamak	[jıkamak]
to give a hug, to hug (vt)	kucaklamak	[kudʒaklamak]
to give in (yield to)	pes etmek	[pæs ætmæk]

to go (by car, etc.)	gitmek	[gitmæk]
to go (on foot)	yürümek, gitmek	[jurymæk], [gitmæk]
to go for a swim	suya girmek	[suja girmæk]

| to go out (for dinner, etc.) | çıkmak | [ʧıkmak] |
| to go to bed | uyumaya gitmek | [ujumaja gitmæk] |

to greet (vt)	selamlamak	[sæʎamlamak]
to grow (plants)	yetiştirmek	[jætiʃtirmæk]
to guarantee (vt)	garanti etmek	[garanti ætmæk]
to guess right	doğru tahmin etmek	[do:ru tahmin ætmæk]

254. Verbs H-M

to hand out (distribute)	dağıtmak	[daıtmak]
to hang (curtains, etc.)	asmak	[asmak]
to have (vt)	sahip olmak	[sahip olmak]
to have a try	denemek	[dænæmæk]
to have breakfast	kahvaltı yapmak	[kahvaltı japmak]

to have dinner	akşam yemeği yemek	[akʃam jæmæi jæmæk]
to have fun	eğlenmek	[æ:lænmæk]
to have lunch	öğle yemeği yemek	[øjlæ jæmæi jæmæk]
to head (group, etc.)	başında olmak	[baʃinda olmak]

to hear (vt)	duymak	[dujmak]
to heat (vt)	ısıtmak	[ısıtmak]
to help (vt)	yardım etmek	[jardım ætmæk]
to hide (vt)	saklamak	[saklamak]
to hire (e.g., ~ a boat)	kiralamak	[kiralamak]
to hire (staff)	tutmak	[tutmak]
to hope (vi, vt)	ummak	[ummak]
to hunt (for food, sport)	avlamak	[avlamak]
to hurry (sb)	acele ettirmek	[adʒælæ ættirmæk]

to hurry (vi)	acele etmek	[adʒælæ ætmæk]
to imagine (to picture)	hayal etmek	[hajaʎ ætmæk]
to imitate (vt)	taklit etmek	[taklit ætmæk]
to implore (vt)	yalvarmak	[jalvarmak]
to import (vt)	ithal etmek	[ithaʎ ætmæk]

to increase (vi)	artmak	[artmak]
to increase (vt)	artırmak	[artırmak]
to infect (vt)	bulaştırmak	[bulaʃtırmak]
to influence (vt)	etkilemek	[ætkilæmæk]

to inform (~ sb about ...)	bildirmek	[biʎdirmæk]
to inform (vt)	bilgi vermek	[biʎgi værmæk]
to inherit (vt)	miras olarak almak	[miras olarak almak]
to inquire (about ...)	öğrenmek	[øjrænmæk]
to insist (vi, vt)	ısrar etmek	[ısrar ætmæk]

| to inspire (vt) | ilham vermek | [iʎham værmæk] |
| to instruct (teach) | talimat vermek | [talimat værmæk] |

to insult (offend)	hakaret etmek	[hakaræt ætmæk]
to interest (vt)	ilgilendirmek	[iʌgælændirmæk]
to intervene (vi)	karışmak	[karıʃmak]
to introduce (present)	tanıştırmak	[tanıʃtırmak]
to invent (machine, etc.)	icat etmek	[idʒat ætmæk]
to invite (vt)	davet etmek	[davæt ætmæk]
to iron (laundry)	ütü yapmak	[juty japmak]
to irritate (annoy)	sinirlendirmek	[sinirlændirmæk]
to isolate (vt)	izole etmek	[izo'læ æt'mæk]
to join (political party, etc.)	katılmak	[katılmak]
to joke (be kidding)	şaka yapmak	[ʃaka japmak]
to keep (old letters, etc.)	saklamak	[saklamak]
to keep silent	susmak	[susmak]
to kill (vt)	öldürmek	[øldyrmæk]
to knock (at the door)	kapıyı çalmak	[kapıjı tʃalmak]
to know (sb)	tanımak	[tanımak]
to know (sth)	bilmek	[biʌmæk]
to laugh (vi)	gülmek	[gyʌmæk]
to launch (start up)	başlatmak	[baʃlatmak]
to leave (~ for Mexico)	gitmek	[gitmæk]
to leave (spouse)	bırakmak	[bırakmak]
to leave behind (forget)	unutmak	[unutmak]
to liberate (city, etc.)	özgürleştirmek	[øzgyrlæʃtirmæk]
to lie (tell untruth)	yalan söylemek	[jalan søjlæmæk]
to light (campfire, etc.)	yakmak	[jakmak]
to light up (illuminate)	aydınlatmak	[ajdınlatmak]
to love (e.g., ~ dancing)	sevmek	[sævmæk]
to like (I like ...)	hoşlanmak	[hoʃlanmak]
to limit (vt)	sınırlandırmak	[sınırlandırmak]
to listen (vi)	dinlemek	[dinle'mek]
to live (~ in France)	yaşamak	[jaʃamak]
to live (exist)	yaşamak	[jaʃamak]
to load (gun)	doldurmak	[doldurmak]
to load (vehicle, etc.)	yüklemek	[juklæmæk]
to look (I'm just ~ing)	bakmak	[bakmak]
to look for ... (search)	aramak	[aramak]
to look like (resemble)	benzemek	[bænzæmæk]
to lose (umbrella, etc.)	kaybetmek	[kajbætmæk]
to love (sb)	sevmek	[sævmæk]
to lower (blind, head)	indirmek	[indirmæk]
to make (~ dinner)	pişirmek	[piʃirmæk]
to make a mistake	hata yapmak	[hata japmak]
to make angry	kızdırmak	[kızdırmak]

to make copies	çoğaltmak	[tʃoaltmak]
to make easier	kolaylaştırmak	[kolajlaʃtɪrmak]
to make the acquaintance	tanışmak	[tanɪʃmak]
to make use (of ...)	kullanmak	[kullanmak]

to manage, to run	yönetmek	[jonætmæk]
to mark (make a mark)	işaretlemek	[iʃaraetlæmæk]
to mean (signify)	anlamına gelmek	[anlamina gæʎmæk]
to memorize (vt)	akılda tutmak	[akɪlda tutmak]
to mention (talk about)	anmak	[anmak]

to miss (school, etc.)	gelmemek	[gæʎmæmæk]
to mix (combine, blend)	karıştırmak	[karɪʃtɪrmak]
to mock (make fun of)	alay etmek	[alaj ætmæk]
to move (to shift)	yerini değiştirmek	[jærini dæiʃtirmæk]
to multiply (math)	çarpmak	[tʃarpmak]
must (v aux)	borçlu olmak	[bortʃlu olmak]

255. Verbs N-S

to name, to call (vt)	adlandırmak	[adlandɪrmak]
to negotiate (vi)	görüşmek	[gøryʃmæk]
to note (write down)	not almak	[not almak]
to notice (see)	farketmek	[farkætmæk]

to obey (vi, vt)	itaat etmek	[itaːt ætmæk]
to object (vi, vt)	itiraz etmek	[itiraz ætmæk]
to observe (see)	gözlemlemek	[gøzlæmlæmæk]
to offend (vt)	gücendirmek	[gydʒændirmæk]
to omit (word, phrase)	atlamak	[atlamak]

to open (vt)	açmak	[atʃmak]
to order (in restaurant)	sipariş etmek	[sipariʃ ætmæk]
to order (mil.)	emretmek	[æmrætmæk]
to organize (concert, party)	düzenlemek	[dyzænlæmæk]

to overestimate (vt)	gözünde büyütmek	[gøzyndæ byjutmæk]
to own (possess)	sahip olmak	[sahip olmak]
to participate (vi)	katılmak	[katɪlmak]
to pass (go beyond)	geçmek	[gætʃmæk]
to pay (vi, vt)	ödemek	[ødæmæk]

to peep, spy on	gözetlemek	[gøzætlæmæk]
to penetrate (vt)	girmek	[girmæk]
to permit (vt)	izin vermek	[izin værmæk]
to pick (flowers)	koparmak	[koparmak]

to place (put, set)	yerleştirmek	[jærlæʃtirmæk]
to plan (~ to do sth)	planlamak	[pʎanlamak]
to play (actor)	oynamak	[ojnamak]

| to play (children) | oynamak | [ojnamak] |
| to point (~ the way) | göstermek | [gøstærmæk] |

to pour (liquid)	doldurmak	[doldurmak]
to pray (vi, vt)	dua etmek	[dua ætmæk]
to predominate (vi)	üstün olmak	[ustyn olmak]
to prefer (vt)	tercih etmek	[tærdʒih ætmæk]

to prepare (~ a plan)	hazırlamak	[hazırlamak]
to present (sb to sb)	tanıtmak	[tanıtmak]
to preserve (peace, life)	saklamak	[saklamak]
to progress (move forward)	ilerlemek	[ilærlæmæk]
to promise (vt)	vaat etmek	[va:t ætmæk]

to pronounce (vt)	telâffuz etmek	[tæʎafuz ætmæk]
to propose (vt)	önermek	[ønærmæk]
to protect (e.g., ~ nature)	korumak	[korumak]
to protest (vi)	karşı çıkmak	[karʃı tʃıkmak]

to prove (vt)	ispat etmek	[ispat ætmæk]
to provoke (vt)	kışkırtmak	[kıʃkırtmak]
to pull (~ the rope)	çekmek	[tʃekmæk]
to punish (vt)	cezalandırmak	[dʒæzalandırmak]
to push (~ the door)	itmek	[itmæk]

to put away (vt)	istiflemek	[istiflæmæk]
to put in (insert)	koymak	[kojmak]
to put in order	düzene sokmak	[dyzænæ sokmak]
to put, to place	koymak	[kojmak]

to quote (cite)	alıntı yapmak	[alıntı japmak]
to reach (arrive at)	varmak	[varmak]
to read (vi, vt)	okumak	[okumak]
to realize (a dream)	gerçekleştirmek	[gærtʃæklæʃtirmæk]
to recall (~ one's name)	hatırlamak	[hatırlamak]

to recognize (identify sb)	tanımak	[tanımak]
to recommend (vt)	tavsiye etmek	[tavsijæ ætmæk]
to recover (~ from flu)	iyileşmek	[ijilæʃmæk]
to redo (do again)	yeniden yapmak	[jænidæn japmak]

to reduce (speed, etc.)	eksiltmek	[æksiltmæk]
to refuse (~ sb)	reddetmek	[ræddætmæk]
to regret (be sorry)	üzülmek	[juzylmæk]
to reinforce (vt)	sağlamlaştırmak	[sa:lamlaʃtırmak]
to remember (vt)	hatırlamak	[hatırlamak]

to remind of ...	hatırlatmak	[hatırlatmak]
to remove (~ a stain)	çıkarmak	[tʃıkarmak]
to remove (~ an obstacle)	kaldırmak	[kaldırmak]
to rent (sth from sb)	kiralamak	[kiralamak]

to repair (mend)	**tamir etmek**	[tamir ætmæk]
to repeat (say again)	**tekrar etmek**	[tækrar ætmæk]
to report (make a report)	**rapor etmek**	[rapor ætmæk]
to reproach (vt)	**sitem etmek**	[sitæm ætmæk]
to reserve, to book	**rezervasyon yapmak**	[ræzærvasʲon japmak]
to restrain (hold back)	**zaptetmek**	[zaptætmæk]
to return (come back)	**dönmek**	[dønmæk]
to risk, to take a risk	**riske girmek**	[riskæ girmæk]
to rub off (erase)	**silmek**	[siʎmæk]
to run (move fast)	**koşmak**	[koʃmak]
to satisfy (please)	**tatmin etmek**	[tatmin ætmæk]
to save (rescue)	**kurtarmak**	[kurtarmak]
to say (~ thank you)	**söylemek**	[søjlæmæk]
to scold (vt)	**sövmek**	[søvmæk]
to scratch (with claws)	**tırmalamak**	[tırmalamak]
to select (to pick)	**seçmek**	[sætʃmæk]
to sell (goods)	**satmak**	[satmak]
to send (a letter)	**göndermek**	[gøndærmæk]
to send back (vt)	**geri göndermek**	[gæri gøndærmæk]
to sense (danger)	**hissetmek**	[hissætmæk]
to sentence (vt)	**mahkum etmek**	[mahkym ætmæk]
to serve (in restaurant)	**hizmet etmek**	[hizmæt ætmæk]
to settle (a conflict)	**halletmek**	[hallætmæk]
to shake (vt)	**silkelemek**	[silkælæmæk]
to shave (vi)	**tıraş olmak**	[tıraʃ olmak]
to shine (gleam)	**parlamak**	[parlamak]
to shiver (with cold)	**titremek**	[titræmæk]
to shoot (vi)	**ateş etmek**	[atæʃ ætmæk]
to shout (vi)	**bağırmak**	[baırmak]
to show (to display)	**göstermek**	[gøstærmæk]
to shudder (vi)	**irkilmek**	[irkiʎmæk]
to sigh (vi)	**nefes almak**	[næfæs almak]
to sign (document)	**imzalamak**	[imzalamak]
to signify (mean)	**anlamına gelmek**	[anlamina gæʎmæk]
to simplify (vt)	**basitleştirmek**	[basitlæʃtirmæk]
to sin (vi)	**günah işlemek**	[gynah iʃlæmæk]
to sit (be sitting)	**oturmak**	[oturmak]
to sit down (vi)	**oturmak**	[oturmak]
to smash (~ a bug)	**ezmek**	[æzmæk]
to smell (scent)	**kokmak**	[kokmak]
to smell (sniff at)	**koklamak**	[koklamak]
to smile (vi)	**gülümsemek**	[gylymsæmæk]
to snap (vi, ab. rope)	**kopmak**	[kopmak]

| to solve (problem) | çözmek | [tʃozmæk] |
| to sow (seed, crop) | ekmek | [ækmæk] |

to spill (liquid)	dökmek	[døkmæk]
to spit (vi)	tükürmek	[tykyrmæk]
to stand (toothache, cold)	dayanmak	[dajanmak]
to start (begin)	başlamak	[baʃlamak]

to steal (money, etc.)	çalmak	[tʃalmak]
to stop	durdurmak	[durdurmak]
(please ~ calling me)		
to stop (for pause, etc.)	durmak	[durmak]
to stop talking	susmak	[susmak]

to stroke (caress)	okşamak	[okʃamak]
to study (vt)	öğrenmek	[øjrænmæk]
to suffer (feel pain)	acı çekmek	[adʒɪ tʃækmæk]
to support (cause, idea)	desteklemek	[dæstæklæmæk]
to suppose (assume)	tahmin etmek	[tahmin ætmæk]

to surface (ab. submarine)	suyun yüzüne çıkmak	[sujun juzynæ tʃikmak]
to surprise (amaze)	şaşırtmak	[ʃaʃırtmak]
to suspect (vt)	şüphelenmek	[ʃyphælænmæk]
to swim (vi)	yüzmek	[juzmæk]
to turn on (computer, etc.)	açmak	[atʃmak]

256. Verbs T-W

to take (get hold of)	almak	[almak]
to take a bath	yıkanmak	[jıkanmak]
to take a rest	dinlenmek	[dinlæmæk]

to take aim (at …)	… nişan almak	[niʃan almak]
to take away	götürmek	[gøtyrmæk]
to take off (airplane)	kalkmak	[kalkmak]
to take off (remove)	çıkarmak	[tʃıkarmak]

to take pictures	fotoğraf çekmek	[fotoraf tʃækmæk]
to talk to …	… ile konuşmak	[ilæ konuʃmak]
to teach (give lessons)	öğretmek	[øjrætmæk]

to tear off (vt)	koparmak	[koparmak]
to tell (story, joke)	anlatmak	[anlatmak]
to thank (vt)	teşekkür etmek	[tæʃækkyr ætmæk]
to think (believe)	saymak	[sajmak]

to think (vi, vt)	düşünmek	[dyʃynmæk]
to threaten (vt)	tehdit etmek	[tæhdit ætmæk]
to throw (stone)	atmak	[atmak]
to tie to …	bağlamak	[ba:lamak]

to tie up (prisoner)	**bağlamak**	[ba:lamak]
to tire (make tired)	**yormak**	[jormak]
to touch (one's arm, etc.)	**dokunmak**	[dokunmak]

to tower (over ...)	**yükselmek**	[juksæʎmæk]
to train (animals)	**terbiye etmek**	[tærbijæ ætmæk]
to train (sb)	**çalıştırmak**	[ʧalıʃtırmak]

to train (vi)	**antrenman yapmak**	[antrænman japmak]
to transform (vt)	**dönüştürmek**	[dønyʃtyrmæk]
to translate (vt)	**çevirmek**	[ʧævirmæk]
to treat (patient, illness)	**tedavi etmek**	[tædavi ætmæk]

to trust (vt)	**güvenmek**	[gyvænmæk]
to try (attempt)	**denemek**	[dænæmæk]
to turn (~ to the left)	**dönmek**	[dønmæk]

to turn away (vi)	**yüzünü çevirmek**	[juzyny ʧævirmæk]
to turn off (the light)	**söndürmek**	[søndyrmæk]
to turn over (stone, etc.)	**devirmek**	[dævirmæk]
to underestimate (vt)	**değerini bilmemek**	[dæ:rini bilmæmæk]

to underline (vt)	**altını çizmek**	[altını ʧizmæk]
to understand (vt)	**anlamak**	[anlamak]
to undertake (vt)	**üstlenmek**	[justlænmæk]

to unite (vt)	**birleştirmek**	[birlæʃtirmæk]
to untie (vt)	**çözmek**	[ʧozmæk]
to use (phrase, word)	**kullanmak**	[kullanmak]
to vaccinate (vt)	**aşı yapmak**	[aʃı japmak]

to vote (vi)	**oy vermek**	[oj værmæk]
to wait (vt)	**beklemek**	[bæklæmæk]
to wake (sb)	**uyandırmak**	[ujandırmak]

to want (wish, desire)	**istemek**	[istæmæk]
to warn (of the danger)	**uyarmak**	[ujarmak]
to wash (clean)	**yıkamak**	[jıkamak]
to water (plants)	**sulamak**	[sulamak]

to wave (the hand)	**sallamak**	[sallamak]
to weigh (have weight)	**çekmek**	[ʧækmæk]
to work (vi)	**çalışmak**	[ʧalıʃmak]

to worry (make anxious)	**üzmek**	[juzmæk]
to worry (vi)	**merak etmek**	[mærak ætmæk]

to wrap (parcel, etc.)	**sarmak**	[sarmak]
to wrestle (sport)	**güreşmek**	[gøryʃmæk]

to write (vt)	**yazmak**	[jazmak]
to write down	**not almak**	[not almak]

CPSIA information can be obtained
at www.ICGtesting.com
Printed in the USA
BVOW06s0222230517
484910BV00014B/139/P